Knaurs Große Kulturen in Farben

Morgen des Abendlandes

Knaur-Sonderausgabe

Knaurs
Große Kulturen
in Farben

Sonderausgaben

Die Welt in der wir leben
Die Naturgeschichte unserer Erde

Die Welt in der wir leben werden · Band 1
Weltall, Strahlen und Materie

Die Welt in der wir leben werden · Band 2
Vom Molekül zum Menschen

Die Welt der Antike
Kulturgeschichte Griechenlands und Roms

Versunkene Kulturen
Geheimnisse und Rätsel früherer Welten

Morgen des Abendlandes
Von der Antike zum Mittelalter

Morgen des Abendlandes

Von der Antike zum Mittelalter

Knaur-Sonderausgabe mit 304 Abbildungen

DROEMER KNAUR

Die deutschsprachige Sonderausgabe wurde nach dem Band »Morgen des Abendlandes« von Annemarie Weber bearbeitet

Kapitel und Autoren der 1965 erschienenen Originalausgabe, herausgegeben von David Talbot Rice

1 Einleitung
Von der Antike zum Mittelalter von *David Talbot Rice*

2 Jenseits der Grenzen des Römischen Reiches von *David Oates*
Aufstieg und Untergang des neupersischen Reichs der Sassaniden

3 Das Reich des Propheten von *R. H. Pinder-Wilson*
Der Islam und die Eroberung der Araber

4 Zwischen West und Ost von *Sirarpie der Nersessian*
Die Geschichte Armeniens

5 Erbe des römischen Weltreichs von *Cyril Mango*
Konstantinopel von Iustinian bis Theophilus

6 Zitadelle des Christentums von *J. M. Hussey*
Die byzantinische Welt im 9. und 10. Jahrhundert

7 Schmelztiegel der Völker von *Tamara Talbot Rice*
Osteuropa und der Aufstieg der Slawen

8 Italien unter den Germanen von *Donald Bullough*
Die Königreiche der Ostgoten und der Langobarden

9 »Am Ende der Welt« von *William Culican*
Spanien unter den Westgoten und Mauren

10 Auf dem Weg zum Frankenreich von *Peter Lasko*
Das fränkische Königreich von den Merowingern bis zu Pippin

11 Männer von Norden von *David M. Wilson*
Wikinger und Normannen

12 Umkämpfte Inseln von *Charles Thomas*
Das keltische Britannien und die Angelsachsen

13 Der große König von *Philip Grierson*
Karl der Große und das Schicksal des fränkisch-karolingischen Universalreichs

14 Nach Karl dem Großen von *Donald Bullough*
Das Reich unter den Ottonen

15 Das Reich Christi von *Denys Hay*
Das mittelalterliche Europa nimmt Gestalt an

1. bis 20. Tausend

Reproduktionen: Klischeewerkstätten Der Industriedienst GmbH & Co., Wiesbaden
Satz und Druck: Mandruck München Theodor Dietz KG
Einband: Großbuchbinderei Sigloch, Stuttgart/Künzelsau
Printed in Germany
ISBN 3 426 04541 9

Inhalt

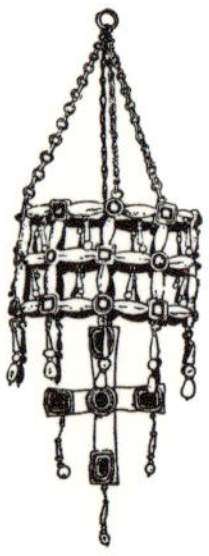

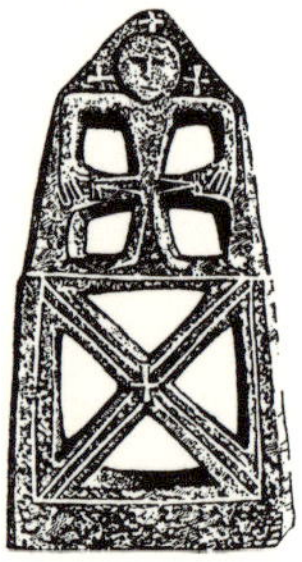

ASIA
EVROPA
AFRICA

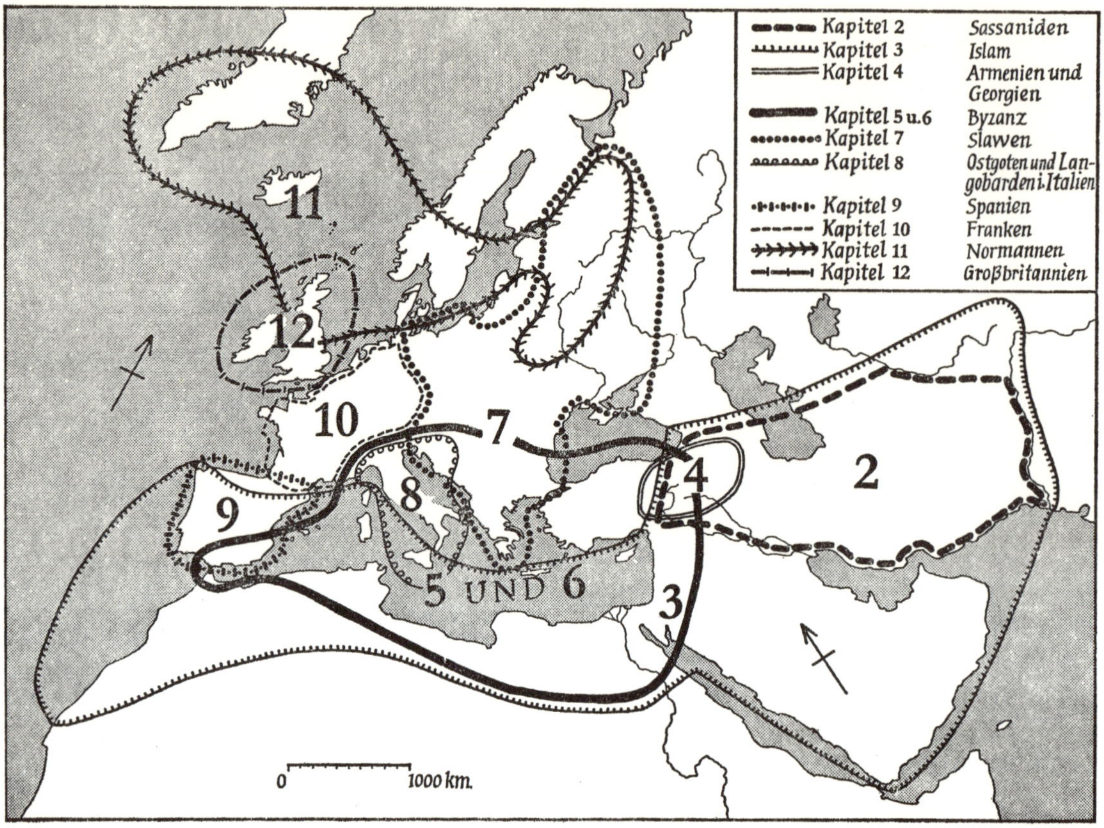

1 Ein Blick aus der Vogelschau auf alle Gebiete, die in den einzelnen Kapiteln des Buches behandelt werden.

2, 3 Das Motiv des doppelköpfigen Adlers entstand in Persien, wurde erst vom Islam, dann von Byzanz übernommen und fand schließlich den Weg ins westliche Abendland. Das Motiv von Abb. 2 entstammt einer islamischen, das von Abb. 3 einer byzantinischen Seidenfabrik.

1 Einleitung

Von der Antike zum Mittelalter

Vor noch gar nicht langer Zeit konnte sich der historisch Interessierte, der sich mit der Geschichte seiner Zeit befassen wollte, auf Mitteleuropa beschränken. Das Hervortreten Rußlands, die Entwicklung der asiatischen Länder und die in allerjüngster Zeit erlangte Unabhängigkeit einer Vielzahl kleinerer afrikanischer Staaten haben jedoch den Horizont unserer Gegenwartsschau außerordentlich erweitert.

Ähnlich hat sich auch unsere Betrachtungsweise der Vergangenheit gewandelt. Geschichtliche Begebenheiten in Osteuropa etwa müssen mit gleichzeitigen Geschehnissen im Westen untersucht werden. Und für das richtige Verständnis mancher späteren Epoche ist die Betrachtung der Völkerwanderungszeit ebenso wichtig wie die Würdigung der Verdienste Roms um das Abendland.

Solche Gedanken haben uns geleitet, als wir die Umrisse dieses Bandes festlegten. Statt uns wie üblich auf die Gebiete zu beschränken, die für die Geschichte Europas als bedeutsam gelten, haben wir unseren Untersuchungsbereich auf Byzanz, Syrien, das sassanidische Persien, die Frühzeit des Islam und Südrußland ausgedehnt (Abb. 1). Wir beginnen unsere Geschichte im Osten, in Persien, und zwar zu der Zeit, als das Reich von der bedeutenden Dynastie der Sassaniden beherrscht wurde.

Das im Westen unmittelbar an Persien angrenzende Gebiet, das heutige Syrien und Palästina, hatte vermutlich noch größeren Einfluß auf die abendländische Vorstellungswelt, ihre Kunst und Kultur. Hier erwuchs ein großer Teil der spekulativen und philosophischen Lehren, die den Christenglauben zu einem weltumspannenden kämpferischen Bekenntnis gemacht haben. Ohne den Beitrag Syriens wäre die byzantinische Kunst in vielem nur eine dekadente Spielart der römischen geblieben, während der christlichen Kunst in Italien, Frankreich, Deutschland und Britannien gerade jene Züge gefehlt hätten, die schließlich für sie charakteristisch geworden sind.

Islam und Ostrom

Von völlig anderer Art war die Rolle des Islam in dieser unserer Geschichte. Zahllose islamische Stilelemente, die seit dem 9. oder 10. Jahrhundert in der byzantinischen Kunst feststellbar sind, bezeugen einen ständigen Kulturaustausch. Auch das westliche Abendland wurde insofern davon beeinflußt, als islamische Seidengewebe, aber auch andere Kunstwerke schon sehr frühzeitig ihren Weg in die Kirchenschätze fanden. Eine umfassendere Vorstellung vom Islam erhielt das Abendland allerdings erst weit später, im Zeitalter der Kreuzzüge. Der Westen verdankt der Welt des Islam außerordentlich viel. Mit zum Wichtigsten gehört aber die Bewahrung des klassisch-antiken Bildungsgutes, das namentlich über das arabische Spanien ins Abendland gelangte. Die Rolle, die dem Islam beim Aufbau des mittelalterlichen Abendlandes zukam, kann in ihrer Bedeutung kaum überschätzt werden.

Von noch größerer Bedeutung war die Rolle Ostroms. In den fünf Jahrhunderten zwischen dem Fall Westroms und dem Jahr 1000 war Konstantinopel, die Hauptstadt des Reiches, das Zentrum der höchstentwickelten Zivilisation der damaligen Welt. Kaum ein Heiliger, Erzbischof oder Herrscher im Westen, der nicht in byzantinischen Totengewändern (Abb. 4) begraben wurde; ungezählte Gesandtschaften wurden errichtet, Heiraten zwischen Angehörigen des byzantinischen Kaiserhauses und den europäischen Fürstengeschlechtern gestiftet, Werke der byzantinischen Kunst in den Westen gebracht und dort nachgeahmt. Dennoch war der Einfluß des byzantinischen Kulturkreises auf den Westen nicht kontinuierlich, seine Wirkung auf die slawischen Völker hingegen war so umfassend und so grundlegend, daß die Geschichte der Slawen in gewisser Weise als Spätphase der byzantinischen Geschichte gelten kann.

Im Jahre 313 hatte Kaiser Konstantin den Christen freie Religionsausübung zugesichert. Siebzehn Jahre später wurde das alte Byzanz als Konstantinopel neu gegründet. Das führte zur Bildung einer neuen Kultur, wenn auch die Antike immer wieder eine Neubelebung erfuhr.

Die großen Wanderzüge

Die zahllosen kleineren und größeren Völkerstämme, die sich gegen Mitte des 1. Jahrtausends nach Westen bewegten, kamen aus den Ebenen Südrußlands. Sie hatten von den Skythen und Sarmaten den sogenannten polychromen Stil übernommen und verbreiteten ihn im Zuge der Völkerwanderung über den größten Teil der germanischen Welt. Auch die bereits höher entwickelte Kunst der Karolinger- und Ottonenzeit und sogar die Wikingerkunst wurden davon noch entscheidend beeinflußt. Die ostgermanischen Völker, Ostgoten und Langobarden, drangen in aufeinanderfolgenden Wellen in Norditalien ein und siedelten sich teilweise dort an. Die Westgoten errichteten ihre Reiche in Südfrankreich und Spanien. Einander verwandte westgermanische Stämme beherrschten Nordfrankreich und Deutschland und schufen Verbindungen zur skandinavischen Welt. In Britannien wurde die Entwicklung von Kultur und Kunst durch das Eindringen germanischer Völker in ehemals keltisches Gebiet grundlegend beeinflußt.

Umrisse eines neuen Europa

Alle diese Ereignisse haben ihre Wurzel im 4. Jahrhundert, weshalb dieses Jahrhundert eine Art geschichtlicher Demarkationslinie bildet. Umfangreichere Entwicklungsprozesse hatten bis etwa 1000 einen Abschluß gefunden.

Bereits lange vor 1000 waren im Westen und Norden neue Kulturzentren entstanden: Northumbria, Mercia, schließlich Wessex in England und das Wikingerreich in Skandinavien. Die bereits gegen Ende des 7. Jahrhunderts hochentwickelte englische Kunst sollte später nachhaltigen Einfluß auf die Kunst der Karolingerzeit ausüben. Noch bedeutsamer aber war die Rolle der Wikinger, zunächst für ihre Heimat Skandinavien, dann für England und zahlreiche Länder Europas. Die isländischen Sagas sind noch heute lebendig. Die Kunst, die das abstrakte Ornament bevorzugt, ist auch deshalb interessant, weil hier jahrhundertealte zentralasiatische und persische Stilelemente weiterentwickelt wurden (Abb. 2, 3, 4).

Man darf wohl sagen, daß die Entwicklung der Kulturen, denen der letzte Teil dieses Buches gewidmet ist – der karolingischen und der ottonischen –, ebenfalls in den Beginn des 4. Jahrhunderts fällt: Bald nach der Verlegung der Hauptstadt des Römischen Reiches an den Bosporus gab es auch im Westreich einen unabhängigen Kaiser. Hundert Jahre später zerfiel das Westreich unter dem Ansturm der Germanen.

Eine Nachfolge des alten Westreichs trat in gewissem Sinne Karl der Große an, der weite Gebiete dieses Reiches unter seinem Zepter vereinigte.

Europa

Als Oberbegriff für alle hier betrachteten Kulturbereiche bietet sich »Europa« an. Auf den Einwand, daß weder das Sassanidenreich noch Nordafrika noch Armenien geographisch zu Europa gehören, sei erwidert, daß für unsere Betrachtungen nicht geographische, sondern geistig-kulturelle Grenzziehungen maßgebend waren.

Um das Jahr 1000 kam die Christenheit des westlichen Abendlandes zur Erkenntnis der Zusammengehörigkeit aller Menschen christlichen Glaubens. Damit befaßt sich das Schlußkapitel unseres Buches.

Die einzelnen Kapitel konnten nicht auf dieselbe Weise abgehandelt werden. Die hochentwickelten Kulturen ließen sich rein historisch betrachten, weil genügend Quellen – wenn auch lückenhafte –, vorhanden sind. Die Kultur der Slawen, der Langobarden, der Merowinger und der Westgoten, der Briten und der Wikinger ist meist nur durch Ausgrabungen belegt und weniger durch geschriebene Aufzeichnungen. Diese Kapitel erforderten daher eine mehr archäologische als historische Betrachtungsweise.

4 Herrliche Grabtücher aus Seide und prachtvolle Meßgewänder gehören zu den schönsten Leistungen byzantinischer Kunst: Das Grabtuch des heiligen Germain in der Kirche Saint-Germain l'Auxerrois in Paris verrät im Stil unverkennbar östliche Vorbilder.

1 (rechts): Die Goldschale – Kelch des Salomon genannt – stammt aus der Zeit Chusros I. Der gravierte Bergkristall in der Mitte zeigt den thronenden König. Nach der Überlieferung soll die Schale ein Geschenk Harun-al-Raschids an Karl den Großen gewesen sein.

2 Jenseits der Grenzen des Römischen Reiches

Aufstieg und Untergang des neupersischen Reiches der Sassaniden

Zwischen Mesopotamien und Indien erstreckt sich das große Gebiet, das in verschiedenen Epochen Persien, Iran oder Parthien hieß. Die Kultur, die dort im 6. Jahrhundert v. Chr. erwuchs und das Erbe des alten Sumer, Babylons und Ninives antrat, konnte es als einzige an Bedeutung mit der klassischen Kultur Griechenlands und Roms aufnehmen. Sie währte bis in die byzantinische Epoche – mehr als tausend Jahre.

Welthistorisch hat der Iran seine bedeutendste Rolle in der Zeit zwischen dem Untergang Assyriens – 612 v. Chr. – und der Geburt des Islam im 7. Jahrhundert n. Chr. gespielt. Bereits ein Jahrhundert nach dem Fall der assyrischen Hauptstadt Ninive waren sämtliche Länder vom Nil bis zum Hindukusch Provinzen des iranisch-persischen Großreiches unter der Dynastie der Achaimeniden geworden. Ihr Verwaltungsapparat stützte sich auf die zweitausendjährige mesopotamische Erfahrung, wurde jedoch von persischen Adeligen getragen.

Unterbrochen wurde die politische Kontinuität dieses Reiches durch die Eroberungszüge Alexanders des Großen sowie durch die kurze Herrschaft von Alexanders Nachfolgern im Osten, den Seleukiden. Nur ein Jahrhundert später lösten die parthischen Asarkiden sie ab, unter deren Dynastie das persische Reich wiedererrichtet wurde. Zu seiner früheren Größe jedoch erstand es erst wieder, als zu Beginn des 3. Jahrhunderts n. Chr. die Sassaniden aus Fars, der Heimat der Achaimeniden, ihrerseits die asarkidische Dynastie ablösten. Die Sassaniden knüpften bewußt an die glanzvolle Tradition der Achaimeniden an, und die Geschichte der Sassaniden ist das eigentliche Thema dieses Kapitels. Um sie richtig zu verstehen, muß man sich allerdings kurz mit der persischen Gesellschaftsordnung und der Natur des Landes befassen.

2 Die Hauptstärke des Heeres bildeten die berittenen parthischen Bogenschützen. Die kleine Terrakotta wird in die Zeit zwischen 1. und 3. Jahrhundert n. Chr. datiert.

Wüste und Kulturlandschaft

Das von gewaltigen Gebirgszügen begrenzte iranische Hochland ist regenarm, die Täler sind wasserreich und fruchtbar, oft aber eng und schwer zugänglich. Das fruchtbare Gebiet ist durch Bergketten zerrissen. Der Unabhängigkeitsdrang der vielen kleinen Dorfsiedlungen – sowohl gegeneinander wie auch gegenüber jedwedem Versuch einer Kontrolle durch eine zentrale Regierung – wurde durch die großen Salzwüsten im Innern des Plateaus begünstigt, die eine schnelle Verbindung zwischen den weit auseinanderliegenden Bezirken des Landes verhinderten.

Die drei Stände

Durch langjährige Tradition hatten sich im Iran drei Stände herausgebildet: die Priester, die Krieger, die Bauern und Handwerker. Dieser dritte Stand, zu dem auch die Händler und Kaufleute gehörten, war zahlenmäßig am stärksten, sein politischer Einfluß dagegen gering. Für Angehörige des dritten Standes war es fast unmöglich, in eine höhere Gesellschaftsklasse aufzusteigen. Einzelne mochten Reichtümer ansammeln und sogar Finanziers des Königs werden, ein Recht auf eine höhere gesellschaftliche Stellung verschaffte ihnen das nicht. Das Schwergewicht innerhalb des dritten Standes lag bei den Bauern, die in einem der Leibeigenschaft ähnlichen Abhängigkeitsverhältnis lebten. Die Grundbesitzer gehörten dem Kriegerstand an (Abb. 2); sie stellten die schwere Reiterei und die berittenen Bogenschützen, denen das persische Heer seine Schlagkraft verdankte. Die Fußtruppen bestanden aus ihren bäuerlichen Gefolgsmannen. Sozial gesehen umspannte der Kriegerstand die Gesellschaftsschichten von den kleinen Grundbesitzern bis hinauf zu den sieben großen Familien, die schon zur Zeit der Achaimeniden im Iran ansässig gewesen waren: sie besaßen ausgedehnte Ländereien und hatten erblichen Anspruch auf einige der traditionellen Staatsämter.

Der Priesterstand – die Priesterschaft des Gottes Ahuramazda (Abb. 4) – übte auf alle Gesellschaftsschichten großen Einfluß aus. Ahuramazda ist das Prinzip des Guten, das in ständigem Kampf mit der Macht des Bösen liegt. In der hier behandelten Zeit hatte der Mazdaismus sich schon wesentlich vom Monotheismus des Religionsstifters Zoroaster (Zarathustra) entfernt. Die religiösen Gebote, die zu irgendeinem Zeitpunkt der sassanidischen Epoche gesammelt und im *Avesta* niedergelegt worden waren, regelten alle Lebensbereiche. Daß die *magi*, die hervorragenden Vertreter dieser Religion, zugleich auch Richter an den Gemeindegerichten waren, gab ihrer Stellung ein besonderes Gewicht. Und die politische Bedeutung dieser Priesterhierarchie steigerte sich noch, als die Sassaniden den Mazdaismus zur Staatsreligion erhoben (Abb. 3, 5).

Dieses Gesellschaftssystem sah ursprünglich keinen Platz für einen König vor. Er war nicht mehr als jedes andere Mitglied einer der großen Familien des Landes. Wesen und Position dieses Herrschertums drücken sich in dem eigentümlichen Königstitel aus, für den es keine ältere mesopotamische Entsprechung gibt, in der Bezeichnung »König der Könige«. Die in ihr ausgedrückte Vorrangstellung bestand je nach dem Charakter des Monarchen tatsächlich oder lediglich nominell.

3 Ahuramazda, »Der Weise, der Herr«, war der höchste Gott der alten Perser. Zarathustra reformierte im 7. Jahrhundert die persische Religion. Seine Lehre wurde Staatsreligion.

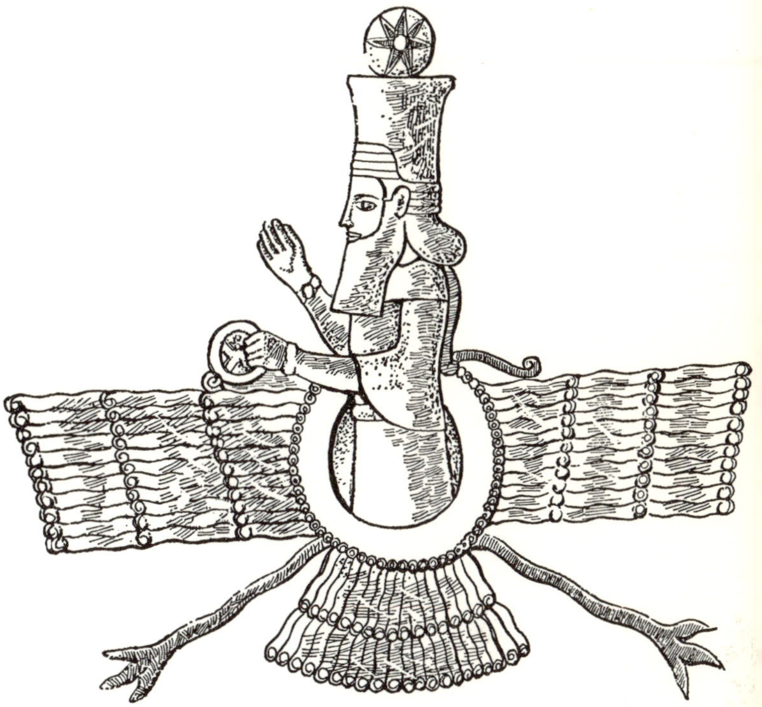

4 Bildnis des Ahuramazda, zu Behistun in den Fels gemeißelt. Ahuramazda ist das Prinzip des Guten, das mit der Macht des Bösen in ständigem Kampfe liegt.

Die Dynastie der Sassaniden

König Ardaschir I., der Begründer der Dynastie – sie heißt nach seinem Großvater Sasan – entstammte einer mächtigen Familie aus der Provinz Fars. Sein Vater hatte sich erfolgreich gegen die Arsakiden erhoben, die Dynastie des durch Kämpfe mit den Römern unter Septimius Severus und seinem Sohn Caracalla geschwächten Partherreiches, und den Thron von Istachr bestiegen. Als sein Nachfolger wurde im Jahr 208 n. Chr. Ardaschir zum König von Istachr gekrönt.

Binnen kurzer Zeit war die Nachbarprovinz Kerman erobert. In Gur, dem heutigen Firuzabad, erbaute Ardaschir sich eine neue Hauptstadt und ließ einen Palast aufführen, der zu den frühesten uns bekannten Kuppelbauten gehört. Ardaschirs Ansprüche konnte Artabanus V., der parthische »König der Könige«, nicht länger hinnehmen (Abb. 7). Nach einer Reihe weiterer Eroberungen, die den gesamten südwestlichen Iran unter seine Herrschaft brachten, schlug Ardaschir den letzten Arsakidenkönig im Jahre 224 in einer großen Schlacht und wurde 226 zum »König der Könige« gekrönt. Auf dem berühmten Felsrelief von Naksh i Rustam (Abb. 6) ist Ardaschirs symbolische Investitur durch den Gott Ahuramazda dargestellt. In der ausge-

5 Zwei Feueraltäre in Naksh i Rustam, aus dem Fels gehauen. Die Erhaltung des »ewigen Feuers« stand im Mittelpunkt des mazdaistischen Rituals.

6 Das berühmte Felsrelief von Naksh i Rustam zeigt die symbolische Einsetzung König Ardaschirs I. durch den Gott Ahuramazda: nachdem Ardaschir 224 den letzten Arsakidenkönig Artebanus V. geschlagen hatte. Unter den Hufen der Pferde liegen Artebanus und der böse Geist Ahriman, Ahuramazdas Widersacher. König Ardaschir, der Be-

streckten Hand hält der Gott das Diadem, das der König ergreift. Unter den Hufen seines Pferdes liegen der böse Geist Ahriman, Ahuramazdas Widersacher, und Artabanus V., der von Ardaschir geschlagene letzte Arsakidenkönig. Auf einem parthischen Relief ist er in voller Königswürde zu sehen (Abb. 7).

Naksh i Rustam, eine Felsgruppe nördlich von Persepolis, war das Heiligtum der alten Achaimenidenherrscher von Persien. Dort befanden sich die Gräber von Dareios dem Großen, von Xerxes, Artaxerxes und Dareios II. (Abb. 8). Ardaschir, der sein Geschlecht von dieser Dynastie ableiten wollte, bewahrte deren Tempel und Felsreliefs und schuf selbst weitere Bauten, um den Eindruck einer ununterbrochenen dynastischen Folge bis zu seinem eigenen Herrschaftsantritt zu erwecken und ihn dadurch zu legitimieren. Norden und Nordwesten des Landes widersetzten sich noch einige Jahre lang dem neuen Herrscher, und dieser Widerstand wurde von Rom unterstützt. Eine Invasion der Römer in den Jahren 232/233 unter Kaiser Severus Alexander wurde erfolgreich zurückgeschlagen. Im Jahre 237 unternahm Ardaschir einen Gegenangriff und fiel im nordwestlichen Mesopotamien ein. Im großen und ganzen aber scheint der Erfolg seiner westlichen Feldzüge mehr in einer Sicherung der iranischen Herrschaftsgebiete bestanden zu haben als in einer dauernden Vergrößerung seines Reiches.

Die staatliche Neuordnung unter Ardaschir

Die Grundstruktur der persischen Gesellschaft hätte Ardaschir auch dann nicht verändern können, wenn er gewollt hätte. Er mußte sich seine führenden Leute aus den oberen Familien wählen und die niedrigeren Beamten aus den Kreisen der kleinen Grundbesitzer. Jedoch ersetzte er die Satrapen, die Provinzstatthalter, deren Amt bisher erblich gewesen war, sowie zahllose Kleinherrscher durch Statthalter seiner eigenen Wahl. Sie besaßen zwar denselben Rang wie ihre Vorgänger, aber ihre Machtbefugnisse waren wesentlich geringer. Die bedeutendsten Provinzen wurden aus Gründen der Sicherheit häufig Mitgliedern der

gründer der sassanidischen Dynastie, entstammte einer mächtigen Familie aus der Provinz Fars. Sein Vater hatte den Thron von Istachr bestiegen.

7 Artebanus V., der von Ardaschir geschlagene letzte Arsakidenkönig. Das parthische Relief zeigt ihn in voller Königswürde.

königlichen Familie anvertraut. Auch das Militärwesen ordnete Ardaschir neu. Das höchste militärische Amt behielt sich hinfort das sassanidische Haus selbst vor. Zwar führten die Statthalter weiterhin eigene Truppen ins Feld, die aber bis auf wenige Gruppen dem »König der Könige« verpflichtet wurden. Sein Verhältnis zur Armee und ihren Führern hing allerdings einzig und allein von seiner persönlichen Tapferkeit im Felde ab, und nicht zufällig waren die mächtigsten der sassanidischen Könige ausgezeichnete Soldaten.
Erstmals erhob Ardaschir den Mazdaismus zur Staatsreligion, was zugleich das Nationalgefühl wie die Machtstellung des Königs stärkte, der als Statthalter Ahuramazdas auf Erden galt (Abb. 6).

Konsolidierung der Macht und Eroberungen

Ardaschirs Sohn und Erbe, Schapur I. (241–272) führte die von seinem Vater begonnene Politik der Reformen im Innern und der Machtausdehnung nach außen fort. Ehe er noch seine Herrschaft in den nördlichen und nordöstlichen Provinzen sichern konnte, erforderte ein römischer Angriff unter Gordian III. seine Anwesenheit an der westlichen Grenze. Der Feldzug, dessen Verlauf nicht bekannt ist, endete mit der Ermordung Gordians. Im Jahr 244 riß Philipp Arabs die Macht an sich, der, um in Rom die Anerkennung seines Thronanspruchs durchzusetzen, einem Vertrag zustimmte, nach dem die römischen Provinzen Armenien und Mesopotamien abgetreten wurden. Doch scheint der Vertrag nie wirklich erfüllt worden zu sein, denn in einer Inschrift begründet Schapur seinen zweiten, 252 begonnenen Westfeldzug mit der Nichtbeachtung des Friedensvertrages durch die Römer. In diesem zweiten Feldzug wurde Armenien unterworfen und Mesopotamien erneut angegriffen. Aber erst der dritte Feldzug brachte die Krönung der militärischen Leistungen Schapurs: die römische Festung Dura am Euphrat wurde zerstört, Syrien verheert, Antiochia, die Hauptstadt der römischen Ostgebiete, geplündert und niedergebrannt. Als 260 der römische

8 Naksh i Rustam, eine Felsgruppe bei Persepolis, war das Heiligtum der alten Achämenidenherrscher von Persien. Die in Kreuzform ausgehauenen Nischen mit ihren Säulenreihen, In-

Kaiser Valerian versuchte, Schapurs Vormarsch zum Stehen zu bringen, erlitt er in einer Schlacht bei Edessa eine Niederlage und wurde mit dem größten Teil seiner Armee gefangengenommen (Abb. 9). Danach fielen die iranischen Heere in Kleinasien ein, verwüsteten Kilikien und drangen bis Iconium vor. Auf dem Rückmarsch aber wurde Schapur von Odaenathus, dem König von Palmyra, überfallen, der, nach seinen Angaben in einer Inschrift, Schapur den größten Teil seiner Beute wieder abgejagt haben will. Dennoch sind die fortgesetzten Niederlagen der Römer in dieser Zeit ein Sinnbild für die Wiedergeburt des Perserreiches unter Ardaschir und seinem Sohn Schapur. Zu den wesentlichen Leistungen seiner Regierungszeit zählt Schapur die Errichtung von Heiligtümern sowie Schenkungen an Tempel, die dem Seelenheil der Mitglieder des Königshauses dienen sollten. Doch ist Schapur auch andern Religionen gegenüber durchaus nicht intolerant gewesen. Wie es heißt, soll er die Übersetzung wissenschaftlicher und philosophischer Werke aus dem Griechischen und Indischen veranlaßt oder gebilligt haben. Er schützte und förderte auch den Propheten Mani, der im 3. Jahrhundert den Manichäismus stiftete, eine aus mazdaischen, buddhistischen und christlichen Elementen gemischte Lehre; sie stellte einem Reich des Lichtes ein Reich der Finsternis gegenüber, die sich bei der Schöpfung vermischt haben. Doch muß dahingestellt bleiben, ob Schapurs Toleranz nicht politische Gründe hatte, also keine echte religiöse Haltung darstellte.

Am sichtbarsten hat sich Schapurs Verwaltungsreform in der Entwicklung des Ackerbaues ausgewirkt, der eigentlichen Quelle seiner Einnahmen. Die jüngere Forschung hat die Überlieferung bestätigt, wonach Schapur in Chuzistan ausgedehnte Bewässerungsanlagen schuf, und er selbst berichtet, daß er Valerians gefangene Truppen dort angesiedelt habe. Die Arbeitskraft der Gefangenen und ihre technischen Fähigkeiten dürften den Grundstein zu diesem System gelegt haben, das teilweise noch heute erhalten ist. Westliche Einflüsse zeigen sich auch in der

damals neuen Stadt Bischapur (Abb. 10), die er kurz nach seinem Sieg über Valerian als neue Residenz in seiner Heimatprovinz Fars erbaute. Sie war nicht kreisförmig angelegt wie die andern sassanidischen Städte, sondern nach der griechischen Schachbrettanlage geplant. In dem Palastbezirk haben jüngste Ausgrabungen eines der prächtigsten Bauwerke jener Zeit zutage gefördert, das »Sassanidische Versailles«, wie Roman Girshman, sein Entdecker, den Palast genannt hat. Ein riesiger überkuppelter Raum nahm die Mitte ein (Abb. 10). Ein Mosaikfußboden im Festsaal zeigt Mitglieder von Schapurs Hofstaat (Abb. 11, 12). Die Kunst des Mosaiks war dem Iran ursprünglich fremd; sie muß aus dem Westen eingeführt worden sein. Stil und Darstellung zeigen deutlich römische Züge, jedoch dem iranischen Geschmack angepaßt.

Die Erben der Macht

Unter Schapurs unmittelbaren Nachfolgern wurden bereits die Schwächen spürbar, die – trotz der Konsolidierung der königlichen Verwaltung seit Ardaschir – der persischen Monarchie anhafteten. Sowohl Ardaschir als auch Schapur hatten ihren Erben selbst bestimmt; dieses Vorrecht vermochten jedoch später nur noch die mächtigsten ihrer Nachfolger auszuüben. Sonst wurden die Nachfolger von den Adeligen und den hohen staatlichen Würdenträgern eingesetzt, die sich im eigenen Interesse kaum für den *stärksten* Kandidaten entschieden. Hormizd I., ein Sohn Schapurs, wurde nach nur einjähriger Regierung von seinem Bruder Vahram I. abgelöst. Seine Thronerhebung wie die seines gleichnamigen Sohnes und Enkels waren wahrscheinlich das Werk des Obermagus Kartir, der eine Anzahl von Inschriften hinterlassen hat, die seine Macht bezeugen. Er war es auch, der dafür sorgte, daß der Prophet Mani verhaftet und hingerichtet wurde. Aus der Familie Vahrams I. (273–276) ist einzig sein Sohn Vahram II. der Erwähnung wert. Unter seiner Regierung brach ein neuer Krieg mit Rom aus. Kaiser Carus führte ein Heer nach Ktesiphon, aber Carus' plötzlicher Tod 382 bereitete dem Feldzug ein Ende. Da Vahram aber durch einen Aufstand in den östlichen Gebieten des Reiches festgehalten war, mußte er einen sehr ungünstigen Vertrag mit Rom

schriften und Reliefs sind die Grabstätten des Xerxes und Dareios' des Großen. Die Reliefs zu Füßen der Gräber zeigen Siegesszenen aus dem Leben der Könige.

9 Die Kamee zeigt Schapurs I. größten militärischen Erfolg: Besiegung und Gefangennahme des römischen Kaisers Valerian.

10 (rechts): Bischapur — prächtige Stadt Schapurs — wurde bald nach dem Siege des Königs über Valerian, 260 n. Chr., in seiner Heimatprovinz Fars erbaut, und zwar nach der griechischen Schachbrettanlage, nicht kreisförmig wie andere sassanidische Städte. Ein riesiger überkuppelter Bau nahm die Mitte des Palastbezirks ein. Rekonstruktion gegenüber.

11, 12 Teile eines Mosaikfußbodens im Festsaal des Palastes, die den Steinfußboden wie eine Bordüre abschließen: Harfenspielerin und Dame der Hofgesellschaft. Der Stil zeigt römische Züge, ist jedoch dem persischen Geschmack angepaßt.

unterzeichnen, durch den Mesopotamien und Armenien an Rom zurückfielen. Immer wieder gefährdeten Aufstände den Frieden des Reiches und schwächten seine äußere Machtstellung.
Von Vahrams II. zahlreichen Steinreliefs zeigen zwei den König mit seiner Frau und seinen Kindern (Abb. 13). Die Einbeziehung der Familie ist in der sassanidischen Steinreliefkunst ohne Parallele. Auch bei der Münzprägung brach Vahram II. mit der Konvention; die Münzen zeigen neben seinem Kopf den der Königin und des Kronprinzen. Dies läßt nicht nur auf einen starken Familiensinn schließen, sondern auch auf ein lebhaftes dynastisches Bewußtsein.

Gegen Rom und Christus

Auf die kurze und wenig markante Herrschaft Hormizds II. von 302–309 (Abb. 14) folgte ein Thronstreit, der mit der Krönung von Hormizds Sohn, Schapurs II., endete. Der Sage nach soll diese Krönung bereits vor Schapurs Geburt erfolgt sein.
Schapur II. (Abb. 15) erwies sich während seiner siebzigjährigen Regierungszeit als einer der größten Sassanidenkönige. Kaum war er mündig geworden, ging er daran, die Kuschan im Osten zu unterwerfen, die die Schwächung der Monarchie unter seinen Vorgängern dazu benutzt hatten, ihre Unabhängigkeit zu erklären. Von 339 bis 364 lag er mit einer einzigen kurzen Unterbrechung im Kampf mit Rom. Der Ausgang dieses Kampfes wurde für Schapur zum triumphalen Erfolg: Kaiser Iulian Apostata fiel in einem Gefecht bei Ktesiphon, und sein Nachfolger Iovian mußte die mesopotamischen Grenzfestungen Nisibis und Singara und die Gebiete östlich des Tigris abtreten.
Strategie und Taktik dieses Krieges sind von dem römischen Historiker Ammianus Marcellus lebendig beschrieben worden. Ammian war selbst Offizier unter Kaiser Iulian und einer der wenigen Historiker der Spätantike, die das Militärwesen wirklich kannten. Daß der Kampf auf beiden Seiten mit steigender Erbitterung geführt wurde, ging zum Teil darauf zurück, daß Konstantin das Christentum zur staatlich anerkannten Religion erhoben hatte. Der fast gleichzeitige Übertritt Terdats, des pro-römischen Herrschers von Armenien, zum Christentum, hatte das für beide Gegner wichtige Land dem Einfluß Roms noch nähergebracht, weshalb Schapur es sich nicht länger erlauben konnte, wie seine Vorgänger dem Christentum gegenüber eine tolerante Haltung einzunehmen. Allerdings dürften die Glaubenskämpfe auf wenige Gebiete beschränkt geblieben sein.

13 Das Relief aus Naksh i Rustam zeigt König Vahram II., der sich als einziger der sassanidischen Könige mit seinen Familienangehörigen zusammen darstellen ließ, hier mit der Königin, dem Thronfolger und Hofbeamten.

Könige, Priester und Propheten

Schapurs II. Tod bezeichnet das Ende der ersten Phase der sassanidischen Expansion und zugleich den Beginn des Zerfalls der königlichen Macht. Ein anderthalb Jahrhunderte dauernder Kampf um die Krone hebt an, den der Adel schürt, um die eigenen ehrgeizigen Pläne durchzusetzen. Schapurs Nachfolger sind bedeutungslos, und nur wenige Gestalten und Ereignisse der Zeit verdienen Beachtung. Zu den berühmtesten sassanidischen Königen zählt Vahram V. (420–438) mit dem Beinamen Gor – der wilde Esel –, den Dichter und Künstler noch Jahrhunderte nach dem Untergang des Reiches feierten. Durch ein Zusammentreffen von mehreren Umständen kam es während seiner Regierungszeit abermals zu Christenverfolgungen, die zu Grenzunruhen und zu einem kurzen, erfolglosen Krieg mit dem byzantinischen Reich führten, das im Osten die Erbschaft der römischen Macht angetreten hatte. Der nachfolgende Friedensvertrag gewährleistete in beiden Reichen religiöse Toleranz. Vahram V. richtete die iranische Herrschaft in Armenien wieder auf, indem er das Land zu einer iranischen Provinz machte. In der Innenpolitik allerdings scheint er die Rolle einer Marionette gespielt zu haben, denn die wirkliche Macht lag in den Händen eines seiner Minister. Vahran V. war ein leidenschaftlicher Jäger (Abb. 16). Die Jagd war der beliebteste Zeitvertreib des persischen Edelmannes, zugleich aber war die Jagdleidenschaft eines der Hauptkennzeichen des zur bloßen Repräsentationsfigur abgesunkenen Königs, wie ein ehrgeiziger und mächtiger Adel ihn wollte.
Zwei Ereignisse im Verlauf des 5. Jahrhunderts sind es vor allem, an denen die innere und äußere Schwäche des damaligen Persien sichtbar wird: der Machtzuwachs der Hephtaliten und die Verbreitung einer neuen Glaubenslehre durch den Propheten Mazdak.
Die Hephtaliten, ein vermutlich dem Völkerverband der Hunnen zugehöriges Nomaden- und Reitervolk, bedrohten von Kuschan aus die östlichen Provinzen Persiens. Eine Reihe erfolgloser Verteidigungsversuche endete 484 mit der völligen Vernichtung des persischen Heeres und dem Tod des damaligen Königs Peroz (Abb. 17, 18). Die Hephtaliten dehnten ihre Herrschaft über einen Teil des iranischen Gebietes aus und zwangen die Sassaniden zu Tributzahlungen.
Einer der Lehrsätze des Propheten Mazdak besagte, man müsse, um Asket zu werden, die Annehmlichkeiten des Lebens bis zum Überdruß genossen haben. Diese Lehre wurde nur allzu bereitwillig als revolutionäres Glaubensbekenntnis interpretiert. Sämtlicher Besitz, selbst die Frau, sollte Allgemeingut werden, und den Armen wurde das Recht zugesprochen, die Ländereien und Haushaltungen der Reichen untereinander aufzuteilen.

14 Naksh i Rustam: die Vergrößerung des Reliefs unter dem Xerxesgrab zeigt König Hormizd II., der mit eingelegter Lanze einen Gegner vom Pferd stößt. Parthische und sassanidische Krieger liebten den Zweikampf.

15 Königliche Jagd: das Töten eines wilden Tieres durch den König war uraltes Symbol der Macht: die teilweise vergoldete Silberschale zeigt König Schapur II. mit Pfeil und Bogen auf der Eberjagd.

16 Kunstvolle Darstellung einer Jagdszene. Der König wird, von musizierenden Mädchen begleitet, über den See gerudert. Welcher Herrscher hier abgebildet wird, ist unbekannt. Als zentrale Gestalt beherrscht er das Relief. Die Jagd geht in einem umzäunten Gehege vor sich. Man beachte den Zaun, dessen Pfähle um Gebüsch geschlungene Stricke sichern.

Der Weg zur Erneuerung

Nach dem wohlmeinenden, aber schwachen Vallasch, einem Bruder des Peroz, bestieg Kavadh I. (488–531), ein Sohn des Peroz, den Thron. Überraschenderweise unterstützte er die mazdakische Bewegung. Widerstand und kriegerische Einfälle kennzeichnen die erste Zeit seiner Regierung. Er vermochte zwei allzu mächtige Minister auszuschalten, was ihm, zusammen mit seiner Sympathie für die Mazdakisten, die Feindschaft des Adels eintrug, der 496 seine Absetzung betrieb. Kavadh floh zum König der Hephtaliten, dessen Tochter er heiratete. Da sein Nachfolger sich als unfähig erwies, konnte er nach zwei Jahren auf den Thron zurückkehren, den er bis zu seinem Tode 531 innehatte. Während seiner langen Regierungszeit gelang es ihm, das Ansehen des Königtums und die Macht des Reiches allmählich zu restaurieren. Auch gegen die Römer war er siegreich. Gegen Ende seiner Regierung stimmte er der Unterdrückung Mazdaks und seiner Anhänger zu, weil sie sich ständig in Fragen der Thronfolge einmischten.

Der letzte große König der Sassaniden

Chusro I. (530–579) setzte das Werk seines Vaters fort (Abb. 1). Durch eine Reihe von Maßnahmen suchte er den Schaden wieder gutzumachen, den die Mazdakisten durch die Verteilung des Besitzes der oberen Klassen und die Auflösung der Familienbande verursacht hatten. Dadurch gelang es ihm, die Stabilität der iranischen Gesellschaft und das Ideal eines gerechten Königs wiederherzustellen. Auch das Los der Bauern erleichterte er durch neue Steuerreformen. Er organisierte die Staatsverwaltung neu, nahm große öffentliche Projekte wie die Bewässerung in Angriff und bereitete im Norden den Hunnen, im Osten dem Königreich der Hephtaliten vernichtende Niederlagen. Sein Hof in Ktesiphon gehörte zu den glanzvollsten der Welt (Abb. 19). Die Ruinen seines Palastes in Ktesiphon, eines in der Geschichte der frühmittelalterlichen Architektur einzig dastehenden Bauwerks, verraten seine grandiose Konzeption der iranischen Monarchie.
Unter seinem Sohn, Hormizd IV., der nur elf Jahre regierte,

17 Detail aus einem Stuckrelief. König Peroz – 457 bis 483 – geht zwei Eber, die ihn angreifen, mit einer Lanze an.

18 Sassanidisches Relief in einer tiefen Felsennische: Investitur eines Königs durch Ahuramazda. Vielleicht ist König Peroz gemeint.

schwand die sassanidische Größe dahin. Sein Enkel, Chusro II. (590–628) versuchte es seinem Großvater auf allen Gebieten gleichzutun. Er eroberte sogar Jerusalem, aber das Reich war solchen Unternehmungen nicht mehr gewachsen. 628 wurde Chusro II. von dem byzantinischen Kaiser Herakleios besiegt. Als er sich weigerte, Frieden zu schließen, wurde er abgesetzt und getötet. Im Jahre 636 schlugen die einfallenden Moslems die persische Armee und nahmen ein Jahr später Ktesiphon ein. Fassungslos erstaunt standen sie, der Sage nach, vor den unermeßlichen Schätzen, die der Palast barg. Der letzte ernsthafte Widerstand der Perser endete mit der Schlacht von Nihawad im Jahre 642. Danach zerfiel das Reich in eine große Zahl winziger Fürstentümer. König Yazgard III., der letzte Sassanidenkönig, floh von Provinz zu Provinz und wurde ermordet. Der Iran wurde Teil der arabischen Welt.

19 Die Ruinen des Palastes in Ktesiphon, der einstigen Hauptstadt König Ardaschirs I., des Gründers der Sassaniden-Dynastie. Das Ziegelgewölbe mit fast dreißig Metern Spannweite ist den besten römischen und byzantinischen Bauten vergleichbar.

1 (rechts): Mohammed ernennt Ali zu seinem Nachfolger.

3 Das Reich des Propheten

Der Islam und die Eroberung der Araber

2 Mekka, Mohammeds Geburtsort, die Heilige Stadt, wie sie um 1800 aussah. Den Mittelpunkt bildet die Ka'ba, ein angeblich von Abraham erbautes fensterloses Gebäude in Würfelform. Im von Säulenhallen begrenzten Hof befinden sich der heilige Brunnen Zemzem und der »Standort Abrahams«, der einen Stein mit dem Fußabdruck Abrahams birgt.

Der Arabersturm im 7. Jahrhundert n. Chr. stellt ein im Ablauf der Geschichte einzigartiges Phänomen dar. Innerhalb von nur drei Generationen hatte eine Handvoll zerstreut lebender Stämme, die teils seßhaft, teils Nomaden waren und vom Handel oder von der Viehzucht lebten, ein mächtiges, vermögendes Reich aufgebaut, das den gesamten südlichen Mittelmeerraum und den Nahen Osten von Afghanistan bis Spanien beherrschte.

Wie läßt sich eine solch rapide Entwicklung erklären? Bis zu einem gewissen Grade ging sie auf die politischen Zeitverhältnisse zurück. Die beiden alten Weltmächte, Byzanz und Persien, hatten sich im Kampf gegeneinander erschöpft. Auf beiden Seiten hatten Araber als Söldner gekämpft und große Verluste erlitten – aber auch die Kriegskunst erlernt.

Die arabischen Stämme waren untereinander uneinig, und es bedurfte einer faszinierenden Persönlichkeit wie Mohammed, der ein genialer Organisator, Gesetzgeber und Politiker war, die Einigung der auseinanderstrebenden Kräfte zu bewirken. In seinem vierzigsten Lebensjahr – er wurde um 570 in Mekka, der heiligen Stadt der Araber, geboren – hatte Mohammed sein Berufungserlebnis. Er glaubte sich

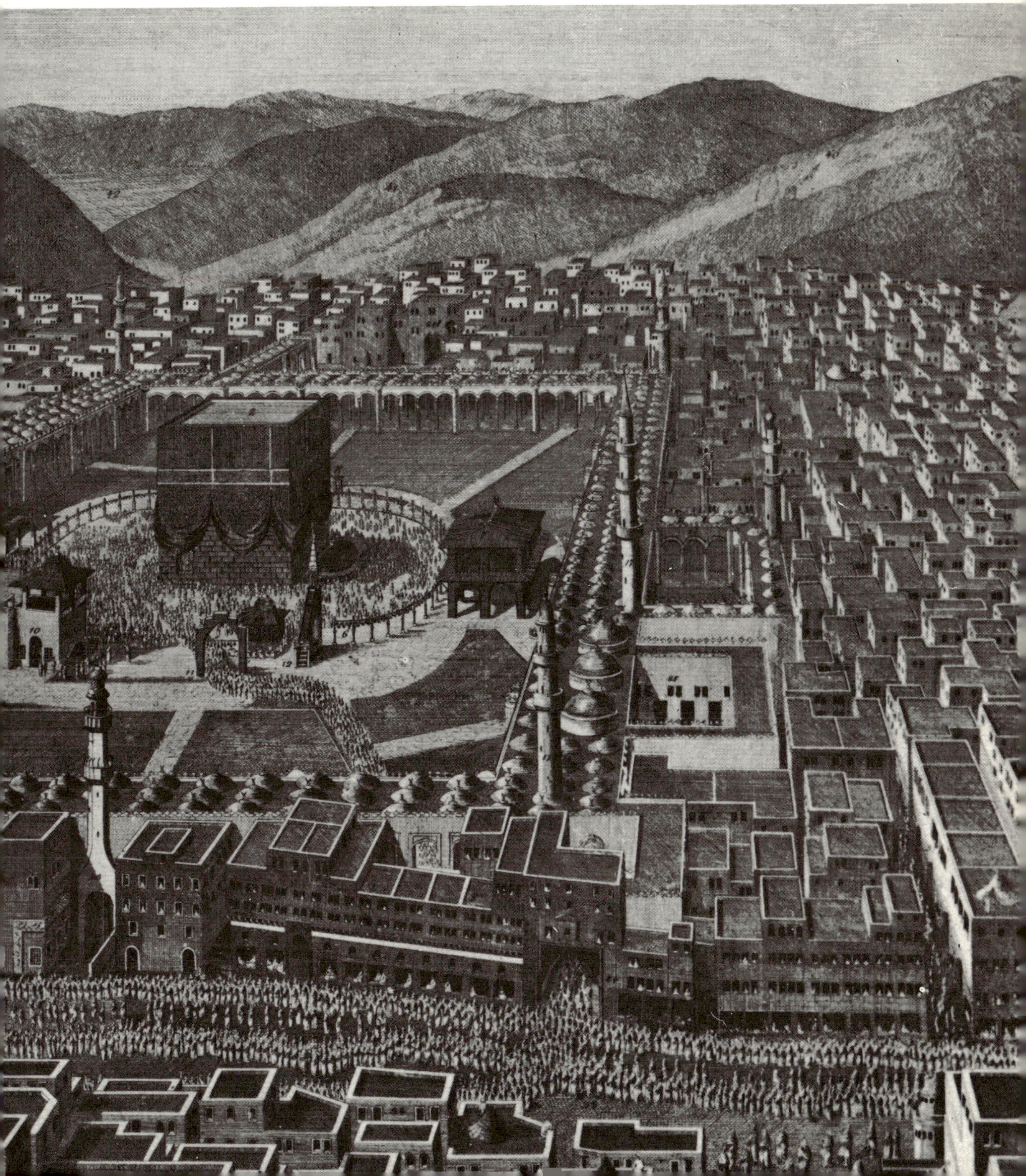

zum Propheten, zum Künder der wahren Gotteslehre, auserwählt. In den ersten Jahren seines Wirkens schlossen sich ihm nur wenige Gläubige an. So wandten er und seine Getreuen sich 622 nach Medina. Dieses Jahr 622, das Jahr der Hidschra, des Auszugs von Mekka (Abb. 2) nach Medina, bezeichnet den Wendepunkt in Mohammeds Mission, mit ihm beginnt die Zeitrechnung der Mohammedaner. Eine Pilgerfahrt nach Mekka, wenigstens einmal im Leben, gehört zu den Glaubenspflichten, die Mohammed für seine Anhänger festgelegt hat (Abb. 2).

Mohammeds Erben

Als der Prophet im Jahre 632 starb, war er zwar Herr weiter Teile Arabiens, über die Grenzen hinaus war sein Einfluß jedoch noch nicht gedrungen. Abu Bakr, Mohammeds erster Anhänger, der Vater seiner Gattin Aischa, wurde zum Kalifen – chalifa heißt der Anhänger – erwählt und gab den Anstoß zum ersten Feldzug der Moslem gegen Byzanz, den der Prophet selbst noch in seinen letzten Lebensjahren geplant hatte. Als Abu Bakr zwei Jahre nach dem Propheten starb, fiel die Wahl auf Omar, der ebenfalls ein alter Vertrauter Mohammeds war und wie Abu Bakr ein Mann von außerordentlichen Fähigkeiten. Unter seiner Führung überrollte die erste große Eroberungswelle des Islam die Nachbarländer Arabiens. Syrien, Ägypten, Mesopotamien, Armenien, Persien und die Kyrenaika wurden dem neuen Glauben gewonnen (Abb. 3). Der dritte Kalif, Othman, war ein Mann von tiefer Frömmigkeit, und ihm ist zu verdanken, daß Mohammeds Lehre als Koran schriftlich niedergelegt wurde (Abb. 24). Othman wurde 656 ermordet, und Ali, der Schwiegersohn und einzige männliche junge Verwandte des Propheten, wurde zum vierten Kalifen gewählt (Abb. 1). Indes erwies er sich als unfähig, den auf seine Wahl folgenden Bürgerkrieg um die Nachfolge des Propheten zu ersticken. Die eine der beiden streitenden Parteien vertrat die Ansicht, das Kalifat stehe allein den Nachkommen Alis zu. Ihre Anhänger sind die Schiiten. Die andere Partei, die diesen Anspruch nicht anerkannte, war die der Sunniten. 661 wurde Ali ermordet, und Moawija, ein Vetter Othmans aus dem Hause Omaija, trat seine Nachfolge an.

3 Die Karte zeigt die islamischen Eroberungen zur Zeit der ersten Kalifen. Solange Mohammed lebte, drangen die Scharen der Gläubigen nicht über die arabische Halbinsel hinaus. Die Nachfolger eroberten Syrien, Mesopotamien, Nordafrika und Persien.

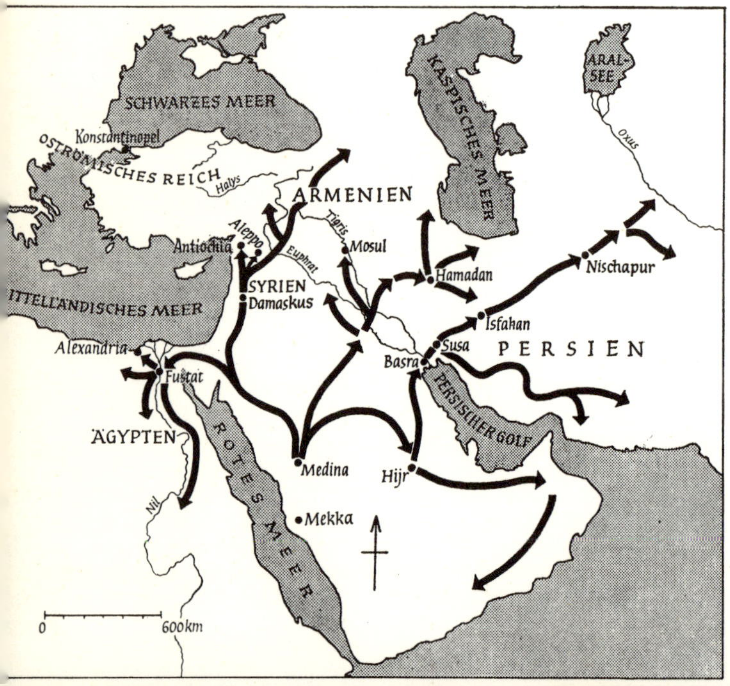

Der Islam als Sieger

Mit dem Kalifen Moawija begann die Dynastie der Omaijaden, in der sich durch geregelte Erbfolge das Kalifat bis zum Jahr 750 fortsetzte.

Schon zu Anfang des 8. Jahrhunderts hatte die zweite islamische Eroberungswelle eingesetzt. 711 überquerte ein muselmanisches Heer die Straße von Gibraltar und stieß durch Spanien bis Südfrankreich vor. Erst in der Schlacht bei Tours und Poitiers zwang Karl Martell die Araber zum Rückzug. Im Osten zogen sie indessen das Industal abwärts und eroberten die Provinz Sind. 714 standen sie an den Toren des chinesischen Reiches. Zur gleichen Zeit versuchten die Omaijaden, die oströmische Kaiserkrone an sich zu bringen. 717/718 schwebte das Oströmische Reich in großer Gefahr, aber es gelang den Arabern nicht, Konstantinopel einzunehmen. Unter den Omaijaden bildete das riesige Gebiet zwischen Spanien und Indien einen einzigen Staat. Der Kalif wählte Damaskus zum Regierungssitz und ernannte arabische Statthalter zu Herrschern über die einzelnen Provinzen. Zwei Verwaltungsmaßnahmen sollten für die Einheit des Reiches bedeutsam werden: Man führte Arabisch als offizielle Sprache ein und gab dem Reich ein einheitliches Münzsystem. Die neuen Münzen wurden für das gesamte spätere Münzwesen der islamischen Welt vorbildlich. Sie trugen Aufschriften, die den Glauben an Allah und seinen Propheten sowie die Vorrangstellung des Islam unter allen Religionen verkündeten (Abb. 4).

4 Eine der ersten Münzen mit stark islamischem Charakter, ohne Herrscherbild und Symbole, aber mit einer Inschrift, die Allah als den einen Gott preist. Die neuen Münzen wurden für die islamische Welt vorbildlich.

Geburt einer neuen Kunst

Auf die Errichtung prächtiger Bauwerke scheint Mohammed wenig Wert gelegt zu haben. Sein Biograph Ibn Hischam legt ihm die Worte in den Mund: »Nichtig und nutzlos ist es, große Gebäude zu errichten; der Reichtum der Gläubigen wird dadurch aufgezehrt.« Erst unter dem Patronat der Kalifen aus dem Hause Omaija wurde in Syrien die islamische Kunst geboren. Der Kalif, gleichen Ranges mit dem Kaiser von Byzanz und Erbe des letzten Sassanidenkönigs, wünschte seiner Machtstellung entsprechende, glanzvolle Paläste, und, um die Vorrangstellung des Islam deutlich zu machen, sollten die Moscheen selbst die prächtigsten christlichen Kirchen in den Schatten stellen. Zwei große Kunsttraditionen boten sich an: die hellenistisch-römische Kunst Syriens und Ägyptens sowie die sassanidische Kunst Persiens und Mesopotamiens.

Der Felsendom

Das früheste noch erhaltene Bauwerk des Islam, vielleicht auch sein eindrucksvollstes, ist der 641 erbaute Felsendom zu Jerusalem (Abb. 5). Seine Kuppel wölbt sich über dem felsigen Gipfel des Berges Moria, den man für den Ort hielt, an dem Abraham seinen Sohn Isaak opfern wollte. Abraham gilt nicht nur bei den Christen und Juden, sondern auch bei den Moslem als verehrungswürdiger Mann. In späteren Jahren glaubten die Moslem, Mohammed sei von diesem Felsen aus auf wunderbare Weise in den Himmel aufgefahren. – Die ganze Anlage des Felsendoms weist große Ähnlichkeit mit den christlichen Bauten Syriens auf. Die erhaltenen Mosaiken des Innenraums sind wahrscheinlich das Werk einheimischer christlicher Mosaizisten. Die Koraninschrift, die auf beiden Seiten um den zentralen achteckigen Raum herumläuft, verkündet, im Gegensatz zur Dreifaltigkeitslehre des christlichen Glaubens, den einen Gott.

Der Ort des gemeinsamen Gebets

Der wesentliche Beitrag der Omaijaden zur islamischen Baukunst liegt in der Entwicklung zukunftsreicher Formen für die Gemeindemoschee. Zu Anfang der Omaijadenzeit bediente man sich in Syrien der christlichen Kirchen. Eine der ersten neuerbauten Moscheen war die in Kufa am Euphrat. Die Moschee von Medina – heiligste Moschee des Islam – sollte vielen Moscheen der Omaijadenzeit als Vorbild dienen. Die bemerkenswerteste unter ihnen ist die große Moschee von Damaskus, noch heute unter dem Namen Omaijaden-Moschee berühmt (Abb. 6, 7, 8). Der Stil der Mosaiken in der Omaijaden-Moschee zu Damaskus,

5 Das älteste islamische Bauwerk, der Felsendom zu Jerusalem (691), eine Art zweite Ka'ba über der Stelle, wo Abraham seinen Sohn hatte opfern wollen, und von wo aus Mohammed gen Himmel gefahren sein soll. Der Felsendom ist möglicherweise der Entwurf eines Christen.

soweit sie nicht dem großen Brand von 1893 zum Opfer gefallen sind, zeigt eine gewisse Verwandtschaft mit früheren syrischen Arbeiten und denen des großen Kaiserpalastes zu Konstantinopel. Arabischen Historikern zufolge soll der byzantinische Kaiser byzantinische Mosaizisten nach Damaskus geschickt haben. Auffallend an diesen Darstellungen ist das Fehlen menschlicher Figuren. Die in der ganzen islamischen Kunst verbreitete Scheu vor der Darstellung des Menschen leitet sich aus dem strengen Verbot her, in Sakralbauten Menschen abzubilden, da solche Abbildungen an heidnische oder christliche Kultbilder erinnern könnten. Charakteristika, die bereits gegen Ende des 7. Jahrhunderts klar hervortraten, sind der weiträumige Gebetsraum mit Gewölbedecke, der von Säulengängen umgebene Innenhof und das Minarett, der Turm, von dem der Muezzin zum Gebet ruft. Das eigentliche Heiligtum der Moschee, der *haram,* besteht aus drei Querschiffen an der Südseite. Das auffälligste Merkmal des *haram* ist das Mittelschiff, das die übrigen Schiffe im rechten Winkel schneidet und auf den *mihrab* zuführt, die Gebetsnische, die nach Mekka weist (Abb. 10). Die Eigentümlichkeit, das Hauptminarett in der Achse des *mihrab* zu errichten, entstand zur Zeit der Omaijaden. Das älteste erhaltene Beispiel ist wohl das massive Minarett der großen Moschee zu Kairouan aus der Spätzeit der Omaijaden (Abb. 9, 11, 12).

6 Die Große Moschee zu Damaskus, 706 begonnen: die südwestliche Ecke des Innenhofes.

8 Die Große Moschee zu Damaskus: Mosaikdekor aus dem Säulenumgang in herrlich leuchtenden Farben.

9 Der neue Glaube forderte für seinen Ritus einen entsprechenden Rahmen: Die Moschee, hier die von Kairouan. Charakteristika sind der weiträumige Gebetsraum mit Gewölbedecke, der Innenhof mit Säulenumgang und das Minarett, von dem der Muezzin zum Gebet ruft.

7 Dieselbe Moschee: Fassade des Heiligtums. Wie viele Moscheen der Omaijadenzeit nach der von Medina erbaut.

10 Gebetsnische aus der Moschee von Kairouan. Die Nische ist nach Mekka gerichtet.

11 Abstrakte Muster in unendlicher Vielfalt kennzeichnen die Kunst des Islam. Gelegentlich mischen sich fremde Stilelemente darunter wie hier beim *mihrab* von Kairouan gräko-romanische.

12 Innenraum der Großen Moschee von Kairouan mit der von Säulen getragenen Gewölbedecke.

13 Mschatta, »Winterschloß«, steht als unvollendeter Prachtbau in der Wüste. Die schwarzen Teile des Plans zeigen die ausgeführten Anlagen.

14 Detail der Vorderfront von Mschatta mit tief unterschnittenen floralen Ornamenten.

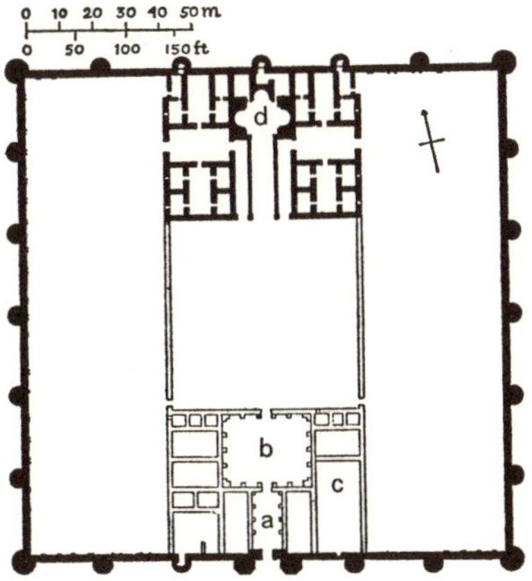

Blumen in der Wüste

Wesentlich mehr als über die sakrale Baukunst der Omaijadenzeit wissen wir über die weltliche, seit man in Syrien die Ruinen von etwa dreißig Omaijadenschlössern entdeckt hat. Einer der prächtigsten dieser Paläste – Kasr al-Hair al-Scharki – »Das Schloß der Einfriedung im Osten« – liegt nordöstlich von Palmyra in der Wüste. Es wurde 728 vom Kalifen Hischam erbaut und besteht aus zwei befestigten quadratischen, hofartigen Anlagen aus verputztem Kalkstein und Ziegeln. Kunst und Architektur der Omaijadenzeit entstanden aus einer Verschmelzung aller Kunsttraditionen, die die Araber bei den von ihnen unterworfenen Völkern vorfanden. Das Schloß Mschatta (»Winterschloß«) östlich des Toten Meeres bietet ein gutes Beispiel dafür (Abb. 13, 14). Dieser unvollendet gebliebene Bau wurde wahrscheinlich gegen Ende der Omaijadenzeit begonnen. Die Art der Anlage erinnert an römische Lagerkastelle, wie sie sich im syrischen Grenzgebiet finden; die Türme dürften persischen Ursprungs sein. Das von den Ausgräbern nach Berlin verbrachte südliche Eingangstor weist außerordentlich feine Steinmetzarbeiten mit Bohrer und Meißel auf, die vor allem durch den starken Kontrast von Licht und Schatten wirken (Abb. 14). In einer merklichen Tendenz zur Stilisierung kündigt sich bereits die Arabeske an, wenn auch die meisten Motive hellenistischen Ursprungs sind.

Vermächtnis der Sassaniden

Nachdem sich der Traum der Omaijaden, Erben Ostroms zu werden, zerschlagen hatte, richteten sie ihr Augenmerk auf den Osten ihres Reiches. Unter den Wandmalereien des omaijadischen Jagdschlosses Kusair'Amra in Jordanien (Abb. 15) fand man eine berühmt gewordene Darstellung des thronenden Kalifen mit der Flügelkrone der sassanidischen Könige. Es überrascht also nicht, daß die Omaijaden die Form des sassanidischen Audienzsaales übernahmen, aus der vielleicht auch die Moschee vom Hallentypus hervorgegangen ist. Aus den Elementen verschiedener Bautraditionen war so eine neue Architektur geschaffen worden, die den Bedürfnissen der Moslem entsprach. Der gleiche Vorgang vollzog sich auf dem Gebiet der dekorativen Kunst. Die frühe islamische Malerei – leider sind nur wenige Fresken erhalten – stand zwischen hellenistischer und sassanidischer Tradition. Das läßt sich an zwei Fußbodenmalereien aus dem Kasr al-Hair al-Gharbi zwischen Damaskus und Palmyra feststellen. Bei der einen fällt ein Rundbild auf, das offensichtlich die griechische Erdgöttin Gaia darstellt. Sowohl Gegenstand wie Stil sind hellenistischen Ursprungs (Abb. 16). Die andere Malerei ist in drei Felder aufgeteilt. Eines zeigt Lautenspielerin und Flötenspieler unter Arkaden, das mittlere einen Reiter, der mit Pfeil und Bogen auf eine Gazelle schießt. Die Themen dieser Malerei sind sassanidisch. Die

15 Kusair'Amra, ein Jagdschloß der Omaijaden in Jordanien, mit überwölbtem Audienzsaal und Badehäusern. Die Bauten der ersten Kalifen waren noch von der sassanidischen Kunsttradition geprägt.

16 Antike Göttin mit eindeutig hellenistischen Stilmerkmalen im Palast von Kasr al-Hair.

Flechtbandrosette vom Giebel eines Palastes zu Churbat al-Mafdschar, entstammt wiederum antikem Formenschatz. Die Weise aber, wie alle diese Einzelheiten zu einem harmonischen Ganzen verbunden sind, ist durchaus eigenständig.

Ein Sproß der Omaijadendynastie sicherte sich die Herrschaft über das moslemische Königreich in Spanien, und erst auf der Iberischen Halbinsel sollte die Omaijadenkunst sich zur vollen Blüte entfalten und von dort aus einen starken Einfluß auf die islamische Kunst Nordafrikas ausüben.

Eine neue Dynastie: die Abbasiden

Die Herrschaft der Omaijaden hatte auf der Vorrangstellung der Araber beruht. Die islamisierten Perser aber verlangten – gemäß den Vorschriften des Korans – Gleichberechtigung mit den Arabern. In Chorasan, wo die arabischen Siedler sich mit dem einheimischen persischen Adel unter Führung des Persers Abu Muslim verbündet hatten, brach der Aufstand los. Im Jahr 750 brachten die Rebellen den Streitkräften des letzten Omaijadenkalifen, Marwan II., eine entscheidende Niederlage bei und verhalfen den Abbasiden, den Nachkommen des Abbad, der ein Onkel des Propheten gewesen war, zur Herrschaft. Der Sitz des Kalifats lag von nun an in Mesopotamien. 762 errichtete al-Mansur, der Bruder und Erbe des ersten Abbasidenkalifen, nahe Bagdad, einem christlichen Dorf am Tigris, eine neue Hauptstadt.

Auf der Höhe seines Glanzes stand das Abbasidenreich unter den Kalifen Harun al-Raschid (786–809) und seines Sohnes al-Ma'mun, der von 813–833 regierte (Abb. 17). Die Staatsverwaltung wurde nach persischem Vorbild neu geregelt. Ein organisierter Postdienst sicherte die Verbindung zwischen den einzelnen Provinzen, eine stabile Regierung ermöglichte die Ausdehnung des Handels, der nun auf alten und neuen Wegen seine Fäden bis Indien, Ceylon und China, aber auch über das Mittelmeer knüpfte. Allgemeiner Wohlstand spiegelte sich in der wachsenden Verfeinerung des Hoflebens und in dem großen Bedarf an Luxusartikeln. Unter diesen Bedingungen nahmen die Kleinkunst, die Keramik, Glasbläserei, Schmiedehandwerk und Textilkunst einen unvergleichlichen Aufschwung (Abb. 18, 19, 20).

17 Unter den Abbasiden umschloß das islamische Reich Nordafrika, fast ganz Spanien, die großen Mittelmeerinseln, Vorderasien und Teile Nordindiens.

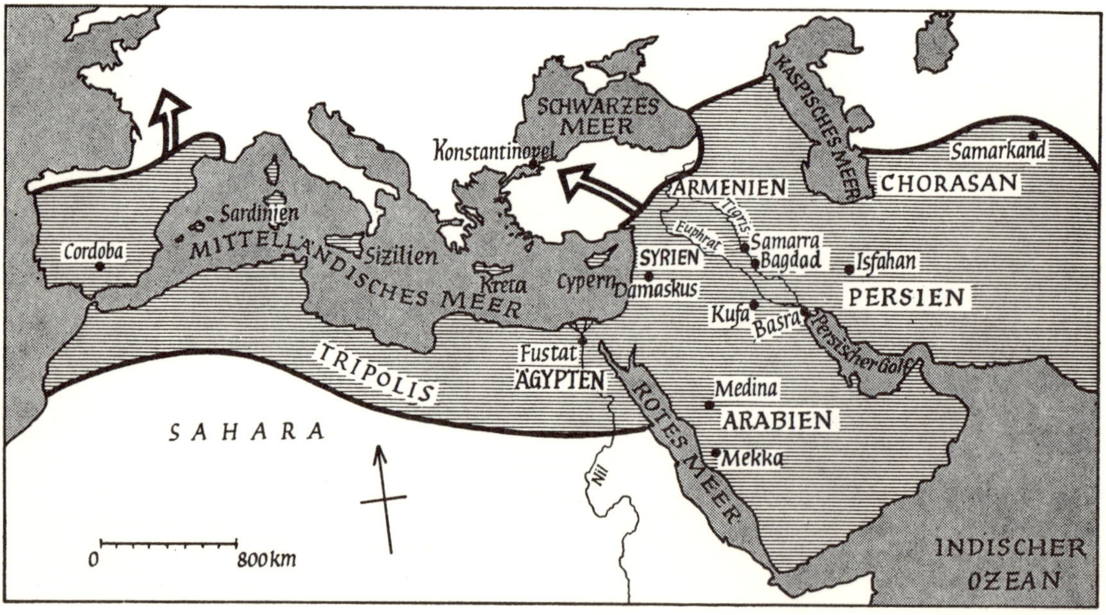

19 Das glasierte Keramikgefäß aus Mesopotamien (10. Jahrhundert) weist neben floralem Dekor eine stilisierte menschliche Figur auf, bei dieser Töpferware sonst unbekannt.

20 Das Tunikafragment – erste Hälfte des 8. Jahrhunderts – aus Syrien oder Ägypten zeigt Pflanzenornamentik, aus der sich die islamische Arabeske entwickelte.

Die islamische Aufklärung

Durch gemeinsame Religion und gemeinsame Sprache vereint, begann jetzt die islamische Welt eine einheitliche Kultur zu entwickeln, an der sowohl Araber wie auch Nichtaraber teilhatten. Geistiger Wagemut und Erkenntnisdrang zeichnen diese Zeit aus, zu welcher Entwicklung die tolerante, fast aufgeklärte Haltung der Abbasiden-

18 Die Schale aus Samarra hat offensichtlich ostasiatische Vorbilder – ein Beweis für Beziehungen zwischen Arabien und China wie für die Aufgeschlossenheit der islamischen Künstler allem Neuen gegenüber.

kalifen nicht wenig beitrug. Bagdad wurde zu einem Zentrum literarischen und künstlerischen Lebens. Hellenistisches Gedankengut übte auf sämtliche geistigen Bewegungen der Epoche einen entscheidenden Einfluß aus. Man studierte Philosophie, Astronomie, Medizin und Naturwissenschaften der Griechen. In Bagdad gründete der Kalif al-Ma'mun das »Haus der Weisheit«, wo Werke griechischer Philosophen ins Arabische übersetzt wurden. Auf alle Zweige islamischer Geistigkeit übte griechisches Gedankengut tiefen Einfluß aus; die aristotelische Logik wurde zum Vorbild für die Methodik des muslimischen Denkens.

Abbasidischer Stil

In den Tagen seiner größten Macht und seines strahlendsten Glanzes gab der Abbasidenhof den Maßstab für die Provinzen. Nicht zu Unrecht hat man die Kunst dieser Epoche den »internationalen abbasidischen Stil« genannt. Die im Rund angelegte Stadt Bagdad bezeugt hervorragende Stadtbaukunst und Städteplanung. Ihre Mauern müssen denen von Rakka ähnlich gesehen haben, deren Überreste man heute noch besichtigen kann. Anlage und Aussehen der Stadt Samarra – fast fünfzig Jahre lang Sitz der Abbasidenkalifen – läßt sich aus ihren Ruinen erschließen, die vor dem Ersten Weltkrieg ausgegraben wurden. Als ein Netz von Straßen, Kanälen, Moscheen, Palästen und Häusern erstreckt sie sich über 20 Meilen am Ufer des Tigris entlang. Teile des unter dem Namen Dschausak al-Chakani bekannten, unter dem Kalifen al-Mu'tasim in Samarra erbauten Palastes (Abb. 21) erheben sich noch heute auf einer Terrasse über dem Tigris. Die riesige, *iwan* genannte Nische zwischen zwei kleineren Nischen erinnert an das große Gewölbe in Ktesiphon (Kap. 2, 19) und diente wohl ebenfalls als Empfangshalle. Der seiner Anlage nach großartigste Palast, der von Ocheidir (Abb. 22), ein Steinbau mit Gewölben und Bögen aus Ziegelsteinen, beherrscht – noch in der Zerstörung imposant – das Bild der Wüste.

Die Kunst der Ornamentik

Besonders interessant ist die Ornamentik der abbasidischen Architektur, deren Anwendungsart sowie ihr Repertoire an Einzelornamenten wir aus den verschiedenen Ausgrabungen von Samarra kennen. In nichts mehr erinnert die Wanddekoration der Kalifenpaläste an die Ornamentik der Omaijaden. Der abbasidische Stil ist vielmehr eine Weiterentwicklung des sassanidischen. Die starke Stilisierung der Schmuckformen macht es meist unmöglich, die natürlichen Vorbilder und Motive der Formen zu erkennen (Abb. 23).

Die verschiedenen Spielarten der »Flachornamentik« von Samarra haben ein weites Verbreitungsgebiet. Vorbilder hat man in Ktesiphon und anderen sassanidischen Städten gefunden.

Wiedergeburt der Keramik

Nicht nur glasierte Gefäße (Abb. 19), auch glasierte Kacheln stellte man in Mesopotamien her. Aus zeitgenössischen Quellen wissen wir, daß die wunderschönen mehrfarbigen Lüsterkacheln, die den *mihrab* der großen Moschee von Kairouan schmücken, im Jahr 862 in Bagdad bestellt worden sind und im selben Jahr samt einem Keramiker von dort in Kairouan eintrafen (Abb. 10, 11).

Die arabische Schrift

Die Rolle der arabischen Schrift in der islamischen Kunst darf nicht übersehen werden. Die geschriebenen Worte des Koran gewannen im Laufe der Zeit fast sakralen Charakter. In der Omaijadenzeit gab es außer einer kursiven Schrift eine stilisierte, das *kufi* – laut Überlieferung in der Stadt Kufa entstanden – für monumentale Inschriften

21 Der Palast Dschausak al-Chakani in Samarra. Die große Mittelnische – der *iwan* – dürfte wie in andern sassanidischen Palästen als Audienzhalle gedient haben.

22 Die Ruinen von Ocheidir, des wohl größten und prächtigsten der Abbasidenpaläste: die auch zerstört noch imposant wirkenden Ziegelfassaden mit den mächtigen schmucklosen Pfeilern beherrschen das Bild der Wüste.

in Stein und anderen Materialien. Die ältesten Koran-Kopien, die wir besitzen, sind in kufischer Schrift auf Pergament geschrieben. In einigen dieser frühen Koranmanuskripte erscheinen auch schon Illuminationen und gelegentlich sogar ganzseitige Illustrationen.
Im 10. Jahrhundert trat an die Stelle von Pergament und Papyrus das Papier; die Herstellung von Büchern bekam dadurch großen Auftrieb. Der Überlieferung nach erlernten die Moslem die Papierherstellung von einem Chinesen, der 751 gefangen worden war. Im Laufe dieses Jahrhunderts wich auch die kufische Schrift immer mehr Schriften von weicherem Duktus. Auf einer heute im Britischen Museum aufbewahrten Koranhandschrift von 1036 sind Schrift und Illumination vollkommen aufeinander abgestimmt. In diesem Manuskript werden die Namen des Schreibers wie des Buchmalers genannt (Abb. 24).

Das Reich zerfällt

In ihrem Bestreben, die religiöse und politische Einheit des Reiches zu wahren, erwiesen die Abbasidenkalifen sich als nicht ganz so erfolgreich wie auf kulturellem Gebiet. Noch die Heere der Omaijaden hatten sich ganz aus arabischen Truppen zusammengesetzt. Jetzt aber zeigten die Araber immer weniger Neigung zum Kriegsdienst. Zur Zeit von al-Ma'muns Tod 833 bestanden die Streitkräfte der Kalifen fast nur aus Türken. Im Laufe des 9. Jahrhunderts erhielt dies Heer Status und Funktionen einer »Prätorianergarde«, die sich schließlich sogar das Recht anmaßte, den Nachfolger für das höchste Amt des Islam zu bestimmen. Wegen der ständigen Reibereien zwischen den Söldnern und den Bewohnern der Stadt verlegte Kalif al-Mu'tasim 838 den Hof von Bagdad nach Samarra, und erst 883 zog die Regierung nach Bagdad zurück.
Seit der zweiten Hälfte des 9. Jahrhunderts hatte man auch türkische Söldnerführer mit der Statthalterschaft in Ägypten betraut, von denen allerdings manche die Regierungsgeschäfte in der Provinz durch einen Stellvertreter besorgen ließen. Ein solcher Stellvertreter, Ahmad ibn Tulun, herrschte in Ägypten von 868 bis zu seinem Tode 883 als unabhängiger Souverän.
Weiter westlich hatte die Provinz Ifrikija, das heutige Tunesien, unter den Aghlabiden ihre Unabhängigkeit erlangt. Der Stammvater der Aghlabiden, Ibrahim ibn Aghlab, war von Harun al-Raschid zum Statthalter der Provinz ernannt worden, und seine Nachkommen erkannten den Kalifen nur mehr nominell als Oberherrn an. Ihr politischer Ehrgeiz richtete sich nach Norden: schon 875 herrschten

23 Entwicklung vom naturalistisch gesehenen Motiv zum rein formalen Ornament: Das Weinlaubmuster ist auf abstraktes Rankenwerk reduziert, das Vorbild kaum mehr zu erkennen.

24 Persische Handschrift, wahrscheinlich um 1036 entstanden. Wie eine Reliquie umschließen Verzierungen den heiligen Text des Korans.

25 Als 750 die Omaijaden-Dynastie von den Abbasiden gestürzt wurde, entkam der Omaijade Abd ar-Rahman I. nach Spanien und gründete hier das selbständige Reich von Córdoba. Wie eine Blüte von fremdartiger Schönheit erscheint die Hauptstadt Córdoba – ein Schmelztiegel der Kulturen, in dem sich das Islamische mit westgotischen und jüdischen Elementen mischt. Die große Moschee, von Abd ar-Rahman zwischen 780 und 787 errichtet und im 10. Jahrhundert vergrößert, liegt im Herzen der Stadt. Inneres des Gebetsraums mit übereinandergestockten Arkaden.

sie über ganz Sizilien, das bis zur normannischen Eroberung 1060 in den Händen der Moslem blieb.

Und im äußersten Westen, in Spanien, hatte, wie schon erwähnt, der letzte Omaijade, der den siegreichen Abbasiden entkommen konnte, mit Unterstützung einiger loyaler Araberstämme ein omaijadisches Königreich gegründet. Sein Nachkomme, Abd ar-Rahman III., nannte sich ab 929 Kalif und nahm dadurch die einstige Machtstellung für sein Haus aufs neue in Anspruch. Die Omaijadenherrschaft sollte in Spanien bis 1031 dauern.

All diese Loslösungsbestrebungen vom Gesamtreich entsprangen reiner Machtpolitik. Gefährlicher für den Bestand des Kalifats waren aber Bestrebungen, in denen politische Motive sich mit religiösen Beweggründen mischten wie bei den Fatimiden, deren Haupt, Ubaid Ullah, behauptete, durch Mohammeds Tochter Fatima vom Propheten selbst abzustammen und somit das einzig rechtmäßige Oberhaupt des Islam zu sein. Sein Ziel war die Abschaffung des Kalifats von Bagdad. Er gewann die Berberstämme von Ifrikija, und man sprach ihm den Titel eines Kalifen zu. 909 stürzte er die Aghlabiden. 969 gelang es dem vierten Fatimidenkalifen, Ägypten zu erobern und dieses Land endgültig den Abbasiden zu entreißen. Der neue Herrscher erbaute seine Hauptstadt nahe der alten Stadt Fostat und nannte sie al-Kahira, die »Siegreiche«, das heutige Kairo. Damit war der Grundstein gelegt für die hohe Kultur des fatimidischen Ägypten, die zwei Jahrhunderte währen sollte. Es gelang den Fatimiden zwar, Syrien in ihre Hand zu bringen und vorübergehend auch in Mesopotamien anerkannt zu werden – das Kalifat der Abbasiden abzuschaffen vermochten sie indes nicht.

Ägypten unter den Fatamiden

Um das Jahr 1000 hatten die Fatimiden ihre Herrschaft in Ägypten gefestigt, und die Voraussetzungen für die fatimidische Kunst waren geschaffen. In der bald nach der Gründung Kairos erbauten Moschee von al-Azhar begegnet man zum erstenmal dem islamischen Ornament schlechthin: der Arabeske, einer Fortbildung der hellenistischen Palmetten- und Akanthusranke. Auf Kosten des Naturalismus bemühte man sich um lineare Wirkung. Die Manier fatimidischer Künstler, Arabesken und geometrische Formen zu verbinden oder Sternformen mit Flechtbändern zu kombinieren, wurde wesentlich für die ganze spätere Entwicklung der islamischen Ornamentik.

Spanien: Córdobas Blütezeit

In mancher Hinsicht kommt dem islamischen Spanien jener Zeit eine Sonderstellung zu. Hier lebten mohammedanische Araber und Berber in friedlichem Nebeneinander mit der einheimischen christlichen Bevölkerung und da, anders als im Osten, nur wenige Christen zum Islam übergetreten waren, trugen neben den Moslem auch die Christen zur Blüte der omaijadischen Kultur in Spanien bei, die eine Brücke zwischen Morgen- und Abendland werden sollte. Zu Beginn des 10. Jahrhunderts besaß die Hauptstadt der Omaijaden, Córdoba, neben einer großen Moschee noch 700 weitere Moscheen, drei öffentliche Bäder, einen Palast mit 400 Räumlichkeiten und eine Bibliothek mit über 400 000 Bänden. Es gab 20 Kirchen und viele Klöster.

Die große Moschee von Córdoba (Abb. 25, 26) ist ohne Zweifel das herrlichste Bauwerk der Omaijadenzeit. Um den Innenraum möglichst hoch zu halten, bediente sich der

26 Große Moschee von Córdoba: Mosaikbogen über der Gebetsnische, dem *mihrab*. Die Mosaiken auf Goldgrund wurden von einem byzantinischen Mosaizisten ausgeführt.

Baumeister eines Systems übereinandergestellter Arkaden aus Hufeisenbögen. Dieses Bausystem führt man auf das Vorbild römischer Aquädukte zurück. Das Gewölbesystem stammt vermutlich aus dem Osten. Die Mosaiken auf Goldgrund wurden von einem byzantinischen Mosaizisten ausgeführt, den der Kaiser von Byzanz dem Kalifen nach Córdoba gesandt hatte. Als Córdoba im 13. Jahrhundert in die Hände der Christen fiel, wandelte man die inzwischen vergrößerte Moschee in eine Kirche um. Der hohe Chor stammt aus dem 16. Jahrhundert.

936 gründete Abd ar-Rahman III., acht Kilometer von Córdoba entfernt, eine neue königliche Residenz. Das Gelände von Medina az-Zahra, seit 1910 von Archäologen genau untersucht, hat Funde freigegeben, die unsere Kenntnisse über die Kunst der Omaijaden in Spanien beträchtlich erweitert haben (Abb. 27). Typisch sind die reich gearbeiteten Säulenkapitelle, von denen einige spitzenähnliche Blattmuster aufweisen.

In der 2. Hälfte des 10. Jahrhunderts kam in Córdoba auch die Elfenbeinschnitzkunst zu hoher Blüte. Eines der schönsten erhaltenen Werke, eine zylindrische Büchse mit gewölbtem Deckel, befindet sich jetzt im Louvre (Abb. 28). Am Beginn des 11. Jahrhunderts konnte der Islam auf fast vier Jahrhunderte einer bewegten Geschichte zurückblicken. Zu diesem Zeitpunkt hatte die islamische Kultur einen ebenso ausgeprägten Eigencharakter entwickelt wie das Christentum, was der verbindenden Sprache des Koran und der gemeinsamen Religion zu verdanken war, die ein gemeinsames Lebensgefühl schufen.

27 Für az-Zarah, die »Blume«, eine Favoritin des Kalifen Abd ar-Rahman III., wurde 936 in der Nähe von Córdoba die Palaststadt Medina az-Zahra erbaut. Sie barg die erlesensten Kunstwerke aus Byzanz, Syrien und sogar dem ottonischen Deutschland. Der Dekor des Innenhofes weist noch den Stil der Omaijadenzeit auf. Typisch sind die Säulenkapitelle, von denen manche spitzenähnliche Blättermuster aufweisen. Die Funde von Medina az-Zarah, seit 1910 von den Archäologen genau untersucht, haben unsere Kenntnis von der Kunst der Omaijaden in Spanien beträchtlich erweitert.

1 **(rechts):** Die heilige Jungfrau mit dem Kind. Relief von der Heiligkreuzkirche in Acht'amar im Van-See.

28 Das Elfenbeinkästchen aus Córdoba mit dem dattelpflückenden, von Blattornamenten gerahmten und von allerlei Getier umgebenen Reiter ist zweifellos das Werk eines bedeutenden Meisters.

4 Zwischen Ost und West

Die Geschichte Armeniens

Armenien ist der Teil des kleinasiatischen Hochplateaus, der östlich des Euphrat liegt. Bergketten, aus denen der majestätische Ararat (Abb. 2) mit der gewaltigen Höhe von 5200 Metern aufragt, durchziehen die Hochebene in ost-westlicher Richtung und teilen das Land in einzelne Becken, in die reißende Bergströme tiefe Schluchten eingegraben haben. Diese geographischen Gegebenheiten erklären weitgehend den Ablauf der Geschichte Armeniens. Jeder seiner mächtigen Nachbarn versuchte diese natürliche Festung in seine Hand zu bekommen. Zudem förderte die Aufteilung des Landes in völlig voneinander getrennte Gebiete die separatistischen Tendenzen der Feudalherren und stand einem engeren politischen Zusammenschluß im Wege. Anderseits aber verhinderten diese geographischen Besonderheiten auch wieder, daß das Land jemals ganz in die Hand und unter die Herrschaft der Eroberer fiel.

Nördlich und nordwestlich von Armenien, jenseits der Flüsse Kura und Tschoroch, erstreckte sich längs der Küste des Schwarzen Meeres Georgien, das alte Iberia. Östlich an Georgien grenzte das kleine Reich der Albaner, das sich bis zum Kaspischen Meer hinzog.

Die Geschichte der hier behandelten Epoche vom Beginn des 4. bis gegen Ende des 11. Jahrhunderts ist gekennzeichnet durch die Kämpfe zwischen Rom und Byzanz einerseits, zwischen Sassaniden und Arabern anderseits. Armenien, und in geringerem Maße auch Georgien, bildeten häufig das Schlachtfeld, auf dem diese Kämpfe ausgetragen wurden; außerdem waren sie meist das Ziel der Auseinandersetzungen. Zu Beginn des 4. Jahrhunderts gelang es den Römern, ihre Machtstellung in Armenien auszubauen. Als die siegreichen Feldzüge des Kaisers Galerius gegen die Perser 298 mit dem in Nisibis unterzeichneten Friedensvertrag endeten, erstreckte sich das unter römischem Protektorat stehende Gebiet weit in die jenseits des Tigris gelegenen Provinzen. Tiridates, ein Sproß der armenischen Arsakidendynastie, wurde von den Römern erneut als König über Armenien eingesetzt und um 301 durch Gregor den Erleuchter, der als der eigentliche Gründer der armenischen Kirche gilt, für das Christentum gewonnen, das er dann zur Staatsreligion erhob (Abb. 3).

Die Annahme des christlichen Glaubens in Georgien und später auch in Albanien brachte die drei Länder in nahe Berührung mit dem Westen. Nach dem Erlaß des Ediktes von Mailand 313 durch Kaiser Konstantin und der Verlegung der kaiserlichen Residenz nach Konstantinopel wurde sie noch enger.

Unter persischer Herrschaft

Im Jahre 387 wurde Großarmenien – der östlich des Euphrat gelegene Teil im Gegensatz zu Kleinarmenien westlich des Euphrat – zwischen Ostrom und Persien aufgeteilt, wobei Persien den weit größeren Teil des Landes erhielt. Es ist verständlich, daß sowohl Ostrom wie Persien die Oberhoheit über Armenien erstrebten, um damit die wegen ihrer Schlagkraft berühmte Reiterei, die in Kriegszeiten den *Nachararen* – den Oberhäuptern fürstlicher Häuser – unterstand, zur Grenzverteidigung und auch bei ihren eigenen Kriegszügen einsetzen zu können. Beiden Großreichen gelang es nicht, das Land völlig unter ihre Herrschaft zu bekommen, solange die *Nachararen* die tatsächliche Macht ausübten. Sie verschanzten sich mit ihrer Reiterei in Bergfestungen und bildeten schwer zu bekämpfende Widerstandsnester. Vielleicht wäre es den *Nachararen* gelungen, ihr Vaterland zu retten, wenn sie sich zusammengeschlossen hätten. Aber wie in allen Staaten mit feudaler Ordnung ging ihr Patriotismus nicht über die

2 Im Herzen Armeniens erhebt sich der schneebedeckte Ararat zu einer Höhe von rund 5200 Metern. Schon zu Zeiten des Alten Testamentes genoß der Berg besondere Verehrung. Noch heute ist der Ararat für die Armenier ein Symbol des Landes, aus dem sie einst vertrieben wurden. An seinem Fuß errichteten die Bagratiden ihre ersten Festungsbauten.

Verteidigung ihrer eigenen Güter hinaus. Eifersüchtig auf ihre Vorrechte bedacht und in gefährlichem Ausmaß unabhängig, ordneten sie nur selten ihre persönlichen Interessen dem Staatswohl unter und bekämpften einander mit derselben Erbitterung, mit der sie gegen einen gemeinsamen Feind vorgegangen wären.

In Byzantinisch-Armenien zielte die kaiserliche Politik darauf ab, die Macht der *Nachararen* zu beschneiden. Kaiser Zeno (474–475) verbot ihnen, ihr Amt an Verwandte zu vererben. Diese Verordnung traf das Feudalsystem an der Wurzel. Ebenso einschneidende Veränderungen nahm Kaiser Iustinian vor, indem er den Töchtern die gleichen Erbrechte zugestand wie den Söhnen, was zu einer weitgehenden Zersplitterung der Feudaldomänen führte und damit zu weiterer Schwächung der Familienoberhäupter. Die Perser aber machten keinen Versuch, die der ihren sehr ähnliche armenische Feudalordnung abzuschaffen, wenn sie auch die Macht der *Nachararen* mit der Zeit einschränkten. Der Versuch der Assimilation Armeniens an die persische Kultur wurde über die Religion unternommen: man bemühte sich, den Mazdaismus wieder einzuführen und die christliche armenische Kirche, eine der wichtigsten Stützen des nationalen Lebens, zu vernichten.

Lehren, Schreiben, Übersetzen

Das armenische Nationalbewußtsein, das mit der Annahme des christlichen Glaubens erwacht war, wurde zu Beginn des 5. Jahrhunderts durch die Erfindung eines eigenen armenischen Alphabetes weiter gestärkt. Solange Armenien keine eigene Schriftsprache besaß, war die Gefahr einer Assimilation groß, die sowohl Persien wie Ostrom anstrebten. Deshalb wurde der gelehrte Kleriker Mesrop mit der Aufgabe betraut, eine armenische Schrift zu entwickeln. Nach einer ausgedehnten Studienreise kehrten Mesrop und seine Begleiter mit einem gemeinsam erarbeiteten Alphabet zurück, dessen 36 Buchstaben der Lautung der armenischen Sprache äußerst geschickt angepaßt waren. Von weiteren Reisen brachten Mesrops Schüler syrische Handschriften der Heiligen Schrift sowie Werke bedeutender syrischer Schriftsteller zum Übersetzen ins Armenische mit. In verschiedenen Teilen des Landes richtete man Klosterschulen ein, in denen man Gelehrte heranbildete und fremdsprachige Werke übersetzen ließ. In Persisch-Armenien, das nominell noch von einem armenischen König regiert wurde, bereiteten diese Gründungen keine Schwierigkeit. Im byzantinischen Teil dagegen bedurften sie der kaiserlichen Genehmigung. So reiste um 421 Mesrop nach Konstantinopel, wo er bei Kaiser Theodosius und dem Patriarchen Attikus die Erlaubnis erwirkte. Danach begann Mesrop auch in Byzantinisch-Armenien Schulen zu gründen, sandte Schüler nach Konstantinopel und brachte selbst von dort eine Reihe wertvoller Handschriften nach Armenien. Eine rege literarische Tätigkeit setzte ein. Die zuerst aus dem Syrischen übersetzte Bibel wurde jetzt unmittelbar aus dem Griechischen übertragen. Übersetzt wurden auch alle für die Liturgie erforderlichen Bücher, die Schriften der syrischen und griechischen Kirchenväter, daneben aber auch weltliche Werke, zum Beispiel ein Alexanderroman. Die neben den Übertragungen entstandenen Originalwerke in armenischer Sprache lassen den hohen Stand der philosophischen und theologischen Bildung der armenischen Geistlichkeit erkennen.

3 Gregor der Erleuchter auf einer georgischen Miniatur. Der heilige Bischof gilt als der eigentliche Begründer der armenischen Kirche, wenn das Christentum auch der Überlieferung nach schon durch den Apostel Thaddäus nach Armenien kam.

Aufstand und Erneuerung

Hohe Steuerlasten, religiöse Verfolgung und Gewaltmaßnahmen, mit denen die Perser den Übertritt der Armenier zum Mazdaismus zu erzwingen suchten, lösten 450/451 eine allgemeine Volkserhebung aus. Kirche, Adel und Volk sammelten sich um den Priester Wardan. Aber der Heldenkampf der Armenier gegen die persische Übermacht war vergeblich: 451 wurden sie vernichtend geschlagen. Wardan und die Blüte des Adels blieben auf dem Schlachtfeld (Abb. 4). Dennoch erbrachte die Niederlage die Anerkennung der christlichen Religion.

Weitere 150 Jahre lang kamen Armenien und Georgien nicht zur Ruhe. Immer wieder flackerten Rebellionen auf, und der zwischen Ostrom und Persien erneut ausgebrochene Krieg spielte sich hauptsächlich auf armenischem und georgischem Boden ab. Im Jahr 591 wurden ganz Armenien und Georgien zwischen den Gegnern aufgeteilt, wobei der größere Teil beider Länder an Ostrom fiel.

Zentrum des Wirtschaftslebens in jener Zeit war die Stadt Dwin am Azat, einem Nebenfluß des Araxes. Welche Bedeutung die Stadt hatte, geht daraus hervor, daß sie bei

4 Miniatur aus einem Hymnenbuch von 1482. Illustration zur Schlacht von 451, in der die kleine armenische Streitmacht gegen ein großes persisches Heer unterlag.

armenischen Historikern wie auch bei dem byzantinischen Geschichtsschreiber Prokop häufig erwähnt wird. »Denn aus Indien ... so gut wie aus allen Provinzen Persiens und auch aus einigen Gebieten, die unter römischer Herrschaft stehen, bringen die Kaufleute Waren und machen hier ihre Geschäfte miteinander.« Wie reich damals die führenden Schichten waren, läßt sich an den zahlreichen Kirchenbauten ablesen, die der jeweilige Katholikos, das Oberhaupt der armenischen Kirche, und die *Nachararen* errichten ließen. Vor allem wegen der erstaunlichen Zahl von originellen Abwandlungen des Zentralbaus, aber auch wegen der reichgeschmückten Fassaden bilden diese Kirchen einen Höhepunkt der mittelalterlichen Architektur.
Eine Epoche reger geistiger Tätigkeit war angebrochen. Eine Gruppe von Übersetzern, die sogenannte »Philhellenische Schule«, unterhielt enge Beziehungen zu Konstantinopel und widmete sich vor allem dem Studium der Philosophie und der Wissenschaft. Durch ihre Übersetzungen wurde Armenien mit den Schriften des Aristoteles und seiner Kommentatoren sowie mit den Werken der Neuplatoniker bekannt.
In Georgien erwachte das Interesse an philosophischen und wissenschaftlichen Werken erst weit später. Dagegen standen die Künste in hoher Blüte: eine Vielzahl herrlicher Bauwerke erinnert noch heute an diese Zeit.
In Byzantinisch-Armenien verfolgten die oströmischen Kaiser weiterhin ihre Politik der Auslöschung des armenischen Volkstums. Ganze Volksgruppen wurden nach Zypern und Thrakien verpflanzt. Eine Quelle ständiger Auseinandersetzungen bildeten religiöse Fragen. Die Armenier hingen dem Monophysitismus an – der Doktrin von einer einzigen Natur Christi – für Ostrom ein Grund, sie mit allen Mitteln zur »Rechtgläubigkeit« zurückführen zu wollen.

Der Arabersturm

Die ständigen Kriege zwischen Byzanz und Persien hatten die Kräfte beider Reiche geschwächt und dem Einfall der Araber den Weg bereitet, deren Heere in erstaunlich kurzer Zeit Syrien, Palästina und Mesopotamien besetzten und das sassanidische Königreich niederwarfen. Zwischen 640 und 643 drangen sie bis ins Innere Armeniens vor, wo sie allerdings auf den erbitterten Widerstand des armenischen Volkes stießen.
Im Jahre 645 wurden die Georgier bezwungen und zu Tributzahlungen verpflichtet. 652 schloß auch der Armenier Theodor Rschtuni einen Vertrag mit dem Kalifen, der diesem die Oberhoheit über Armenien sicherte. Die Zivilverwaltung lag in den Händen der *Nachararen*, die ihre feudalen Vorrechte zu wahren gewußt hatten. Während der Regierung Iustinians II. konnte Ostrom die Herrschaft über Armenien zurückerobern, aber gegen Ende des Jahrhunderts lag sie wieder in den Händen der Araber. Die Kriege und ihre Nachwehen hatten das Land entvölkert und an den Rand des Abgrunds gebracht. Noch um einiges schlechter wurde die Lage, als 750 die Omaijaden von den Abbasiden abgelöst wurden. Endlich, 771 (oder auch erst 774) erhoben sich die *Nachararen*, die mittlerweile die meisten ihrer Privilegien verloren hatten, gegen die Fremdherrschaft. Nach kleinen Anfangserfolgen wurden sie aber in der Ebene von Bagrevand vernichtend geschlagen. Fast der gesamte armenische Adel fand den Tod.

Zwei Jahrhunderte des Elends und der Unterdrückung

Es ist ein Zeichen für die allgemeine Verarmung wie für die religiöse Intoleranz der Abbasiden, daß fast zwei Jahrhunderte lang weder Kirchen noch Klöster entstanden. Auch das geistige Leben stagnierte, wenngleich hier die politische Lage sich nicht so verheerend auswirkte, da die Klöster, auch wenn sie Belästigungen ausgesetzt waren, doch weiterhin den Gelehrten Zuflucht boten.
Im 9. Jahrhundert, nachdem innere Zwistigkeiten, separatistische Bestrebungen der arabischen Emire und der wachsende Einfluß einer türkischen Minderheit die Macht des Kalifates merklich geschwächt hatten, ging Ostrom zum Angriff über und eroberte den größten Teil der einst byzantinisch beherrschten Gebiete zurück. Die Armenier verstanden es, die veränderte Lage zu nutzen. Außer den von jeher bedeutenden Mamikoniern gewannen jetzt zwei weitere alte Geschlechter an Bedeutung: die Bagratiden und die Artsrunier.

»König der Könige«

Als Folge einer sehr geschickten Politik zwischen den beiden Großmächten, die Armenien beherrschten, wurde einer der Bagratiden, Aschot I., vom Katholikos und der Versammlung der *Nachararen* um 885 zum König gewählt. Der Kalif bestätigte die Wahl und übersandte Aschot als Zeichen der Anerkennung eine Krone, betrachtete sich aber weiterhin als Oberlehnsherr der Armenier. Kurze Zeit später erkannte auch der oströmische Kaiser Basileios I. Aschot als König an und sandte ihm ebenfalls eine Krone. Nach mehr als 400 Jahren war damit die Monarchie in Armenien wiederhergestellt. Aschot starb 890. Seinem Sohn Sembat I. fehlten die Klugheit und die Tüchtigkeit

des Vaters. Die schwerste innenpolitische Krise seiner Regierungszeit entstand durch ein Bündnis, das ein Mitglied der Dynastie der Artsrunier, Gagik, mit Yusuf, dem Emir von Aserbeidschan, schloß. Durch dessen Vermittlung empfing Gagik 908 aus der Hand des Kalifen ebenfalls eine Königskrone. Die schwächere Partei zuungunsten der stärkeren zu stützen, entsprach der üblichen politischen Taktik der Moslem. Gagiks Ehrgeiz kam ihnen zu Hilfe, denn er gab sich mit seinem Erfolg keineswegs zufrieden, erhob sich gegen Sembat und brachte ihm gemeinsam mit Yusuf eine Niederlage bei. 914 wurde Sembat hingerichtet.
Nun aber folgte eine Epoche grausamer religiöser Verfolgungen, und der Widerstand gegen die Unterdrücker wuchs. Unter Sembats Sohn, Aschot II., schlossen die *Nachararen* sich zusammen und führten, von ihren georgischen und albanischen Verbündeten unterstützt, einen Guerillakrieg gegen die Moslem. Als Aschot II. nach Konstantinopel kam, wurde er vom oströmischen Kaiser mit allen Ehren empfangen. Mit dem Versprechen byzantinischer Hilfe kehrte er zurück. Die Situation hatte sich zugunsten Armeniens geändert. Dem mußte auch der Kalif Rechnung tragen: Er ernannte Aschot II. zum »König der Könige« und sandte ihm eine Krone. Auch zwischen Aschot und Gagik wurde der Frieden wiederhergestellt. Gagik löste das Bündnis mit Yusuf und begnügte sich mit dem Titel eines Königs von Vaspurakan. Das vom Krieg verwüstete Land erlebte endlich wieder ruhigere und friedlichere Zeiten.

Armeniens Goldenes Zeitalter

Im großen und ganzen können das 10. und das 11. Jahrhundert als eine Zeit des Friedens und des Wohlstandes gelten, in der Architektur und Schöne Künste eine neue Blüte erlebten. Einen absoluten Höhepunkt der Bagratidenherrschaft bildet die Regierungszeit Gagiks I. (nicht zu verwechseln mit dem erwähnten König von Vaspurakan), der von 990–1020 regierte: sowohl, was den allgemeinen Wohlstand angeht wie die Wiederbelebung von Kunst und Wissenschaft. Die lange durch Kriege blockierten Karawanenwege standen wieder offen. Zudem brauchten sowohl Ostrom wie auch die Araber ein neutrales Gebiet für den Austausch von Handelsware, wozu Armenien sich seiner geographischen Lage wegen besonders eignete. Entlang den Handelsstraßen entstanden neue Städte, und die schon vorhandenen Niederlassungen gewannen an Bedeutung. Eine dieser Handelsstädte war Kars in der Provinz Van, am Schnittpunkt zweier wichtiger Handelswege gelegen. Kars wurde zu einem Zentrum der Gelehrsamkeit.
Für die wirklich ungewöhnlichen Fähigkeiten der Künstler von Kars zeugen die von Gagiks Vater Abas erbaute Kathedrale sowie ein für Gagik angefertigtes illuminiertes Evangeliar. Bedeutender jedoch als Kars war Ani, etwa 40 Kilometer östlich von Kars auf einem Hochplateau gelegen. Innerhalb und außerhalb der Stadtmauern entstanden neben einem königlichen Palast, Privathäusern, Bädern und Karawansereien vor allem so viele Kirchen (Abb. 5), daß die armenischen Historiker Ani die Stadt der 1001 Kirchen nannten, eine Bezeichnung, die der Franziskaner Wilhelm von Ruysbrock, einer der bedeutendsten Reiseschriftsteller des Mittelalters, bei seinem Besuch der Stadt 1255 ebenfalls gebrauchte. Die Kathedrale von Ani (Abb. 6) – ein Werk des Baumeisters Trdat, dessen Ruf so bedeutend war, daß man ihn mit dem Wiederaufbau der eingestürzten Kuppel der Hagia Sophia in Konstantinopel betraute –, und auch die Hirtenkapelle außerhalb der Mauern weisen Stilmerkmale auf – Bündelpfeiler, hochgezogene Bögen, Gewölbe –, die die europäische Gotik um ein Jahrhundert vorwegnehmen.
Auch das kleine Königreich Vaspurakan entwickelte eine Pracht, die jeden Vergleich mit der des Bagratidenhofes aushielt. Nichts von allem, was die Historiker priesen, existiert mehr, bis auf die Heiligkreuzkirche (Abb. 1, 7) in Acht'amar, einer Stadt auf einer Insel im Van-See: ein einzigartiges Beispiel der christlichen Kunst dieser Epoche. Fragmente von Seidenstoffen mit eingewebten Mustern lassen den hohen Stand der damaligen armenischen Textilindustrie erkennen. Die Erzeugnisse der Weberei bildeten einen der wichtigsten Exportartikel. Seidenstoffe und Teppiche machten auch einen Teil der an den Kalifen zu leistenden Tributzahlungen aus: unter den Einkünften des Kalifen Mamun werden zwanzig große armenische Teppiche aufgeführt. Der Historiker Ibn Haukal erwähnt unter den Waren, die in »alle Länder und Provinzen« exportiert wurden, Bänder aus der Provinz Vaspurakan, die auf der »Welt nicht ihresgleichen hatten«, sowie Stoffe aus Dwin, Kissen und Brokate.

»Hervorragende Maler und unvergleichliche Schreiber«

Im Laufe des 9. und 10. Jahrhunderts waren die Klöster zu beträchtlichem Reichtum gelangt. Künste wie etwa die Buchillumination wurden nur in Klöstern geübt. Die hervorragenden Fähigkeiten der armenischen Künstler bezeugen illuminierte Handschriften (Abb. 8, 9, 12). An der kulturellen Wiederbelebung Armeniens hatten die Kloster-

5 Die Erlöserkirche von Ani, 1034 erbaut, zeigt im Unter- und Obergeschoß die charakteristischen Blendarkaden, die die europäische Gotik vorwegnehmen.

6 Die herrlichen Kirchen aus dem 9. und 10. Jahrhundert bezeugen, daß die Armenier zu den bedeutendsten Architekten ihrer Zeit gehörten. Ein Hauptwerk der armenischen Baukunst ist die Kathedrale von Ani, zwischen 989 und 1001 von dem Armenier Trdat erbaut. Dessen Ruf als Baumeister war so hervorragend, daß man ihn im Jahre 989 mit der Ausbesserung der Kuppel der Hagia Sophia in Konstantinopel betraute. Die Kathedrale von Ani ist eine sogenannte Kreuzkuppelbasilika: ein über einem griechischen Kreuz errichteter, von einer Kuppel (hier eingestürzt) gekrönter Bau. Die Bündelpfeiler, die hochgezogenen Gewölbe des Innenraums nehmen die europäische Gotik um ein Jahrhundert vorweg. Der Außenbau weist die für die armenische Baukunst charakteristischen Blendarkaden auf.

7 Die Heiligkreuzkirche in Acht'amar, ein Zentralbau mit kurzen Kreuzarmen, die sich strahlenförmig um die Kuppel lagern. Bei den armenischen Kirchen fällt die erstaunliche Anzahl origineller Abwandlungen des Zentralbaus auf.

schulen, von denen einzelne auf eine jahrhundertelange Tradition zurückblicken konnten, wesentlichen Anteil. Im 9. und 10. Jahrhundert bildete das Kloster Tat-ew einen Mittelpunkt gelehrter Tätigkeit. Aus Aufzeichnungen geht hervor, daß dort fast 500 Priester und Mönche lebten: Gelehrte und Philosophen, »hervorragende Maler und unvergleichliche Schreiber«.
Das in der Nähe des Van-Sees gelegene Kloster Narek war berühmt wegen der geschickten Musiker, die man dort ausbildete. Besonderen Glanz verlieh dem Kloster der Mystiker Gregor von Narek. Zu den wenigen nichtgeistlichen Autoren dieser Zeit gehörte Fürst Gregor Bahlavuni, ein Mann von hoher Bildung, Kenner des griechischen und altsyrischen Schrifttums, mit heidnischer wie mit christlicher Gedankenwelt gleichermaßen vertraut. Er war ein großer Bewunderer Platons und hat zwei von dessen Dialogen ins Armenische übersetzt.
Armenien war durch die Aufteilung in eine Anzahl kleinerer Königreiche geschwächt worden, während Georgien durch die nationale Einigung neue Kräfte erlangte und ebenfalls eine Epoche wirtschaftlichen Wohlstandes erlebte. Zum erstenmal wurde Georgien um 1008 von König Bagrat III. aus der Bagratidendynastie geeinigt (Abb. 10). Bildende Kunst und Architektur Georgiens stehen weitgehend in der armenischen Tradition, besitzen aber dennoch ausgesprochene Eigenständigkeit (Abb. 11). Infolge der Einigung gelang es Georgien, trotz vorübergehender Erfolge der byzantinischen Heere und trotz der verheerenden Raubzüge des seldschukischen Sultans Alp Aslan, seine Unabhängigkeit zu bewahren.

Das Ende einer Epoche

In Armenien ging die Herrschaft der Bagratiden nach dem Tode Gagiks I. im Jahr 1020 einem raschen Ende entgegen. Von Westen suchte Konstantinopel seine Grenzen vorzuschieben, von Osten wurde Armenien immer häufiger von den seldschukischen Türken heimgesucht.
1020 trat der von den Seldschuken hart bedrängte Senek'erim von Vaspurakan sein Königreich an Ostrom ab, woraufhin viele der führenden Familien und ein großer Teil der Bevölkerung das Land verließen.
Dann schlug die Stunde für Ani. Johannes-Sembat hatte dem König von Georgien in seinem erfolglosen Kampf gegen Basileios II. Hilfe geleistet und bestimmte aus Furcht vor Vergeltungsmaßnahmen Ostrom zum Erben seines Reiches. Nach seinem Tode 1041 weigerten sich die Armenier jedoch, Ostroms Ansprüche anzuerkennen und erhoben

8 (oben): Die Taufe Christi aus einem Evangeliar von Etschmiadsin von 989. Die Miniatur ist jedoch älter und entstammt einer Handschrift aus dem 6. oder 7. Jahrhundert.

9 Zu dem reichen Schatz illuminierter Handschriften, die sämtlich von den hervorragenden Fähigkeiten der armenischen Künstler zeugen, gehört auch das Evangeliar von Mugni aus der Mitte des 11. Jahrhunderts: Bild der Maria in einer Verkündigung.

Gagik, Johannes-Sembats Neffen, auf den Thron. Ein byzantinisches Heer wurde zurückgeschlagen. 1045 lud man Gagik II. unter trügerischen Vorwänden nach Konstantinopel ein, und während seiner Abwesenheit eroberten die kaiserlichen Truppen Ani, womit das Königreich ebenfalls Ostrom anheimfiel. Aber die Gebiete blieben nicht lange in byzantinischem Besitz. Unter der Führung des zweiten seldschukischen Sultans Alp Aslan brachen die Türken in Armenien ein, eroberten 1065 Ani, brandschatzten Kilikien, drangen nach Kleinasien vor und stürmten 1067 Cäsarea. Nach der verheerenden Niederlage Ostroms 1071 in Mantzikert wurde in Armenien endgültig die seldschukische Herrschaft aufgerichtet. Nur zwei kleinen Fürstentümern gelang es, wenigstens formal ihre Unabhängigkeit zu bewahren, bis sie sie um die Mitte des 13. Jahrhunderts an die Mongolen verloren.

10 Bildende Kunst und Architektur Georgiens stehen zwar weitgehend in der armenischen Tradition, besitzen aber ausgesprochene Eigenständigkeit: Die Kathedrale von Samtawisi.

1 (rechts): Elfenbein-Diptychon um 500, das wahrscheinlich Kaiser Athanasios I. darstellt.

11 In Georgien sind viele Meisterwerke der Emailkunst entstanden.

12 Die Frauen am Grabe Christi. Aus einem Evangeliar von etwa 1038.

5 Erbe des römischen Weltreiches

Konstantinopel von Iustinian bis Theophilus

2, 3 Als Arius, ein Presbyter in Alexandria, Jesus als mit dem Vater nicht wesenseins erklärte, stellte er sich in Gegensatz zur Trinitätslehre der Orthodoxen. Der Arianismus, auf zwei Konzilen als Ketzerei verurteilt, fand unter den neubekehrten Germanen viele Anhänger. – Die Miniaturen aus den Predigten des heiligen Gregor von Nazianz (9. Jahrhundert) zeigen vor den Arianern fliehende orthodoxe Christen sowie das Konzil von Konstantinopel von 381, auf dem das Dogma von der Gottheit des heiligen Geistes verkündet wurde.

Die Stadt Konstantins des Großen, Konstantinopel, sollte ein zweites Rom werden. An der Stelle des alten Byzanz begann im Jahre 330 die Geschichte der *nova Roma*. Zwar lebte das römische Weltreich wie bisher aus der von Diokletian geschaffenen Reichsorganisation, aber es war dennoch etwas Entscheidendes geschehen: Infolge der Verlegung des Regierungssitzes nach dem zwischen zwei Erdteilen gelegenen Konstantinopel begann die römische Welt sich grundlegend zu wandeln, womit gleichzeitig – was damals niemand voraussehen konnte – ihr Fortbestand gesichert war. Nach dem Tode Kaiser Theodosius' des Großen (379–395), der das Reich unter seine Söhne Honorius und Arcadius aufgeteilt hatte, unterstand das gesamte Imperium nie mehr einem einzigen Herrscher. Und als in der Folge der Westen mehr und mehr den Angriffen der Barbaren ausgesetzt war, gewann die neue Hauptstadt weiter an Bedeutung. Zugleich aber vertiefte sich auch die Kluft zwischen ihr und dem alten Rom. Konstantinopel, mochte es sich noch so sehr in römischer Tradition verwurzelt fühlen, gehörte einem andern Kulturkreis an, in dem das Erbe des klassischen Griechenland noch unmittelbar lebendig war. Hier konnten sich in einer von der des Westens sehr verschiedenen, stark spiritualistischen Geistigkeit die erbitterten theologischen Kontroversen abspielen, in denen das noch junge Christentum sich die dogmatischen Grundlagen seiner Lehre erarbeiten mußte (Abb. 2, 3).

Die Verteidigung des Reiches war vorwiegend nichtrömischen Truppen anvertraut: Goten und Alanen vom Balkan, Isauriern aus Kleinasien, ein Umstand, der zeitweise zur

ernsten Gefahr für das ganze Imperium wurde. Erst seit der Wende zum 6. Jahrhundert, als der byzantinische Kaiser Anastasios nach längeren Kämpfen die aufständischen Isaurier bezwungen hatte, konsolidierten sich die innerstaatlichen Verhältnisse wieder, und damit begann das erste Goldene Zeitalter Konstantinopels. Anastasios war ein Finanzgenie (Abb. 1). Die gewaltigen Reserven, die er im Staatsschatz anhäufte, ermöglichten die teilweise Wiedergewinnung des an die Barbaren verlorenen Westens.

Wiedereroberung des Westens
Als Iustinian 527 den Thron bestieg, umfaßte sein Reich Griechenland und den Balkan südlich der Donau, Kleinasien und Ägypten (Abb. 4). Während seiner Regierungszeit dehnte er seinen Machtbereich über das ostgotische Italien und Sizilien, über die vandalischen Gebiete Nordafrikas, Korsikas, Sardiniens und der Balearen aus und schließlich über das westgotische Südspanien. Seiner Kriegspolitik wird häufig zur Last gelegt, daß er keine Vorkehrungen zur Verteidigung der Donaugrenze getroffen hatte, was Hunnen und Bulgaren zu wiederholten Raubzügen veranlaßte. Iustinian wollte die Situation mit diplomatischen Mitteln meistern, aber die ständigen Völkerbewegungen nördlich der Donau machten alle Anstrengungen seiner Vermittler zunichte.

Der große Gegenspieler: Persien
Dem Ansturm der Germanen konnte das oströmische Reich nur deshalb standhalten, weil es sich an seinen Grenzen gegen Persien sicher fühlen durfte. Nach den Kriegen im 4. Jahrhundert waren bis zum Beginn des 6. Jahrhunderts die Beziehungen der beiden Staaten in einer Weise stabil, die an die Koexistenz der demokratischen Länder von heute mit den kommunistischen Staaten erinnert. Um die Mitte des 6. Jahrhunderts aber traten die Beziehungen der beiden erbfeindlichen Reiche in ein neues Stadium verzweifelter und erbitterter Kämpfe, in deren Verlauf der »König der Könige« geradewegs nach Syrien vorstieß und Antiochia eroberte, die drittgrößte Stadt des oströmischen Reiches. Sie wurde bis auf die Grundmauern niedergebrannt.

Alte Kunst im Dienst einer neuen Religion
Betrachtet man die Lage des Reiches während dieser Periode, so läßt sich nicht verkennen, daß es immer noch ein gewaltiges Imperium war, das über große Reichtümer verfügte. Hunderte von mächtigen Basiliken wurden in allen Provinzen der christlichen Welt erbaut, und von reger Bautätigkeit zeugen auch die massiven Festungen, mit denen Iustinian das wiedereroberte Afrika zu schützen suchte. Alle Bauten übertrifft die Hagia Sophia als Ausdruck imperialer Größe und Erhabenheit (Abb. 5).
Das Zeitalter Iustinians brachte neben der Rückgewinnung altrömischer Reichsgebiete auch die letzte Blüte der Antike. Weiterlebende antike Elemente bestimmten zum Teil die bedeutende künstlerische Entwicklung im Zeitalter Iustinians (Abb. 6). Was gewöhnlich frühchristliche Kunst genannt wird, ist nichts anderes als spätantike Kunst im Dienst einer neuen Religion (Abb. 7, 8). Ihre klassischen Züge hatte

4 Als Iustinian 527 den Thron bestieg, umfaßte sein Reich Griechenland, den Balkan südlich der Donau, Kleinasien und Ägypten. Während seiner Regierung dehnte er seinen Machtbereich über das ostgotische Italien und Sizilien, die vandalischen Gebiete Nordafrikas, Korsikas, Sardiniens und der Balearen sowie über das westgotische Südspanien aus.

5 (folgende Seiten) »Wer immer seinen Fuß in den heiligen Tempel setzt, möchte für alle Zeit darin bleiben ...« So Paulus »der Schweigsame«, Hofbeamter, im Jahr 563. Unsere Rekonstruktion auf S. 52/53 zeigt die Hagia Sophia in Konstantinopel um 900, als der größte Teil der Mosaiken nach den Zerstörungen des Bilderstreits wiederhergestellt war.

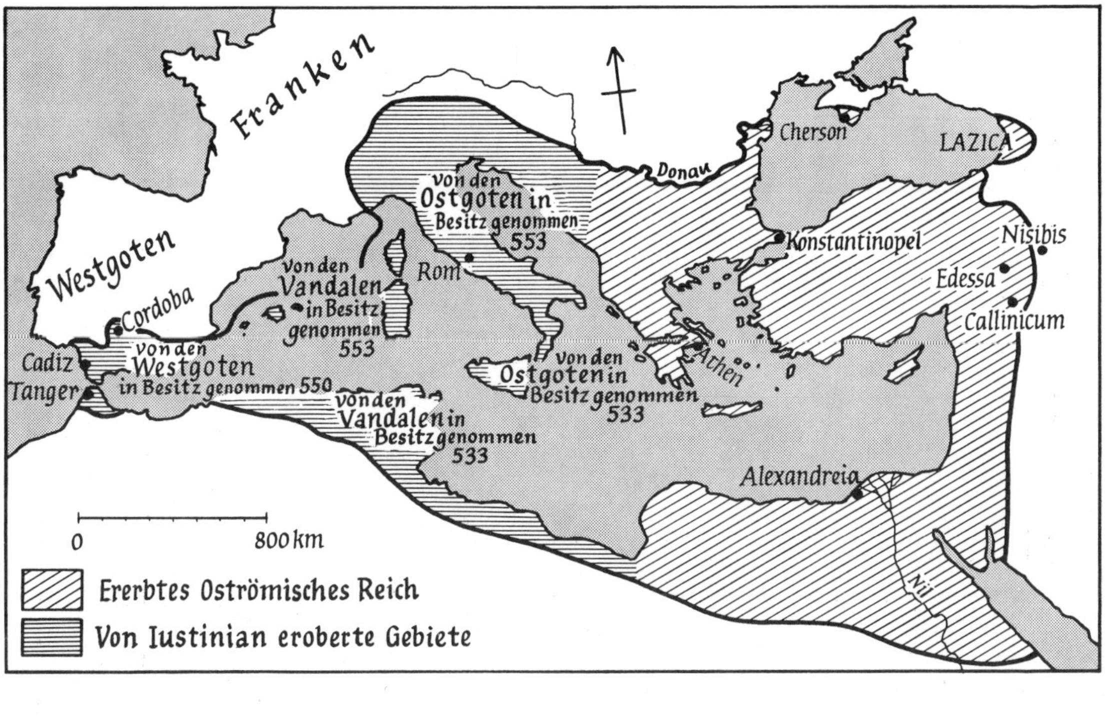

6 Nur wenige Ikonen entgingen dem Bildersturm, weil sie sich in abgelegenen ägyptischen Klöstern befanden. Die Ikone aus dem Katharinenkloster am Fuße des Sinai verrät in Einzelzügen römischen Einfluß.

7, 8 Auch viele Glasmosaiken zerstörte der Bildersturm. Das Mosaik aus der Demetriuskirche in Thessalonike (oben) zeigt den heiligen Demetrius mit Bischof Johannes. Die Madonna unten stammt aus Kiti auf Zypern. Beide 7. Jahrhundert.

die spätantike Kunst schon im 3. Jahrhundert verloren. Perspektive und Größenverhältnisse wurden unbekümmert gehandhabt. Starre, zweidimensionale Frontalität und das Überwuchern der Ornamentik sind Symptome, die den langsamen Übergang von der antiken zur mittelalterlichen Repräsentativkunst kennzeichnen (Abb. 9, 10). Neben der traditionellen Basilika entstanden Bauten der verschiedensten Form (Abb. 11, 12). Das technische Hauptproblem der Architekten Iustinians war die Kuppel, der Zentralraum, der dann bis ans Ende des Mittelalters Gültigkeit haben sollte. Auch das Kämpferkapitell, eine andere Schöpfung des 6. Jahrhunderts, wurde zu einer Leitform der ganzen späteren byzantinischen Architektur. Ein lebendiges Bild von der Kunst des 6. Jahrhunderts vermittelt Ravenna mit seinen eindrucksvollen Basiliken Sant'Apollinare Nuovo und Sant' Apollinare in Classe, mit der achteckigen Kirche San Vitale

9 Daß antike Kunstvorstellungen weiterlebten, läßt das Dedikationsbild erkennen. Die Miniatur stand der Abschrift einer Arzneimittellehre des griechischen Arztes Dioskorides (um 50 n. Chr.) voran, die um 512 im Auftrag der Prinzessin Iuliana Anicia entstand.

(Abb. 13), den Taufkapellen und der erzbischöflichen Kapelle: Marmor und Mosaiken, schimmerndes Gold, Heilige und Kaiser in hoheitsvoller Gestalt. Dagegen zeigen die Mosaikböden von Antiochia, Apamea und Konstantinopel, wie getreu noch bis ans Ende des 6. Jahrhunderts der antike Stil seine Tradition fortsetzen konnte (Abb. 14, 15). Die wenigen illuminierten Handschriften (Abb. 16, 17) und Elfenbeinschnitzereien (Abb. 18) lassen ein Bild vom Glanz dieser größtenteils versunkenen Kultur gewinnen und die magische Wirkung verstehen, die Iustinians Goldenes Zeitalter auf die folgenden Jahrhunderte ausstrahlte.
Von der Abspaltung der Häresien abgesehen, bildete das Christentum noch eine Einheit. Die Konzile sprachen zumindest theoretisch im Namen der Gesamtkirche, wenn sich auch tatsächlich bereits zwei kirchliche Rechtskreise entwickelten: die westliche Kirche mit dem Papst in Rom als

10 Das Elfenbeintäfelchen, die Hälfte eines Diptychons, verherrlicht die Familie des Lampadius. Die Szene zeigt vermutlich das Hippodrom in Konstantinopel mit dem Obelisken des Theodosius. Die Kunst des Schnitzers verlieh allen Dargestellten hieratische Würde, ob es sich um Kirchenfürsten oder um weltliche Herrscher handelte.

11, 12 Auf der Suche nach den Wurzeln der byzantinischen Architektur fand man die Thermen des heidnischen Rom, die frühchristliche Basilika sowie sassanidische und armenische Bauten. Die Studionkirche (oben) von 463 unterscheidet sich von den römischen Basiliken durch größere Breite des Kirchenschiffs. Die Irenenkirche (unten) von 532–564 ist eine Verbindung von Basilika und Zentralbau.

13 Den vollkommenen Eindruck vom Innenraum einer byzantinischen Kirche erhält man in Ravenna. Unser Bild zeigt die Apsis von San Vitale. Die herrlichen Mosaiken sind vollständig erhalten. In der Kuppel der thronende Christus mit Engeln und Heiligen.

14 Für die Mosaiken des Kaiserpalastes in Konstantinopel dienten weiterhin klassische Motive als Vorbilder: Von Rankenwerk umgebenes Barbarenhaupt.

15 Fragment eines Fußbodenmosaiks: Junger Mann, der ein Kamel führt.

16 In Malerei und Mosaik geht der römische Naturalismus mit dem strengen, vergeistigten, hieratischen Stil Syriens eine Verbindung ein. Die Himmelfahrt Christi ist eine Miniatur aus dem Rabbula-Evangelium von 586 aus Zagba in Mesopotamien.

17 (rechte Seite): Einen ersten Höhepunkt byzantinischer Kunst bildet die Miniatur aus dem Rossano-Kodex (6. Jahrhundert). Bildanordnung und flächige Behandlung sollten bis ins 13. und 14. Jahrhundert nachwirken.

Oberhaupt und die Ostkirche, deren oberste Instanz der Kaiser war. Als Iustinian Italien zurückerobert hatte, mußten die Päpste sich der unumschränkten Herrschaft des Kaisers fügen. Iustinians Nachfolger, Iustin II., stellte den kirchlichen Frieden wieder her. Das Kreuz (Abb. 19) war sein Geschenk an den Papst.

»Ein verfluchtes Volk, Slawen genannt«

Die unmittelbaren Nachfolger Iustinians waren weder unfähig noch Schwächlinge. Iustin II. (565–578), solange er geistig gesund war (Abb. 20), der hübsche Tiberios II. (578 bis 582) und besonders der unglückliche Maurikios (582–602), ein ausgezeichneter Soldat, dazu fleißig und sparsam, sie alle kämpften mannhaft, um die Gebiete des Römischen Reiches unversehrt zu bewahren. Aber 568 drangen die Langobarden in Oberitalien ein und hielten die Halbinsel bald ganz in der Hand; 572 brach erneut ein Krieg mit den Persern aus und dauerte mit kurzen Unterbrechungen bis zum Ende des Sassanidenreiches 50 Jahre später. Die größte Gefahr aber drohte von den Slawen. »Im dritten Jahr nach dem Tod des Kaisers Iustin II. ... überrannte ein ver-

18 (oben): Der Erzengel Michael mit Erdkreis und Bischofsstab. Das Elfenbeinrelief ist eine besonders schöne Arbeit byzantinischer Elfenbeinschnitzerei.

19 Als Iustinian (527–565) Italien zurückerobert hatte, mußten die Päpste der Westkirche sich der Oberhoheit des Kaisers fügen. Iustinians Nachfolger, Iustin II., machte um 575 dem Papst dies Kreuz zum Geschenk und stellte den kirchlichen Frieden wieder her.

20 Solidus mit Porträt Iustins II., der die Eroberungspolitik seines Onkels nicht fortsetzen konnte. Er starb im Wahnsinn.

21, 22 Solidi des Maurikios (582–602) und des Phokas (um 603). Als sich während eines Awarenfeldzuges das Heer gegen Maurikios empörte, ließ der von den Aufständischen zum Kaiser ausgerufene Phokas ihn und seine Familie hinrichten.

23 Münze mit dem Bild des Herakleios (610–641). Er stürzte Phokas, der seiner Grausamkeit wegen beim Volke verhaßt war. Herakleios ordnete den Staat neu.

fluchtes Volk, Slawen genannt, ganz Griechenland und das Land der Thessalonicher und ganz Thrakien und eroberte die Städte...« Zehn Jahre kämpfte Kaiser Maurikios an der Donaugrenze gegen die barbarischen Horden, bis sich sein eigenes Heer gegen ihn empörte und einen rohen Soldaten namens Phokas auf den Thron setzte. Maurikios und seine Familie wurden ermordet (Abb. 21, 22).
Und in diesem tragischen Augenblick der oströmischen Geschichte bricht die Kette der griechischen Historiker ab. Nahezu der ganze Zeitraum von 602 bis Anfang des 9. Jahrhunderts wird lediglich durch zwei Chroniken trübe erhellt. Die Regierung des brutalen Phokas vermittelt den Eindruck von ununterbrochenem Terror und chaotischer Wirrnis, während die Besetzung der Balkanhalbinsel durch Awaren und Slawen ungehindert weiterging. Schließlich erhob sich in Afrika ein Retter in Gestalt des Feldherrn Herakleios (Abb. 23), der den verhaßten Tyrannen stürzte und 610 zum Kaiser gekrönt wurde. Herakleios ordnete den Staat neu. Sechs Jahre lang unternahm er wieder und wieder den Versuch, in Persien einzudringen. Während er im Krieg lag, wider-

stand 626 Konstantinopel der ersten großen Belagerung seiner Geschichte (Abb 24). Perser und Awaren scheiterten an der Überlegenheit der kaiserlichen Flotte, und nunmehr glaubte Herakleios sich stark genug, den Einfall nach Persien zu wagen. 627 kam es vor Ninive zur Entscheidungsschlacht. Das persische Heer wurde vernichtet, und im folgenden Jahr beugte sich das Sassanidenreich den Bedingungen des Siegers. Das von den Persern eroberte Jerusalem wurde wieder frei, und 630 kehrte die kostbarste Reliquie, das Heilige Kreuz, zum Heiligen Grab zurück.

Die Katastrophe des 7. Jahrhunderts: der Islam

Kaum war das Heilige Kreuz nach Jerusalem zurückgekehrt, als die Scharen der Araber Syrien überrannten, Antiochia eroberten, die Übergabe Jerusalems erzwangen und in Ägypten eindrangen, während sie gleichzeitig die Sassaniden in Persien stürzten. Als Herakleios 641 starb, war die Arbeit seines ganzen Lebens so gut wie umsonst gewesen: das Gefüge des Nahen Ostens hatte sich unwiederbringlich verändert. Die Frage, warum Herakleios, der die Perser besiegte, dem arabischen Ansturm gegenüber so tatenlos blieb, ist oft gestellt worden. Mindestens *ein* Faktor für den raschen Verlust Ägyptens, Syriens und Palästinas wird in der religiösen Haltung der Bevölkerung dieser Länder gesehen. Sie waren zum größten Teil Anhänger des Monophysitismus, auch nach dem Konzil von Chalkedon, das die Lehre von der einen menschlichen Natur Christi als Irrlehre verurteilt hatte. Konstantinopel nahm eine solche Glaubensspaltung nicht hin und reagierte mit der Verfolgung aller Andersgläubigen. Aber die Monophysiten waren zu zahlreich, auf diese Weise kam man ihnen nicht bei. Möglicherweise hat auch die Haltung der Rechtgläubigen die Einstellung des einfachen Volkes dem arabischen Eroberer gegenüber beeinflußt. Jedenfalls setzten die Araber ihren Vormarsch fort. Moawija, der tatkräftige Statthalter in Syrien, baute eine Flotte und griff Zypern an. 654 wurde Rhodos erobert und der berühmte Koloß als Altmetall an einen Händler verkauft. Um einem Angriff auf Konstantinopel zuvorzukommen, bezog Kaiser Konstans II. mit seiner Flotte Position vor der Küste Lykiens, wurde aber 655 völlig besiegt.

Schon auf dem Höhepunkt der persischen Gefahr 619 hatte Herakleios daran gedacht, die Hauptstadt des Reiches nach Karthago zu verlegen. 633, während einer Unterbrechung der arabischen Offensive, hatte Konstans erwogen, Rom wieder zur Hauptstadt zu erheben. Er besuchte Rom, und beim Anblick der Ruinen der Ewigen Stadt scheint er von seinem Entschluß abgekommen zu sein. Er schlug jetzt seine Residenz in Syrakus auf und versuchte von da aus den Kampf gegen die Langobarden zu leiten, die ihre Eroberung Italiens ständig fortsetzten. 686 wurde er dort ermordet.

Die dunkelste Stunde der Christenheit

Als das Kalifat 661 in die Hände Moawijas überging, nahmen die Araber ihre Offensive wieder auf. 673–675 belagerte eine arabische Flotte Konstantinopel. Damals erfand ein syrischer Architekt das »griechische Feuer«, eine entzündliche Mischung verschiedener Stoffe, die der byzantinischen Flotte jahrhundertelang dienen sollte (Abb. 25). Mit dieser Hilfe wurden alle Angriffe der Araber abgewiesen, – der erste ernste Rückschlag, den sie erlitten. Aber der Erfolg, der in ganz Europa großen Eindruck machte, war nur von kurzer Dauer. Tatsächlich zählen das Ende des 7. und der Anfang des 8. Jahrhunderts zu den dunkelsten Perioden der byzantinischen Geschichte. Die Dynastie der Herakliden wankte gleichsam ihrem Untergang entgegen. Ihr letzter Herrscher, Iustinian II. (685–695) stürzte das

24 Die Miniatur aus einer jüngeren bulgarischen Chronik zeigt einen Angriff der Perser in der Regierungszeit des Herakleios. Die Stadtmauer mit den sechs Türmen deutet Konstantinopel an. Unter den Hufen der sassanidischen Pferde liegen die zerschmetterten Leiber der Gefallenen. Zwei Bogenschützen suchen den Feind abzuwehren.

Reich in Anarchie und Chaos. 695 wurde er vom Thron gestoßen. Die nächsten zwanzig Jahre herrschte völlige Anarchie.
Inzwischen war auf dem Balkan ein neuer Feind aufgetaucht: die Bulgaren, die unter Chan Terwel 711 die Vorstädte Konstantinopels verwüsteten, während gleichzeitig die Araber tiefer nach Kleinasien vorstießen. 717 standen sie erneut vor Byzanz. Zum Retter Konstantinopels wurde Leo III., der Isaurier. Er zwang die Araber nach dreizehnmonatiger Belagerung zum Abzug und schloß Frieden mit den Bulgaren. Zwar sollten die Araber Konstantinopel kein zweites Mal belagern, aber der Kampf um Kleinasien dauerte weitere zweieinhalb Jahrhunderte.

»Du sollst dir kein Bildnis machen«

Leo III. gilt nicht nur als Retter Konstantinopels, sondern auch als Urheber einer religiösen Reformbewegung – des Ikonoklasmus oder Bilderverbots –, die im Jahre 730 losbrach und die byzantinische Welt über ein Jahrhundert lang erschütterte. Leo III. erließ auf Betreiben gewisser anatolischer Bischöfe ein Edikt, das die religiöse Verehrung von Bildern untersagte. Seinen Höhepunkt erreichte der Bilderstreit unter Konstantin V., der, anders als sein Vater, an der theologischen Diskussion aktiven Anteil nahm. Ein Konzil von 754 bestätigte die ikonoklastische Lehre. Nachdem der Kaiser die Einwilligung der Kirche erlangt hatte, begann er mit der systematischen Vernichtung der Ikonen (Abb 26) und verfolgte deren Hauptanhänger, die Mönche. Unter denen, die ihm trotzten, wie die frühen Christen Nero und Diokletian getrotzt hatten, gab es nicht wenige Märtyrer. Während der kurzen Regierung des nächsten Kaisers, Leos IV., hörten die Verfolgungen auf.

Eine Frau als Kaiser

Nach der kurzen Regierung Leos IV. von 775–780 ging die Herrschaft an den zehnjährigen Konstantin VI. über, für den seine Mutter, die schöne, grausame, ehrgeizige Irene, die Regentschaft führte. Die offizielle Wiedereinführung der Ikonenverehrung hat ihr für immer die Dankbarkeit des Klerus der Ostkirche eingetragen. In vieler Hinsicht aber war sie eine durchaus leichtsinnige Herrscherin, und ihre Politik zeitigte gefährliche Niederlagen durch die Araber und führte zu einem bedrohlichen Wachstum der bulgarischen Macht. Um ihren Sohn nicht zum Zuge kommen zu lassen, widerrief sie die geplante Verbindung mit der Tochter Karls des Großen und zwang ihn, eine bedeutungslose Ehe einzugehen. Zwar gelang es Konstantin 790, mit Hilfe der Armee seine Mutter zu entmachten, aber sie intrigierte so erfolgreich, daß sie den Sohn sieben Jahre später festnehmen und blenden lassen konnte. Die nächsten Jahre regierte sie als »Kaiser«, womit zum erstenmal eine Frau die Alleinherrschaft über das Reich besaß. Das ermöglichte Papst Leo III. die Ausrede, er kröne Karl den Großen nur deshalb, um den verwaisten Kaiserthron zu besetzen. 802

25 Ein früher Vorläufer des modernen Flammenwerfers war das sogenannte »griechische Feuer«, ein brennbares Gemisch, das aus Druckspritzen gegen den Feind geschleudert wurde. Da die brennende Flüssigkeit auf dem Wasser schwamm, war ihre Wirkung im Seekrieg verheerend. 678 zerstörten die Byzantiner mit dem griechischen Feuer die Belagerungsflotte der Mohammedaner vor Kyzikos. Miniatur aus einer Handschrift des 14. Jahrhunderts.

sollen Gesandte Karls und des Papstes mit dem Plan einer Heirat zwischen der Kaiserin des Ostens und dem Kaiser des Westen in Konstantinopel eingetroffen sein. Aber wenige Monate später brach eine Palastrevolution aus. Irene wurde entmachtet und starb bald danach auf Lesbos.

Neue ikonoklastische Strömungen

Der Mann, der nun auf den Thron kam, Nikephoros I., war ein Finanzbeamter in mittleren Jahren, der weniger auf Popularität und theologische Streitigkeiten bedacht war, als auf das Staatswohl; der sich bemühte, durch Steuererhöhungen den Staatsschatz aufzufüllen und die Armee wieder zu verstärken, die Irene vernachlässigt hatte. Selbst in der abstoßenden Darstellung des gekrönten Steuereinhebers durch die byzantinischen Chronisten nötigt uns dieser Mann Achtung ab. Das schwierigste Problem, dem er sich gegenübersah, war die Abwehr der Bulgaren, die hauptsächlich durch Irenes schwächliche Politik Auftrieb erhalten hatten. Fast hätte Nikephoros an der Spitze seines Heeres den Feind vernichtet, 811 aber geriet er in bergigem Gelände in einen Hinterhalt, wurde im Kampf erschlagen und sein Heer vernichtet. Sein Schwager, Michael I. Rhangabe, konnte die Lage nicht retten. Die Bulgaren stießen weiter vor, eroberten wichtige Festungen am Schwarzen Meer und schlugen das gesamte byzantinische Heer bei Adrianopel. Michael wurde gestürzt, und der fähigere Leo V., der Armenier, kam auf den Thron. Die Katastrophen seit Irenes Thronbesteigung erschienen als Zeichen einer höheren Macht und wurden der Wiedereinführung der Ikonenverehrung zugeschrieben, was auch Leo V., ein rauher Krieger, glaubte. Und als durch den Tod des Bulgarenchans Krum ein bulgarischer Einfall zu guter Letzt abgewendet worden war, suchte Leo das Bilderverbot zum offiziellen Staatsgrundsatz zu machen. 820 wurde er von seinem früheren Kampfgefährten, Michael dem Stammler, ermordet. Michael II. war kein offener Ikonoklast, sympathisierte aber mit den Bilderstürmern. Die ersten Jahre seiner Herrschaft nahmen die Bekämpfung eines Aufstandes gegen die ikonoklastischen Bestrebungen und die drückende Besteuerung in Anspruch, den Thomas der Slawonier, eine geheimnisumwitterte Gestalt, von 820–823 anführte. Nur die Stärke der hauptstädtischen Mauern und das unerwartete Eingreifen des Bulgarenchans Omurtag hinderten ihn, mit seinem aus vielen Völkern zusammengestellten Heer Konstantinopel zu erobern. Immerhin war das Reich sehr geschwächt und konnte der Eroberung Kretas und eines Teiles von Sizilien durch die Araber keinen Widerstand entgegensetzen. Michaels Sohn Theophilos war der letzte Kaiser, der die Bilderstürmer unterstützte. Er war ständig in Kämpfe mit den Arabern verwickelt, zeigte aber ein tieferes Interesse für die arabische Kultur. Da er eine volkstümliche Gerechtigkeit übte, der allerdings viel Willkür anhaftete, hing das Volk treu an diesem Kaiser, der von allen Ikonoklasten allein der Verdammung durch die Nachwelt entging. Nach-

26 Wie schon erwähnt, entfachte die Frage, ob man christliche Bilder verehren dürfe oder nicht, erbitterte Kämpfe, die sogenannten Ikonoklastenkämpfe. Fast alle Ikonen, Mosaiken und Fresken in den Kirchen wurden damals zerstört oder im günstigsten Falle übertüncht. Die später entstandene Buchmalerei zeigt das Übermalen eines Freskos.

dem das 8. Jahrhundert auf dem Gebiet der Wissenschaften wenig geleistet hatte, ist unter Theophilos ein kultureller Aufschwung unverkennbar. Das wiederauflebende Interesse an den Geistes- und Naturwissenschaften führte dazu, daß man alte griechische Texte abschrieb, jetzt in der neuen Schrift, der Minuskel. Auf diesen, seit Beginn des 9. Jahrhunderts entstandenen Handschriften beruht im wesentlichen unsere Kenntnis der griechischen Klassiker. Die wissenschaftliche Bewegung, die von den bildungsfeindlichen Mönchen heftig befehdet wurde, kam unter dem nächsten Herrscher zu voller Blüte. Theophilos, der 842 starb, hinterließ einen sechsjährigen Sohn Michael, für den des Kaisers fromme Witwe Theodora die Regentschaft führte. Am ersten Fastensonntag des Jahres 843 wurde in feierlicher Zeremonie die Ikonenverehrung wiedereingeführt. Dieses Ereignis, das noch heute von der Ostkirche als das »Fest der Orthodoxie« gefeiert wird, bezeichnet einen Wendepunkt in der byzantinischen Geschichte. Moderne Historiker haben darin den Sieg des Hellenismus über den »Orientalismus« der Bilderstürmer gesehen. Richtiger wäre wohl zu sagen, daß weniger der Hellenismus triumphierte, als der Begriff der christlichen Ordnung, wie er vor der ikonoklastischen Bewegung unter Konstantin und Iustinian bestanden hatte. Die Zeitgenossen sahen in der Unterdrückung der letzten großen Irrlehre, des Ikonoklasmus, die Erreichung einer nunmehr vollkommen christlichen Welt.

Vom Westen abgeschnitten

Der Byzantiner des frühen 9. Jahrhunderts besaß vom Westen, auch von Italien, nur ein Bild in ungewissen Umrissen. Für diese Entfremdung zwischen Ost und West hat man oft die Politik der dem Ikonoklasmus verhafteten Kaiser verantwortlich gemacht. Die wahre Ursache muß aber in größeren Zusammenhängen gesucht werden, vor allem in der Landnahme der Slawen, die sich seit dem Ende des 7. Jahrhunderts nach und nach der allermeisten Besitzungen des Reiches auf dem Balkan bemächtigt hatten. Damit war nicht nur eine machtpolitische, sondern auch eine sprachliche Barriere geschaffen. Solange die Soldaten des spätrömischen Reiches aus Illyrien rekrutiert worden waren, hatte sich im Osten eine gewisse Kenntnis des Lateinischen erhalten. Mit dem Verlust Illyriens verschwand auch der Gebrauch des Lateinischen. Das Reich, das sich das »römische« nannte, war von da an der römischen Sprache unkundig.

Das Weiterleben der Antike

Überlegt man, aus wievielen Völkern sich die Bevölkerung des Reiches zusammensetzte, dann versteht man, warum seine Menschen enger an den Osten als an den Westen gebunden waren. Das Zentrum des byzantinischen Reiches lag in Kleinasien, dessen Landschaften von einem erstaunlichen Gemisch der halb vom Griechentum assimilierten alten Völker, der Phryger, Kappadokier, Isaurier und anderer bewohnt wurden. Das hervorstechendste Element waren die Armenier, die vom Ende des 6. Jahrhunderts an die Hauptstütze der byzantinischen Armee bildeten. Zu Tausenden holte man sie ins Land und wies ihnen in Kleinasien und Thrakien Grundstücke zu. Ähnlich verfuhr man mit den Slawen. Eine Entwicklung von großer Bedeutung war der allgemeine Rückgang der Bevölkerung seit der großen Pest der Jahre 541–544, die allein in Konstantinopel über 300 000 Menschen dahingerafft haben soll.

Die wiederholten feindlichen Einfälle in die asiatischen und europäischen Provinzen des Reiches, die Ausrottung der Bevölkerung ganzer Gebiete, geräumte Städte, das alles hatte zu dieser Entwicklung ganz entscheidend beigetragen.

Dabei erhebt sich die Frage, warum das byzantinische Reich nicht – wie der Westen – in ursprünglichere Formen zurückfiel, um nach einigen Jahrhunderten verhaltener Aktivität in neuer Gestalt wiedergeboren zu werden? Die Erklärung für dieses Phänomen scheint in der Stadt Konstantinopel zu liegen. Trotz Niedergang und Entvölkerung gelang es ihr auf irgendeine Weise, die Traditionen einer antiken *polis* aufrechtzuerhalten. Auch blieb sie weiterhin ein Zentrum des gewerblichen Fleißes und des Seehandels, als die meisten anderen Städte nur mehr ummauerte Zufluchtsstätten für die Landbevölkerung waren. Sie war nach wie vor Sitz einer weitverzweigten Bürokratie, und so etwas wie eine Hochschulbildung konnte man nur in der Hauptstadt erlangen. Das Erziehungswesen kann nie ganz erloschen gewesen sein. Die Mühe, die es gekostet haben mag, antikes Erbe zu wahren, während Araber und Bulgaren vor den Toren Konstantinopels standen, darf nicht unterschätzt werden. In einer Welt der Barbarei stand Byzanz an der Spitze der europäischen Zivilisation. So wie die Ostkirche nach dem 7. ökumenischen Konzil von 787 erklärte, fortan könne dem Glauben der Väter nichts hinzugefügt noch von ihm genommen werden, so begnügten sich fortan auch die Gebildeten Konstantinopels damit, die rhetorischen und philosophischen Lehren des spätrömischen Reiches als unveränderliche Normen zu übernehmen. Die negative Seite dieser konservativen Haltung kann an dieser Stelle außer Betracht bleiben: der Preis dafür mußte erst im Hochmittelalter bezahlt werden.

1 (rechts): Kaiser Basileios II. auf einer Psalterhandschrift um das Jahr 1017.

6 Zitadelle des Christentums

Die byzantinische Welt im 9. und 10. Jahrhundert

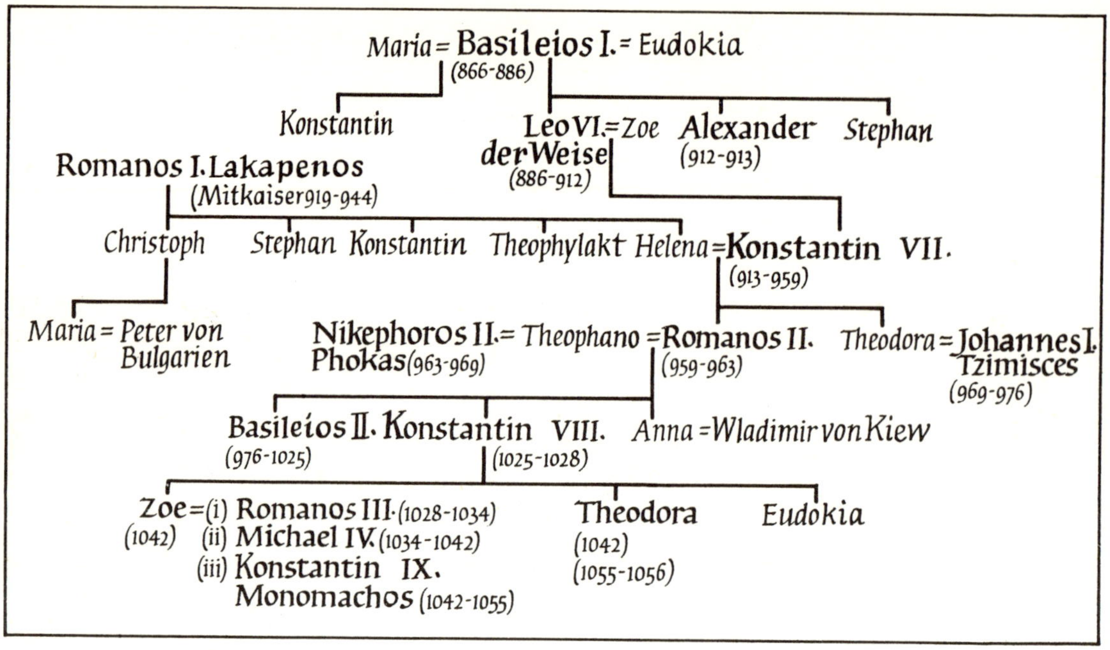

2 Stammbaum der makedonischen Dynastie, die das byzantinische Reich von 867 bis 1056 regierte. Die Kontinuität der Erbfolge blieb scheinbar gewahrt; oft aber waren Mitkaiser die eigentlichen Machthaber.

Von 820 bis mindestens 1025 lag die Geschichte des byzantinischen Reiches in den Händen ungewöhnlich fähiger Staatsmänner und militärischer Führer, die sowohl im Innern als auch gegenüber den Nachbarländern eine kluge Politik verfolgten. Wenn es auch Zeiten gab, in denen die Dynastien rasch wechselten, – die allgemeine Tendenz in Byzanz neigte doch zunehmend zur dynastischen Erbfolge. Das ging schließlich so weit, daß man sich auch mit zwei ältlichen Frauen als Regentinnen abfand, nur weil sie die Letzten aus der herrschenden Familie waren.

Von Feinden umgeben: Slawen und Bulgaren

Basileios II., der von 976 bis 1025 regierte (Abb. 2), war der bedeutendste Sproß einer hervorragenden Familie, der von Basileios I., dem Makedonier, im 9. Jahrhundert gegründeten makedonischen Dynastie (Abb. 1). Fast 200 Jahre lang galten die Makedonier als legitime Träger des Kaisertitels, wenn auch die Macht häufig genug in den Händen von Mitregenten lag. Die Regierungsära der Makedonier bedeutete für den größten Teil des Reiches eine Epoche allgemeinen Wohlstandes. Die religiösen

3 Der Bulgarenherrscher Symeon legt Feuer an eine Kirche vor den Mauern Konstantinopels. Illumination aus einer slavonischen Kopie der Manasse-Chronik.

Wirren waren im wesentlichen abgeklungen, das Heer war gut organisiert und hatte tüchtige Führer, die Verwaltung der Provinzen lag in fähigen Händen, die Schatzkammern füllten sich. An Reichtum übertraf Konstantinopel alle Städte der Welt.
Zu allen Zeiten war Byzanz von feindlichen Nachbarn umgeben gewesen. Daß es überhaupt weiterbestehen konnte, verdankte es nur seiner wachsamen Diplomatie, seinen wirkungsvollen Verteidigungsanlagen und seinen reichen Hilfsmitteln. Der Zustrom unverbrauchter slawischer Bevölkerungselemente in den von vielen Völkern getragenen Verband des Reiches führte schon bald zur Errichtung slawischer Fürstentümer in den alten römischen Balkanprovinzen. Diese neuen Mächte waren nahe genug, um für die Hauptstadt eine gefährliche Bedrohung darzustellen. Im Jahre 913 hatte Symeon, der Herrscher der Bulgaren, vor den Toren Konstantinopels gestanden (Abb. 3). Hundert Jahre später war sein Reich eine byzantinische Provinz.
So entscheidende Siege gab es in den unaufhörlichen Kämpfen mit dem Islam nicht zu verzeichnen. Die Slawen waren mit Erfolg zum Christentum bekehrt worden, aber der Glaube Mohammeds, von den Byzantinern als Häresie verstanden, erwies sich jedem christlichen Einfluß gegenüber als unzugänglich. Doch errang das oströmische Reich auch den Arabern gegenüber immerhin beträchtliche Erfolge, und die Grenze im Osten wurde vorgeschoben (Abb. 4).

Byzanz und der Westen

Die byzantinischen Erfolge auf dem Balkan und im Grenzgebiet des Ostens fanden im alten Westen des Reiches kein Gegenstück. Hier hat Byzanz nie völlig die große Gefahr erkannt, die stets von aufstrebenden Mächten droht. Vielmehr fühlte man sich immer noch als das einzige, über alle »barbarischen« Fürstentümer erhabene Reich. Dies veranschaulicht der Bericht des Bischofs Liutprand von Cremona, der 968 als Botschafter Ottos I. nach Konstantinopel kam.
Die Beziehungen zwischen Byzanz und dem Westen hatten sich durch den Bilderstreit etwas getrübt, was die Karolinger nach Kräften ausgenützt hatten, um ihre eigenen gewichtigen Interessen in Norditalien zu fördern. Doch wollten sie keine offene Spaltung mit Konstantinopel. Nur unter Druck und für kurze Zeit hatte Byzanz den Anspruch Karls des Großen auf den Titel *imperator* anerkannt, gleichzeitig aber klargestellt, daß der Herrscher in Konstantinopel »Kaiser der Römer« war. Nachdem aber die Ottonen ihre Macht über das *regnum italicum* der Langobarden und von 960 an in gewissem Maße auch über das Papsttum gefestigt hatten, begann die Lage sich zu ändern. Nikephoros II. mochte über Ottos I. Gesandten Liutprand lachen, als er 968 für Otto II. um eine byzantinische Prinzessin anhielt. Sein Nachfolger indessen, Johannes Tzimisces (969–975), war ein kluger Diplomat und hielt es für ratsam, dem Westen entgegenzukommen. So schloß er einen Kompromiß und schickte 972 zwar nicht die Makedonierprinzessin, um die Otto I. gebeten hatte, aber Theophano, eine byzantinische Adelige, vielleicht seine Nichte. Verärgert, daß man seinem Sohn keine byzantinische Prinzessin geben wollte, hatte Otto sogar einen Kriegszug gegen die byzantinische Stadt Bari unternommen, aber eine Niederlage erlitten, und war klug genug, sich erneut auf diplomatischer Ebene zu bemühen – zuletzt mit Erfolg. Der auffallende byzantinische Einfluß auf die ottonische Kunst dieser Zeit wird dadurch erklärt, daß Theophano möglicherweise byzantinische Kunstgegenstände und vielleicht sogar Künstler mit nach dem Westen gebracht habe. Ihrer beider Sohn, Otto III., konnte sich halb als Byzantiner fühlen. Er hielt in Rom Hof und war mit einer byzantinischen Prinzessin aus der Makedonier-Dynastie verlobt, mit Zoe, einer Nichte Basileios' II. Der deutsche Kaiser starb aber im Jahr 1002, und sein Traum – die Einigung der beiden Reiche – zerrann in nichts. Es ist allerdings höchst zweifelhaft, ob eine Heirat zwischen Zoe und Otto III. zum Zweck der Vereinigung der beiden Reiche jemals wirklich in der Absicht des Kaisers von Byzanz gelegen hat (Abb. 5).

4 Miniatur: Einnahme der Stadt Ai (Josua 8). Häufig geben Darstellungen alttestamentlicher Szenen wertvolle Aufschlüsse über zeitgenössische Kriegsführung. Vorbilder für die gezeigten Kampfmethoden dürften die Kämpfe gegen die Araber geliefert haben. Die byzantinischen Kriege wurden in der Kunst nur selten dargestellt.

5 Zoe, Tochter Konstantins VIII., mit dem die makedonische Dynastie im 11. Jahrhundert erlosch, war eine starke und selbständige Frau.

6 Miniatur aus einer Handschrift des 11. Jahrhunderts: Kaiser Konstantin I. führt seine Truppen an der Milvischen Brücke unter dem Zeichen des Kreuzes in die Schlacht.

Neue Gefahren

Als der mächtige Basileios II., der »Bulgarenschlächter« (vgl. Kap. 7, Abb. 1), 1025 gestorben war, konnten seine Erfolge in der Außenpolitik nur um den Preis ständiger Wachsamkeit von Heer und Flotte gehalten werden. Zwischen 1025 und 1081 regierten zwölf verschiedene Herrscher, von denen nur drei Regierungskunst oder militärische Fähigkeiten besaßen. Damals setzten sich normannische Abenteurer in Süditalien fest, und die seldschukischen Türken errichteten im Herzen Anatoliens ein Sultanat. Seit 1096 führten die Kreuzzüge Banden marodierender lateinischer Soldaten aus dem Westen über die Heerstraßen des Reiches, das durch die Errichtung lateinischer Fürstentümer in Syrien und Palästina noch weiter geschwächt wurde. Um die Mitte des 11. Jahrhunderts sind im byzantinischen Reich die Zeichen des Verfalls bereits zu erkennen.

Das Amt des Kaisers

Der formende Einfluß des Christentums auf die Gestaltung des byzantinischen »Reiches« spiegelt sich in der byzantinischen Auffassung vom Amt des Kaisers. Der christliche Kaiser des frühen Mittelalters wurde, wie Konstantin der Große, als der dreizehnte Apostel, als Stellvertreter oder Statthalter Christi auf Erden angesehen (Abb. 6). Das Reich, über das er herrschte, dachte man sich als Abbild des himmlischen Reiches. Den idealen Kaiser beseelte damals nicht nur der Wunsch, treu nach dem Gesetz zu handeln, sondern auch die christliche Tugend des Erbarmens mit der Menschheit, das christliche Attribut der Menschenfreundlichkeit (der philanthropeia) zu verwirklichen.

Kirche und Staat: Patriarch und Kaiser

Zwischen dem byzantinischen Staat und der christlich-orthodoxen Kirche bestand notwendigerweise eine enge Verbindung. Ein Dualismus, wie er sich im Westen entwickelte, lag außerhalb der Möglichkeiten der byzantinischen Welt (Abb. 7, 8). Der Kaiser war der Hüter der Kirche, er berief ihre großen Konzilien ein, er war ihr Schirmherr, was die gewichtige Stellung des geweihten Episkopats und der eingesetzten Priesterschaft in nichts minderte. Der Patriarch von Konstantinopel war das Oberhaupt der byzantinischen Kirche, er krönte den Kaiser und nahm sein Bekenntnis zur Orthodoxie entgegen. Obwohl der Kaiser bei der Wahl des Patriarchen eine entscheidende Stimme besaß, war der Patriarch dem Herrscher keineswegs völlig untergeordnet. Unter Umständen konnte der Patriarch dem Kaiser den Eintritt in die Hagia Sophia verwehren, aber in der Regel arbeiteten Patriarch und Kaiser recht gut zusammen.

Slawenmission in Rußland und auf dem Balkan

Manche Darstellungen erwecken den Eindruck, als habe es nach der Epoche der Kirchenväter vom 2. bis zum 6. Jahrhundert in der Kirche keine echte Entwicklung mehr gegeben. Das ist nicht richtig: die neuen Errungenschaften waren nur von anderer Art. Die intensiven geistigen Bemühungen des patristischen Zeitalters trugen nun Früchte, sowohl im alten Kerngebiet der Kirche wie auch an der Peripherie. Die Arbeit der Kirchenväter hatte die Grundlagen der Lehre geprägt, die nun innerhalb der Kirche weiterentwickelt und neu gewonnenen Anhänger übergeben werden konnten. Der Islam, als Häresie des Christentums verstanden, blieb dessen Forderungen gegenüber unansprechbar und betrieb selbst erfolgreiche Mission. Im 10. Jahrhundert griff die dualistische Irrlehre der Bogomilen – nach ihrem Begründer Bogomil benannt – um sich und faßte in bestimmten Gebieten des Balkans Fuß. Unter den hunnischen Völkern konnte die byzantinische Kirche erfolgreiche Missionsarbeit leisten, konnte auch in Mähren, Böhmen und Ungarn Anhän-

7 Mosaik aus dem Narthex der Hagia Sophia: Leo VI., der Weise (886–912), zu Füßen der Heiligen Weisheit.

8 Elfenbeinrelief aus der Mitte des 10. Jahrhunderts: Die frontal gezeigten Gestalten der fünf Heiligen und die statische Komposition haben syrische Vorbilder.

ger gewinnen. Noch offenkundiger war ihre Leistung im russischen Fürstentum Kiew und auf dem Balkan. Als erster Völkerverband auf dem Balkan hatten sich die Bulgaren zu einem Staat kristallisiert, und sein Herrscher, Boris I. (852 bis 889), hatte sein Los mit dem der griechischen Kirche verbunden. Glücklicherweise verfügte Byzanz über Männer, die für die Einführung des Christentums bei den Slawen wie geschaffen waren. Die Lebensbeschreibungen der gelehrten Missionare Konstantin (besser als Kyrillos bekannt) und Methodios geben ein lebendiges Bild ihrer Tätigkeit unter den Chasaren im Gebiet des Kaspischen Meeres, aber auch in Mähren und anderswo. Der Patriarch Photios, selbst ein gelehrter und fähiger Kleriker, wußte, welchen Vorteil es hatte, wenn man Männer aussandte, die gleichzeitig hochgebildete Philologen und fromme Christen waren. So wurde es möglich, den Slawen bei der Schöpfung ihrer Schriftsprache zu helfen und – was noch wichtiger war – ihnen auch den Gottesdienst in ihrer eigenen Sprache zugänglich zu machen und schließlich Zentren zu errichten, wo das reiche dogmatische und liturgische Erbe der Kirche studiert und ins Slawische übersetzt werden konnte. Vom 9. Jahrhundert an war dadurch der Balkan eng mit Byzanz verbunden. Die Slawen lernten die Staatskunst am byzantinischen Hof, führten die griechische Verwaltung in ihren eigenen Herrschaftsgebieten ein, wobei sie deren Verfahrensweisen den eigenen Bräuchen und Überlieferungen anpaßten. Vom 10. Jahrhundert an wurden Heiratsverbindungen mit byzantinischen Familien üblich.

Die christliche Welt

Um die Seelsorge auf dem Land wäre es oft sehr schlecht bestellt gewesen, wenn sich nicht irgendwo in der Nähe ein Kloster befunden hätte. Ein Kloster mit reichen, womöglich gar kaiserlichen Dotationen, konnte freigebig Almosen austeilen, und die Kapellen auf dem Klostergrund standen den Dorfbewohnern zur Verfügung. Doch auch kleine und ärmliche Klöster dienten, wie die Lebensbeschreibungen der Heiligen beweisen, den Bewohnern der Umgebung nicht weniger treu. Das Mönchtum war eine wesentliche Kraft des byzantinischen Lebens geworden. Unter den Mönchen des Ostens gab es einsame Eremiten, manche lebten, um einen geistigen Führer geschart, in einer *Lavra* genannten, lockeren Siedlungsgemeinschaft, andere führten ein strafferes Gemeinschaftsleben unter einem Abt. Der Dienst am Mitmenschen war zwar keineswegs ausgeschlossen, doch niemals Hauptzweck. Das Ziel der Mönche des Ostens war die Kontemplation, die zur Erkenntnis Gottes führen sollte, wie immer auch sonst ihr Leben sich gestalten mochte (Abb. 9). Der große Theologe Symeon, Abt und Beichtvater, der ins 10. oder frühe 11. Jahrhundert gehört, macht auf bewunderungswürdige Weise anschaulich, was byzantinisches Mönchtum seinem Wesen nach war. Symeons Schriften Predigten und Berichte werden noch heute gelesen.

Athos — der heilige Berg

Zu Symeons Lebzeiten faßte das Mönchtum in einer seiner seither berühmtesten Hochburgen Wurzel – auf dem Berge

9 Am Fuße des Sinai erbaute Kaiser Iustinian eine Kirche. Die Einsiedler, die bis dahin in Einzelzellen zwischen den Felsen gehaust hatten, vereinigten sich hier zum gemeinsamen Leben. So entstand eines der ersten Klöster auf östlichem Boden. Das Katharinenkloster, wie es später genannt wurde, erlangte durch seine Sammlung von Ikonen und kostbaren Handschriften weltweiten Ruhm.

Athos, jener großartigen steil aufragenden bewaldeten Landzunge östlich von Thessalonike. Hier stiftete Kaiser Nikephorus Phokas, selbst nicht ohne eine gewisse Neigung zum asketischen Leben, 963 die als »Große Lavra« bekannte Siedlungsgemeinschaft von Mönchen, die er unter die Obhut seines alten Beichtvaters, des heiligen Athanasios, stellte. Zwar hatten auf der Halbinsel schon früher Mönche gewirkt, aber erst jetzt begann eine glanzvolle Reihe von Gründungen (Abb. 10). Der Ruhm des Athos als Zentrum des Mönchtums verbreitete sich weit über die Reichsgrenzen hinaus. Der Berg wurde jahrhundertelang von Mönchen aus weit entfernten Teilen der christlichen Welt besucht, und auch die griechischen Mönche unternahmen Reisen nach Rom und in die westlichen Länder.
Die Wirklichkeit des byzantinischen Ineinanders von Zeit und Ewigkeit spricht noch heute aus den Mosaiken und Fresken der Kirchen, die die Zeiten überdauert haben. Nachdem die Ikonoklastenkämpfe vorüber waren, konnte die ausgeprägte Spiritualität der byzantinischen Religiosität und Geistigkeit sich von neuem in der Kunst manifestieren. Vor allem ist es die Gestalt Christi als Richter, als »Pantokrator«, die in den oströmischen Darstellungen des 9. und 10. Jahrhunderts immer wieder erscheint (Abb. 11).

Ein kosmopolitisches Reich und die Risse in den Fundamenten

Bei aller Betonung des hellenischen Erbes war Byzanz zu allen Zeiten auch fremden Einflüssen offen, besonders denen aus der islamischen Welt. In den Randgebieten bestand eine Art Grenzkultur, die aus mohammedanischen und christlichen Traditionen schöpfte. Mohammedanische Gelehrte besuchten Konstantinopel, und Byzantiner waren in mohammedanischen Kreisen tätig. Sogar die Kaiser übernahmen gewisse Bräuche aus dem prächtigen Hofzeremoniell des Kalifen. Zwar gab es durchaus anhaltende Feindschaften zwischen den einzelnen Völkerschaften des Reiches – so haßten einander zum Beispiel Griechen und Armenier – aber es gab keine Rassenvorurteile, und niedrige Geburt war dem Vorwärtskommen nicht hinderlich.

Weltliche Gelehrsamkeit und christliche Werte

Die intellektuelle Oberschicht war sich in ihrer Hingabe an die hellenische Kultur einig. Bildung war nie das Monopol der Kirche gewesen, weshalb sie einen stark weltlichen Einschlag besaß. Wohlhabende Familien hielten ihren Kindern Lehrer, und zwar auch für die Mädchen. In begüterten Haushaltungen waren Bücher vorhanden. Konstantinopel war wegen seiner zahlreichen Lehranstalten berühmt, zumal viele Kaiser Lehre und Studium förderten. Auch in Klöstern konnte man eine Ausbildung erhalten, sogar in Leibesübungen und Literatur. Es gibt auch Anhaltspunkte für die Existenz von Dorfschulen. Eine Universität bestand in der Hauptstadt schon seit 425. Ihre Unterstützung durch den Kaiser hatte ihre praktische Seite, denn die juristische Fakultät entließ ausgebildete Staatsbeamte, die ein so hochentwickeltes Staatswesen wie das byzantinische dringend

10 Typisch für viele byzantinische Klosteranlagen ist das Dionysiou-Kloster auf dem Athos, herrlich auf steilen Klippen über der Ägäis gelegen. Festungsartige Bauten erheben sich um einen geräumigen Hof mit der Kirche.

11 Nach den Ikonoklastenkämpfen erscheint in der byzantinischen Kunst immer wieder Christus als Weltenrichter, als »Pantokrator«. Apsismosaik in der Hosios-Loukas-Kirche bei Delphi. Um 1000.

brauchte. Man hört gelegentlich den Vorwurf, die Byzantiner hätten sich im Hoch- und Spätmittelalter so ausgiebig mit Gelegenheitswerken, Anthologien und Zitatensammlungen befaßt, daß sie für eigene schöpferische Tätigkeit keine Zeit gefunden hätten. Auf das 10. und 11. Jahrhundert trifft das nicht zu. Es gab ausgezeichnete historische Schriften, und die Handbücher über Außenpolitik oder über Hofzeremoniell, die wir Konstantin VII. verdanken, verdienen unsere Bewunderung. Es gab auch dichterische Werke von Bedeutung, weltliche wie liturgische, und es gab nicht zuletzt eine reiche Entwicklung der Kirchenmusik, die eng mit der liturgischen Dichtung verbunden war. Über alle diese Werke aber ragen einige Schöpfungen aus der Atmosphäre des geistlichen Lebens heraus: die schon erwähnten Predigten des heiligen Symeon und seine mystischen »Hymnen göttlicher Liebe«. Dem ebenbürtig zur Seite stehen die hohen Leistungen auf dem Gebiet der schönen Künste und der Architektur, wie sie durch illustrierte Handschriften sowie durch erhaltene Kirchen und Klöster bezeugt sind.

Die Volkswirtschaft eines glanzvollen Zeitalters

Verglichen mit den andern Gemeinwesen jener Zeit war Byzanz ein ebenso reicher wie kulturell hochstehender Staat, wenn auch nur eine Minderheit sich des äußerlichen Glanzes und des geistigen Erbes erfreuen durfte, den man ihm heute zum Ruhm anrechnet. Brennpunkt des Gesellschafts- wie des Wirtschaftslebens war die Hauptstadt, und hier wiederum liefen alle Strahlen in jenem Gebäudekomplex zusammen, der als der Große Palast bekannt ist. Hier, ganz in der Nähe der prächtigen Hagia Sophia, spielte sich das tägliche Leben des Hofes ab: nach einem Protokoll, das bis in jede Einzelheit im *Buch der Zeremonien* aus dem 10. Jahrhundert festgelegt ist. Selbst ein flüchtiger Blick zeigt die prägende Kraft der christlichen Religion auf das byzantinische Leben. Der Palast selbst umfaßte Kirchen in offenen Höfen, und die Zahl der Kirchen und religiösen Stiftungen in der Stadt war Legion. In vielen wurden Reliquien von großer religiöser Bedeutung aufbewahrt (Abb. 13, 14, 15). Die kunstvolle Ausschmückung der Kircheninnenräume machte einen ebenso wesentlichen Teil der ästhetischen Wirkung des Gebäudes aus wie die Kuppeln. Aber auch eine reich entwickelte profane Kunst hat es in großem Umfang gegeben, wie die mit klassischen Szenen geschmückten Elfenbeinkästchen, die in vielen Sammlungen und Schatzkammern des Westens erhalten geblieben sind, bekunden. Schriftliche Quellen berichten von Gold- und Silbergefäßen in den Sälen des Großen Palastes, dessen Fußböden prächtige Teppiche bedeckten, während die Höflinge in feinste Seide gekleidet gingen (Abb. 12). Besucher am byzantinischen Hofe – aus Kiew, Bagdad oder Cremona – hinterließen enthusiastische Augenzeugenberichte über die Prozessionen, Gastmähler und Empfänge, über die byzantinischen Edelleute in ihren offiziellen Staatsroben und über die ehrfürchtige Stille vor der geheiligten Majestät. Manche der byzantinischen Kaiser fanden sogar Zeit zum Schreiben. Konstantin VII., dessen Bücher wir schon er-

13, 14 Zwei Reliquienbehälter in Email-Einlegarbeit, einer Technik, die ein Zurückführen der menschlichen Gestalt auf einfachste, aber höchst ausdrucksvolle Formen verlangte.

12 Fragment eines Seidengewebes aus der Mitte des 8. Jahrhunderts: Reiter auf der Löwenjagd. Erst Iustinian führte die Seidenherstellung – lange ein persisches Monopol – im byzantinischen Reich ein.

15 (rechts): Deckel eines Reliquiars für Konstantinos Porphyrogennetos, mit Juwelen und Zellenschmelz geschmückt. Um 960 (Ausschnitt).

wähnten, wurde von seinen wissenschaftlichen Interessen ganz in Anspruch genommen, und seine gebildeten Töchter halfen ihm bei seinen Studien. Er war nicht das einzige Mitglied des Kaiserhauses, das die byzantinische Leidenschaft für die Literatur erfüllte. – Die Häuser der Reichen lagen innerhalb der großen Befestigungsanlagen (Abb. 16), einzelne aber auch verstreut an den bewaldeten Hängen zu beiden Seiten des Bosporus.

Auf den Marktplätzen und in den Basaren der Stadt drängten sich die Kaufleute und Geschäftsinhaber, die Bettler und die Besucher aller Rassen. Auf Besuch weilende Handelsleute wie die Rus hatten ihre eigenen Unterkünfte, und ihre Tätigkeit wie ihre Rechte waren in Verträgen sorgfältig festgelegt. Auf ihren Ruderschiffen – der Name Rus soll »Ruderer« bedeuten – kamen sie die Wasserstraßen Rußlands hinab ins Schwarze Meer gefahren und brachten Hermelin, Zobel und andere Pelze, Honig und Wachs, aber auch Sklaven nach Konstantinopel. Der Handel mit dem Osten, besonders mit den Arabern, trug kostbare Duftstoffe, Gewürze, Elfenbein und sehr viele Sklaven ein. Die ansässigen Händler und Gewerbetreibenden waren in Zünften organisiert. Das *Buch des Präfekten* aus dem frühen 10. Jahrhundert legt die Verordnungen für Handel und Gewerbe in Konstantinopel ziemlich ausführlich dar und gewährt einen guten Einblick in das Wirtschaftsleben der Hauptstadt, das eine funktionierende Verwaltung zur Voraussetzung hatte. Ihr ist denn auch die ununterbrochene Aufrechterhaltung der staatlichen Ordnung und der Kultur im Byzanz des 10. Jahrhunderts zu verdanken.

Das Leben auf dem Lande

Die ausgedehnten Liegenschaften der Großgrundbesitzer wurden teils von Pächtern bebaut, teils von Landarbeitern und Sklaven. Trotz zaghafter Versuche eines Verbotes gab es in jedem Bereich des Lebens Sklaven: im Handel, auf den Gütern, im Dienst des Kaisers. Wer verschuldet war, konnte sich selbst als Sklave verkaufen, überdies gab es Kriegsgefangene und nicht zuletzt einen blühenden Sklavenhandel. Im 9. und 10. Jahrhundert erfreuten die Kleinbauern sich eines gewissen Wohlstandes (Abb. 17, 18, 19, 20). Eines der dringendsten Probleme der byzantinischen Innenpolitik war die Sicherung des Landbesitzes der Kleinbauern, sowohl aus Sorge des Kaisers für seine Untertanen wie auch aus Sorge um die eigenen Einkünfte und die eigene Sicherheit. Es ist bekannt, daß es im 9. und 10. Jahrhundert ein ziemlich weit verbreitetes System gab, nach dem kleine Bauernhöfe gegen Dienst beim Heer oder bei der Marine vergeben wurden, die vom Vater auf den ältesten Sohn übergingen, der als Herangewachsener seinerseits Militärdienst leisten mußte. Das Kleinbauernproblem war eng mit einem andern verknüpft, vor das sich die meisten Regierungen des Mittelalters gestellt sahen: mit der Kon-

16 Die Rekonstruktion, der die neuesten Forschungsergebnisse zugrunde liegen, zeigt Konstantinopel, wie es zwischen dem 9. und 11. Jahrhundert aussah. Die ungemein großzügig angelegte Stadt war von Straßenzügen durchschnitten, die die wichtigsten Stadttore mit dem Großen Palast verbanden. Die Verteidigungsanlage stammt von Konstantin dem Großen und Theodosius II. und ist noch erhalten. Zwischen Hippodrom und Hagia Sophia lag der Kaiserpalast, der sich bis an die Ufer

des Marmarameers erstreckte. Für die Hauptstadt eines großen Reiches war die Lage der Stadt ideal: an der wichtigsten Handelsstraße zwischen Europa und Asien sowie an der engsten Stelle der Wasserstraße, die Marmara- und Schwarzes Meer verbindet. Das Goldene Horn konnte durch eine Kette gesperrt werden. Die Brücke am Ende des Goldenen Horns stammt von Iustinian, das Aquädukt aus der Zeit des Kaisers Valens.

trolle über die Grundherren der Provinz, von denen, wenn sie übermächtig wurden, der Staatsgewalt Gefahren drohen konnten. Manche Herrscher ergriffen besondere Maßnahmen, um den Kleinbauern zu helfen und ihnen – nicht den Grundherren – bei Grundstücksverkäufen das Vorkaufsrecht zu sichern. Nach Basileios' II. Tod 1025 verschlechterten sich die Bedingungen für die Kleinbauern erneut. Durch Steuern, hohe Pachtzinsen und ständige feindliche Einfälle wurde ihr Leben zunehmend schwieriger. Wenn ein Dorf in der Nähe eines beliebten Heiligtums lag, zogen die Bewohner wohl auch – wie heute – am Festtag des Heiligen dorthin, um sein Grab zu besuchen. Viele anheimelnde Einzelheiten vom Leben auf dem Lande finden sich in den Lebensbeschreibungen mancher Heiliger und Eremiten, die trotz ihres abgesonderten Lebens oft enge Bindungen zu den Dorfbewohnern hatten.

17, 18, 19, 20 Das Landleben hat sich wohl nur wenig von dem der heutigen griechischen und türkischen Bauernbevölkerung unterschieden. Die abgebildeten Miniaturen entstammen teilweise illuminierten Psalmen, Evangeliaren und den Predigten des heiligen Gregor von Nazianz: Bauleute errichten mit Flaschenzug eine Säule; ein Schaf wird geschoren; Fahrt im Ruderboot mit Segel; Arbeiter im Weinberg. Im 9. und 10. Jahrhundert erfreuten die kleineren Bauern sich eines gewissen Wohlstandes. Später wurde ihr Leben durch Steuern, hohen Pachtzins und feindliche Einfälle immer schwieriger.

1 (rechts): Der Evangelist Lukas. Miniatur des 11. Jahrhunderts.

7 Schmelztiegel der Völker

Osteuropa und der Aufstieg der Slawen

Die indogermanische Völkergruppe der Slawen verließ gegen Ende der Bronzezeit ihre Heimat im Südosten Zentraleuropas und spaltete sich in drei Hauptstämme, aus denen später die heute lebenden slawischen Völker hervorgingen. Im Jahre 557 überquerten slawische Stämme die Donau und drangen in Thrakien ein, wo sie sich mit weiteren Gruppen von Westslawen vereinigten. Dann stießen sie gegen Makedonien und Thessalien vor. Auch in Dalmatien und Istrien drangen Slawen ein und vermischten sich mit der ansässigen Bevölkerung. Andere Gruppen wandten sich gegen die Täler der Alpen, wieder andere zogen in das Gebiet des späteren Österreich und Böhmen. Auf diese Weise entstanden die slawischen Völkerschaften der Slowenen, Kroaten und Tschechen. Die Slawen, die im heutigen Bulgarien geblieben waren, hatten sich mit den Weißbulgaren – oder Westbulgaren – vermischt. Diese Bulgaren, ungestüme und entschlossene Krieger, waren um 502 nach Illyrien gekommen und hatten, rasch slawisiert, auf dem Balkan Fuß gefaßt. Die Bulgaren waren mit der Zeit eine so starke Bedrohung für Byzanz geworden, daß Kaiser Maurikios (582–602) sich gezwungen sah, ein Heer gegen sie zu führen. Der Krieg dauerte das ganze erste Viertel des 7. Jahrhunderts.

Christentum und Alphabet

Im Laufe dieses Jahrhunderts wuchsen die slawischen Bulgaren zu einer bedeutenden politischen Macht heran. Um 681 zwangen sie den byzantinischen Kaiser, ihnen eine jährliche Tributzahlung zuzusagen, anderenfalls sie in sein Land einzufallen drohten. 716 nötigten sie ihn, Bulgariens Unabhängigkeit anzuerkennen. Die damaligen Bulgaren waren die ersten Slawen, denen die Errichtung eines längere Zeit überdauernden gefestigten selbständigen Staates gelang. Den Höhepunkt ihrer Macht erreichten sie im 9. Jahrhundert unter der Regierung des Königs Krum (802 bis 814), der 811 den byzantinischen Kaiser Nikephoros I. in einen Hinterhalt lockte und tötete, zum Schwarzen Meer vorrückte und die Griechen in Adrianopel besiegte (Abb. 2). Krums Sohn und Nachfolger Omurtag (815–831) gründete die Stadt Preslaw, die zur Hauptstadt des vergrößerten Bulgarien wurde. Sein Bestreben ging dahin, seine Macht im Innern zu festigen und nach Nordwesten auszudehnen; deshalb suchte er die Verständigung mit den Byzantinern.
Als erstes slawisches Land trat Bulgarien zum Christentum über. Dieser schwerwiegende Schritt geschah unter König Boris (Abb. 3), im Anschluß an die Missionstätigkeit der Slawenapostel, der Brüder Kyrillos und Methodios aus Makedonien (vergl. Kap. 6). Lange Jahre predigten sie unter den Süd- und Westslawen das Wort Gottes. Später wurden sie nach Rom berufen und von Papst Hadrian II. freundlich aufgenommen. Methodios wurde zum Bischof von Pannonien und Mähren geweiht; Kyrillos starb 869 in Rom und wurde in S. Clemente beigesetzt (Abb. 4). Wie die Mehrzahl der Slawen zogen auch die Bulgaren es vor, sich an die Kirche von Byzanz und nicht an Rom anzuschließen. Der Missionseifer trieb Kyrillos und Methodios dazu, ein slawisches Alphabet für die Bulgaren zu entwickeln. Nun konnten die Bulgaren ihre Gottesdienste in ihrer eigenen Sprache, statt auf Griechisch abhalten. Bulgarisch wurde auch für das neue Gesetzbuch benützt, das schon ganz früh in dem jungen Königreich eingeführt worden war und eine beträchtliche Anzahl Gesetze rein slawischen Ursprungs enthielt. Bedeutsam war auch, daß die besten Schüler der beiden Apostel in Bulgarien eine Anzahl von Schulen gründeten. Gelehrsamkeit und Künste entwickelten sich

2 Bulgariens Geschichte wurde im 12. Jahrhundert von dem byzantinischen Historiker Manasses aufgezeichnet. Die Miniaturen entstammen einer illuminierten slawischen Fassung dieses

Werkes. Oben: Kaiser Nikephoros führt sein Heer gegen Krum, den größten Bulgarenherrscher. Unten: Krum verhöhnt Nikephoros, der in Fesseln seine Hinrichtung erwartet.

3 Kyrillos und Methodios, gestorben 869 und 885, zwei Brüder aus Thessalonike, bekehrten die Bulgaren und lehrten jahrelang unter Süd- und Westslawen das Wort Gottes. Die Miniatur aus der Slawengeschichte des Manasses zeigt eine Bulgarentaufe im Jahr 865. Neben dem Taufbecken König Boris und seine Frau.

4 Kyrillos starb 869 in Rom und wurde in San Clemente beigesetzt. Das Fresko aus dem 11. Jahrhundert in der Krypta von San Clemente zeigt die Slawenapostel auf den Knien vor Christus und den Heiligen Andreas und Clemens.

schnell, aber die Zeit der Entfaltung und der Blüte wurde unglücklicherweise durch eine Reihe von Kriegen gegen Byzanz und die Ungarn allzufrüh unterbrochen. Die finanziellen Mittel des Landes waren bald erschöpft. Im zu erbarmungswürdiger Armut herabgesunkenen Volk kam es zu Unruhen, und die allgemeine Unzufriedenheit begünstigte das Entstehen verschiedener Irrlehren. Eine der gefährlichsten, die der Bogomilen, eine dem Manichäismus verwandte Richtung, faßte nicht nur in Bulgarien feste Wurzeln, sondern breitete sich bis nach Bosnien und in die Herzegowina aus, wo ihre Anhänger eine Anzahl interessanter, noch nicht völlig gedeuteter Steinmonumente hinterlassen haben (Abb. 5). 963 gelang es Swjatoslaw, dem Fürsten von Kiew, der als Verbündeter von Byzanz in die Kämpfe auf dem Balkan verwickelt war, sich den Ostteil Bulgariens anzueignen (Abb. 6). 971 mußte er ihn allerdings wieder Byzanz überlassen. Dem westlichen Teil des Reiches gelang es, sich loszureißen und ein unabhängiges Königreich zu bilden, das Makedonien, Albanien, das Morawagebiet und die Gegenden von Widin und Sofia umfaßte. Unter dem großen König Samuel (976–1014) wurde Makedonien zum kulturellen Mittelpunkt des Reiches (Abb. 7). Der Zar hielt Hof in der Zitadelle der Stadt Ochrida und erbaute jene Rundtürme, die dort heute noch als Ruinen stehen (Abb. 8). Aber bereits vier Jahre nach seinem Tode brachte Byzanz sein Land unter seine Herrschaft. Im 12. Jahrhundert wurde die Geschichte Bulgariens von dem byzantinischen Historiker Manasses aufgezeichnet (Abb. 9).

5 Aus dem 14. Jahrhundert stammender Bogumilen-Grabstein aus Bosnien.

6 Zwischen 946 und 971 fielen die Russen zweimal in Bulgarien ein. Auf der Miniatur aus der Bulgarengeschichte Manasses' stürmt Swjatoslaw — im roten Gewand — mit geschwungenem Schwert gegen den Feind. Die Bulgaren wenden sich zur Flucht.

Mähren, Kroatien, Slowenien, Serbien

Das slawische Königreich von Mähren, dessen Kerngebiet etwa mit der heutigen Tschechoslowakei zusammenfällt, hat nur ein paar Jahrhunderte eine geschichtliche Rolle spielen können (Abb. 10). Es trat im 7. Jahrhundert auf den Plan, als es sich gegen die Awaren stellte und ihr Vordringen abwehrte, indem es ihre Vorstöße nach Osten ablenkte. Es kam als erstes der Slawenreiche mit dem Christentum in Berührung und war im 9. Jahrhundert Zentrum eines Großreiches. 1018–1021 wurde es durch die Böhmenherzöge erobert und blieb seitdem bei Böhmen.

Das alte mährische Königreich hatte auch die slowenischen und kroatischen Slawen umfaßt. Die Slowenen konnten ihre Selbständigkeit nicht lange bewahren. Die Kroaten waren in ihrem Streben nach Unabhängigkeit erfolgreicher. Es gelang ihnen, ein Reich zu gründen. Um 925 hatte sich – das Christentum war damals bei den Kroaten überall heimisch geworden – ihr Fürst Tomislav zu ihrem ersten König aufgeschwungen. Das Land gewann bald so an Bedeutung, daß die Eifersucht der Byzantiner und Venezianer erregt wurde. Aber auch diesen beiden Mächten gegenüber setzten die Kroaten sich durch, und um 1058, als ihr König Peter Kresimir IV. den Thron bestieg, hatten sie ihr Gebiet in Dalmatien bedeutend erweitert.

Ihre östlichen Nachbarn, die Serben, kämpften am längsten um ihre Unabhängigkeit. Im Laufe des 6. und 7. Jahrhunderts waren sie im Donaugebiet seßhaft geworden, aber noch im 10. Jahrhundert hatten sie gegen die bul-

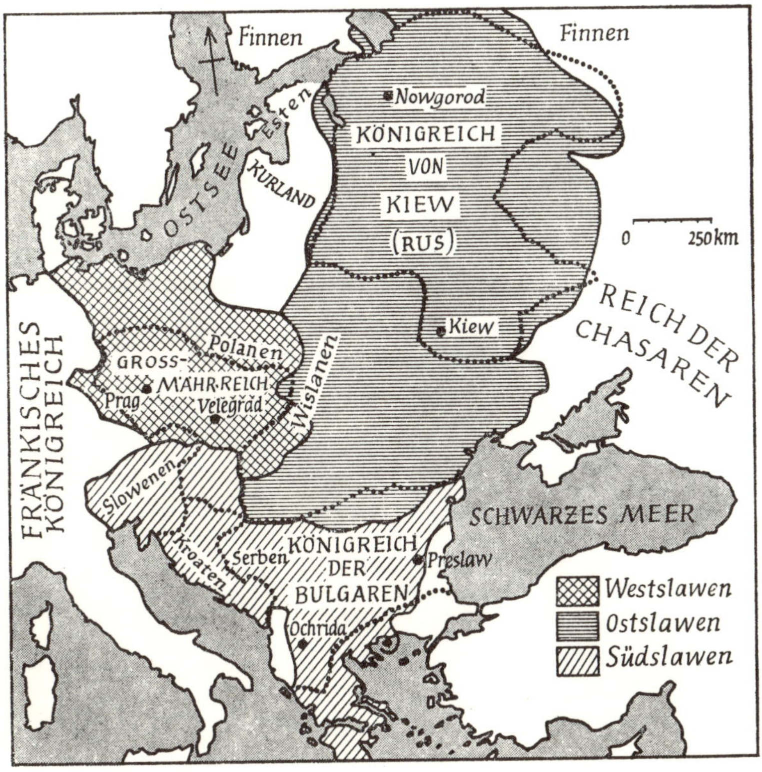

7 Ochrida in Makedonien war die Hauptstadt des Bulgarenkönigs Samuel. An die Zeit seiner Herrschaft erinnern noch viele Denkmäler: Hier die Apsis der Sophienkirche aus dem 11. Jahrhundert.

8 Die Mauern der Zitadelle von Ochrida mit den Rundtürmen, die heute noch als Ruinen stehen.

9 Slawische Reiche im 9. Jahrhundert. In drei großen Hauptgruppen hatten die Slawen sich über fast ganz Europa ausgebreitet und verschiedene Staaten gegründet, darunter das Kroatenreich, Groß-Mähren und Bulgarien. Im 9. Jahrhundert errichteten skandinavische Auswanderer, die Waräger, im Gebiet der Ostslawen die Fürstentümer Nowgorod und Kiew, die Oleg 881 zum russischen Reich von Kiew vereinigte.

10 Das slawische Königreich von Mähren, dessen Kerngebiet etwa mit der heutigen Tschechoslowakei zusammenfällt, hat nur ein paar Jahrhunderte eine Rolle spielen können. Die Silberplakette – Jüngling mit Falke – aus dem 10. Jahrhundert gehört zu den wenigen erhaltenen Stücken einer kurzen Blütezeit.

garischen Oberherren zu kämpfen. Seit 819 mußten sie sich gleichzeitig der Franken erwehren. Zudem wurde ihr Streben nach Einheit durch die Tätigkeit römisch-katholischer Missionare erschwert, so daß die Serben erst im 13. Jahrhundert zu einer eigenen Nationalkirche kamen, nachdem sie im 12. Jahrhundert unter der Führung ihres großen Königs Stephan Nemanja ihre Unabhängigkeit erringen konnten.

Die Anfänge Rußlands

Im 6. und 7. Jahrhundert war nicht nur im politischen Bewußtsein der Westslawen auf dem Balkan, sondern auch in dem der Ostslawen ein bedeutender Fortschritt geschehen. Um diese Zeit unternahmen die Ostslawen die ersten Schritte zu einem festeren Zusammenschluß, der schließlich zur Errichtung des ersten russischen Staates führte, der heute als das Reich von Kiew bezeichnet wird. Die Entwicklungen in den slawischen Landen interessierten die ausländischen Chronisten nur in geringem Maße. Die byzantinischen Autoren des 9. Jahrhunderts sahen in deren Bewohnern weiterhin nur primitive Barbaren, obwohl sie ihre Musikliebe, ihre Ehrlichkeit, ihre Gastfreundschaft und ihre Tapferkeit im Kampf erwähnen und nicht ohne Überraschung von ihrer Vorliebe für heiße Bäder berichten.

Was die Chronisten interessierte, war die Stadt Itil an der Mündung der Wolga ins Kaspische Meer. Die mohammedanischen Eroberungen in Transkaukasien und Zentralasien hatten die Ausweitung des Handels im kaspischen Raum derart gefördert, daß Itil sich schnell zu einem bedeutenden Handelszentrum entwickelte. Die Folge war, daß etwa seit dem 8. Jahrhundert viele skandinavische Abenteurer, hauptsächlich Schweden, ihr Glück in Osteuropa zu suchen begannen, statt, wie bisher, mit ihren norwegischen und dänischen Verwandten die Küsten Britanniens und Galliens zu verheeren. Diese Skandinavier sollten als Waräger noch Geschichte machen. Ihre ältesten Spuren auf dem Boden des heutigen Rußland wurden bezeichnenderweise entlang jener Wege gefunden, auf denen man einst Waren nach dem Orient und zum Kaspischen Meer befördert hat. Islamische Schriftsteller erwähnen Kaufleute aus Skandinavien, die bis nach Bagdad zogen, wobei sie die letzten Abschnitte ihrer Reise mit Kamelkarawanen zurücklegten.

Die Reiche von Nowgorod und Kiew

Skandinavische Sagas enthalten viele Hinweise auf die *Rus* oder *Rhos*, wie manche Schriftsteller sie nennen. Das Reich der Rus wird beschrieben als reich an Städten, an denen die Größe ihrer Gebäude, der Reichtum und der Luxus ihrer Bewohner gerühmt werden. Nach *russischer* Überlieferung kamen, auf eine Bitte der Slawen von Nowgorod, der Waräger Rurik und seine Brüder Siwers und Trawor im Jahre 862 nach Osteuropa und setzten sich als Fürsten von Nowgorod, Pskow und Izborsk fest. Es scheint aber festzustehen, daß einige Jahre vor dem Zeitpunkt, den man für Ruriks Aufstieg zur Macht in Nowgorod annimmt, ein anderer Waräger namens Askold bereits Herrscher von Kiew wurde. Askold muß seine Herrschaft in Kiew schon um 860 fest gesichert haben. Damals nämlich begannen die Ostslawen eine größere Offensive gegen Byzanz, und man hält es für wahrscheinlich, daß Askold den Friedensvertrag von 867 abschloß. Durch seinen Angriff auf Byzanz und die nachfolgenden Friedensverhandlungen scheint Askold ein beträchtliches Ansehen gewonnen zu haben, denn sein Gebiet um Kiew begann bald die Formen eines festen Staates anzunehmen. Als der Patriarch Photios von Konstantinopel Bischof Michael nach Osteuropa sandte, bedeutete das eine stillschweigende Anerkennung des Status von Süd-Rus. Daß Askold um diese Zeit Christ wurde, ist nicht bewiesen.

Den Dnjepr entlang

Nicht nur Askold zog die Aufmerksamkeit seiner Nachbarn auf sich, auch Rurik mit seinen Bemühungen, die Wasserstraße des Dnjepr zu öffnen, um Skandinavien mit Byzanz zu verbinden. Diese neue Wasserstraße hatte gegenüber den alten, östlicher verlaufenden Routen, verschiedene Vorteile. Sie stellte einen direkten Weg nach Konstantinopel dar, und, da sie westlich der chasarischen Grenze lag, waren die Reisenden besser vor den räuberischen asiatischen Nomaden gesichert, die immer wieder durch die Ebenen am Schwarzen Meer nach Westen vorstießen.

Oleg vor den Toren von Byzanz

Askold regierte etwa 27 Jahre lang über Kiew, einen Teil dieser Zeit mit Deir als Mitregenten. Nachdem Rurik, der Beherrscher Nowgorods, 881 gestorben war, entschloß sich Oleg, der Regent und Vormund von Ruriks unmündigem Sohn Igor, Kiew zu annektieren. Durch eine List gelang es ihm, innerhalb eines Jahres Askold und Deir zu töten und ihre Hauptstadt zu erobern. Bald danach verlegte er seinen eigenen Hof von Nowgorod nach Kiew, so daß diese Stadt nunmehr zur Hauptstadt eines Fürstentums wurde, das durch seine geographische Lage wirtschaftliche und politische Vorteile besaß. Von hier aus ließ sich Olegs Politik – die Vereinigung aller Ostslawen – durchführen. Um 890 etwa hatte Oleg vier der bedeutendsten Slawenstämme für sich gewonnen und war in der Lage, den Krieg gegen die Ungarn zu beginnen, ein asiatisches Reitervolk, das an der Wende des 8. Jahrhunderts in die Pannonische Tiefebene eingedrungen war und seither die Nordslawen von den Südslawen trennte. Bald wichen die Ungarn zurück, und nach einer weiteren schweren Niederlage, die ihnen die Petschenegen, asiatische Nomadenkrieger, beibrachten, verließen sie im Jahre 897 Südrußland für immer. Im nächsten Jahr konnte Oleg die Lehnshoheit über zwei weitere slawische Dnjeprstämme gewinnen, so daß er ungefähr den ganzen Fluß beherrschte. Das erlaubte ihm, im Unterlauf des Flusses zwei größere Inseln zu Flottenstützpunkten auszubauen, die gleichzeitig Sammelhäfen für die den Dnjepr bereisenden Kaufleute waren. Diese Flottenstützpunkte sowie die wachsende Stärke seines Heeres durch die Einverleibung unterworfener Stämme bestärkten Oleg in der Ansicht, er könne einen Krieg gegen Byzanz unternehmen. 907 begann er einen wohlgeplanten Feldzug, und nach schweren Kämpfen mußten die Griechen sich geschlagen geben. Der Friedensvertrag von 911 verschaffte den Angreifern erhebliche Vorteile. Oleg beschwor den Vertrag beim Namen der heidnischen Götter Wolos und Perun. Alle russischen Fürsten, die an dem Feldzug teilgenommen hatten, sind in dem Vertrag erwähnt, und nur Kaufleute aus ihren Gebieten profitierten von den Handelskonzessionen, die man den Byzantinern abgerungen hatte. Außer dem Transithandel mit Nordeuropa sollten diese Kaufleute der »Rhos« auch die Einfuhr von Pelzen, Wachs, Honig, Flachs, Leinen und Sklaven nach Byzanz vermitteln. 913 führte Oleg starke Streitkräfte gegen die Chasaren, die aber auswichen. Deshalb überfiel Oleg die persische Landschaft Tabaristan an der Südküste des Kaspischen Meeres. Als aber seine beutebeladenen Männer wolgaaufwärts zogen, griffen die Chasaren sie von hinten an und rieben das Heer auf. Diese bittere Niederlage war der Grund, daß bei Olegs Tod 921 oder 922 – trotz seiner bedeutenden Erfolge – das Gebiet von Kiew immer noch nicht weiter als 230 Kilometer nach Osten reichte. Auf Oleg folgte Ruriks Sohn Igor, dessen Vormund Oleg gewesen war. 941 überfiel auch er Byzanz. Er kam bis Nikomedia am Marmarameer, zog sich dann aber zurück. Bei einem weiteren Feldzug gegen die Griechen vier Jahre später erlitt er eine so schwere Niederlage, daß er Friedensbedingungen annehmen mußte, die ihn manche der von Oleg ausgehandelten wirtschaftlichen Vorteile kosteten. Zudem wurde das Fürstentum Kiew zur Heeresfolge für Byzanz verpflichtet. Bald nach Unterzeichnung dieses Vertrages wurde Igor jedoch von slawischen Stammesgenossen getötet. Da sein Sohn Swjatoslaw zu jung war, um die Nachfolge anzutreten, wurde die Aufsicht über die Staatsangelegenheiten Igors Witwe Olga anvertraut.

Das Königreich von Kiew unter Großfürstin Olga

Olga war eine außergewöhnlich kluge Frau. In jenen Zeiten des alten Kiew waren die Frauen den Männern weitgehend gleichberechtigt, und Olga war schon vor ihrer Eheschließung Herrin großer Besitzungen gewesen. Ihre erste und bedeutsamste Reform bestand darin, daß sie den Brauch abschaffte, nach dem der Fürst verpflichtet war, seine Vasallen alljährlich reihum zu besuchen, um den Tribut entgegenzunehmen, denn dieser Brauch hatte Olgas Gemahl das Leben gekostet. Sie führte eine zentrale Finanzverwaltung ein und stellte für jedes Gebiet Beamte an, die den Tribut entgegennehmen und an der Hauptsammelstelle abliefern mußten. Diese neue Methode brachte es mit sich, daß nicht mehr die Stämme besteuert wurden, sondern die einzelnen Familien, was dem ohnehin in Auflösung begriffenen Stammessystem den Todesstoß versetzte. Zwar blieb die alte Gliederung der Gesellschaft in zwei Klassen weiterhin bestehen – in die herrschende Klasse und das arbeitende Volk, das aus Freien und Sklaven bestand –, doch begann die Gesellschaft bald Zwischenklassen hervorzubringen, zu denen man die Händler und Handwerker rechnen muß, die beide um so wichtiger wurden, je mehr die Rhos sich dem Handel zuwandten. Handwerker gab es bald in großer Zahl, darunter viele hochbegabte, und um das 11. Jahrhundert soll-

ten die russischen Schmiede zu den besten ihrer Zeit gehören. Der hochentwickelte Handel führte zu einer starken Verringerung des Analphabetentums.
Olga nahm, wahrscheinlich 957, während sie auf Staatsbesuch in Byzanz weilte, den neuen Glauben an. Bei der prächtigen Zeremonie in der Hagia Sophia amtierten der Patriarch von Konstantinopel sowie der Kaiser in eigener Person. Olgas Staatsbesuch beim wichtigsten Herrscher der Christenheit und ihre Bekehrung festigten ihre Stellung als Oberhaupt eines unabhängigen Staates. Bevor aber ihr Land beginnen konnte, in der internationalen Politik eine Rolle zu spielen, mußte erst das ganze Volk das Christentum annehmen, mußten diplomatische Beziehungen zu den Großmächten der Zeit aufgenommen werden. Bereits 959 schickte Olga eine Gesandtschaft zu Otto dem Großen, der aber erst 961 einen Glaubensboten nach Kiew sandte: Adalbert von Magdeburg. Inzwischen war aber Swjatoslaw Olga auf dem Thron gefolgt, der ein so streitbarer Heide war, daß Adalbert sich genötigt sah, eilends aus Kiew abzureisen.

Krieg an zwei Fronten

Swjatoslaw mißbilligte zwar die christlichen Bestrebungen seiner Mutter, wollte aber wie sie das Gebiet von Kiew ausdehnen. Dank seiner militärischen Begabung gelang es ihm innerhalb weniger Jahre, die Chasaren zu vernichten. Der Sieg brachte ihm großen Landgewinn, aber auch jetzt noch waren seine östlichen Grenzgebiete immer wieder Invasionen aus den asiatischen Steppen ausgesetzt. Seither ist es die Aufgabe Rußlands geblieben, als Bollwerk zwischen den Kontinenten zu wirken. Infolge des Vertrages von Byzanz sah Swjatoslaw, der militärische und diplomatische Abmachungen sehr genau einhielt, sich genötigt, für die Byzantiner gegen die Bulgaren zu kämpfen, deren politische Uneinigkeit Byzanz ausnutzen wollte. Innerhalb eines Jahres eroberte er den ganzen Ostteil des Landes, mußte aber den Feldzug unterbrechen, weil inzwischen – auf Betreiben der Bulgaren – die Petschenegen Kiew belagerten. Als er 971 wieder auf dem Balkan erschien, hatten die Byzantiner ganz Westbulgarien erobert, und Swjatoslaw sah sich einer vereinigten byzantinisch-bulgarischen Streitmacht gegenüber. Als er heimwärts zog, gelang es den abermals von den Bulgaren aufgestachelten Petschenegen, ihn zu töten.

Das Zeitalter Wladimirs des Heiligen

Erst nach sechs Jahren Bruderkrieg bestieg Swjatoslaws jüngster Sohn, Wladimir, später der Heilige genannt, den Thron von Kiew. Neun Jahre später hatte er sich zum Christentum bekehrt. In der sogenannten Nestorchronik aus dem 12. Jahrhundert wird geschildert, wie Wladimir Gesandtschaften zu den Katholiken in Deutschland, den Moslem im ostbulgarischen Königreich und den Griechisch-Orthodoxen in Byzanz schickte (Abb. 11), um feststellen zu lassen, welches die beste Religion sei. Im ottonischen Deutschland fanden sie »keine Schönheit«, bei den Bulgaren »keine Fröhlichkeit, nur Schwermut und großen Gestank; ihre Religion kann nicht gut sein«. In Konstantinopel aber waren sie überwältigt von all dem Glanz und wußten kaum, ob sie sich im Himmel oder auf Erden befanden. So geschah es – nach der volkstümlichen Überlieferung –, daß Rußland sich der griechisch-orthodoxen Kirche zuwandte.
Als erster russischer Fürst ließ Wladimir eigene Münzen prägen, die sein Porträt tragen (Abb. 12). Er war mit Anna, der Schwester des byzantinischen Kaisers verheiratet. Während seiner fünfunddreißigjährigen Regierungszeit reichte das Fürstentum Kiew vom Dnjepr bis zum Ladogasee und den Ufern der Düna. Als Wladimir 1015 starb, hatte er die heidnischen Tempel und Idole in seinem ganzen Reich zerstören und durch Kirchen ersetzen lassen, die mit Wandschmuck und Ikonen im byzantinischen Stil geschmückt waren. Er hatte Schulen und bedeutende wohltätige Stiftungen gegründet und in Kiew einen Palast er-

11 Um das Jahr 978 bestieg Wladimir, später der Heilige genannt, den Thron der Großfürsten von Kiew, das vom Dnjepr bis zum Ladogasee und an die Düna reichte. Die Illumination aus dem Skylitzes-Kodex (13.–14. Jahrhundert) zeigt Wladimirs Gesandte in diplomatischer Mission bei Kaiser Konstantin IX. in Konstantinopel.

bauen lassen, dessen Glanz legendäre Berichte spiegeln. Auch errichtete er Festungen nach dem neuesten Stand der Kriegstechnik. Er führte in Rußland für Architektur und darstellende Kunst jenen Stil ein, der damals in Byzanz herrschte, indessen weisen die Meisterwerke der Künstler, Baumeister, Goldschmiede und Handwerker viele spezifisch russische Merkmale auf. Wladimir fügte dem Repertoire des musikliebenden russischen Volkes den Gregorianischen Choral hinzu. Acht Söhne machten sich nach Wladimirs Tod den Thron von Kiew streitig. Nach langen Kämpfen errang Jaroslaw der Weise (1016–1054) die Vorherrschaft. Er war ein Mann von hoher Bildung und ein begeisterter Verehrer griechischer Literatur und Kunst. Selbst der Dekor seines Sarkophags verrät diese Vorliebe (Abb. 13). Ein Fresko in der Hagia Sophia in Kiew zeigt vier von Jaroslaws Töchtern (Abb. 14), von denen eine sich mit König Harald Hardrade von Norwegen vermählte, eine mit Heinrich I. von Frankreich, eine mit Andreas I. von Ungarn. Jaroslaw hat kein geringes Verdienst daran, daß das Reich von Kiew als europäische Macht eingestuft wurde und das Fürstenhaus der Ruriks bei den Herrschern der Christenheit geachtet war, was die Heiraten seiner Töchter beweisen. Jaroslaw selbst war mit Ingigerd, einer Tochter des Königs von Norwegen, verheiratet. Drei seiner Söhne heirateten deutsche Prinzessinnen und mindestens zwei byzantinische. Und an Jaroslaws Hof suchten die vertriebenen Kinder Edmunds von England Schutz vor Knut dem Großen. Das russische Reich von Kiew war Teil der politischen Bühne Europas geworden (Abb. 1, 15, 16, 17).

Ein neuer Slawenstaat: Polen

Im Nordwesten von Kiew hatten die Wislanen – ihre Hauptstadt lag an der Stelle des heutigen Krakau – und die Polanen mit ihrer Hauptstadt Gnesen den Grundstein des späteren Polen gelegt. Das Gebiet der Wislanen wurde im 9. Jahrhundert von ihren mährischen Nachbarn erobert. Die glücklicheren Polanen gelangten in den Besitz jenes Gebietes, das heute die Kernlandschaft Polens ist (Abb. 18, 19). Im 10. Jahrhundert etwa war Gnesen die Residenz des ersten Fürsten von Polen. Der Begründer der Dynastie, Siemowit, hatte schwer um seine Macht kämpfen müssen. Er, sein Sohn Leszak und sein Enkel Siemomysl retteten ihr Volk vor der Vernichtung durch germanische Scharen, die bereits die an der Elbe wohnenden slawischen Polaben umgebracht hatten. Wie die Herrscher von Kiew festigten auch die polnischen Fürsten ihre Herrschaft nach und nach und erweiterten langsam, aber stetig, die Grenzen ihres Reiches, das in der zweiten Hälfte des 9. Jahrhunderts schon feste Formen gewonnen hatte. Als 966 die Polen zum römisch-katholischen Glauben bekehrt wurden,

13, 14 Jarosiaw der Weise liebte griechische Literatur und Kunst. Selbst der Dekor seines Sarkophags verrät das. — Jaroslaws Töchter auf einem Fresko der Hagia Sophia in Kiew.

12 Wladimir der Heilige – 987 wurde er Christ – ließ als erster russischer Großfürst eigene Münzen prägen, die sein Porträt trugen.

15, 16, 17 Mosaik aus der Kathedrale in Nowgorod aus dem 11. Jahrhundert; Anhänger, Email auf Gold, etwa zur selben Zeit in Kiew angefertigt. Unter Jaroslaws Sohn, Swjatoslaw II., wurde 1073 eine Sammlung patristischer Schriften abgeschlossen. Eine der Illustrationen zeigt die Kirchenväter in einem Gotteshaus.

konnte sich ihr Land als selbständiges Reich Anerkennung verschaffen. Mieszko I. (960–992) konnte die Grenzen Polens entlang Oder und Ostsee festlegen und nun unmittelbar in Beziehung zu Skandinavien treten. Seine Tochter Swjatoslawa heiratete König Sven von Dänemark und wurde die Mutter Knuts des Großen. So kam Polen in eine enge Bindung an Westeuropa, was zur Folge hatte, daß die romanische Kunst sich in Polen durchsetzte; seither blieb Polen den Stilströmungen Europas verbunden. Auf Mieszko folgte 992 sein Sohn Boleslaw Chrobry (der Tapfere), der Beziehungen zu Otto III. zu schaffen suchte. Im Jahre 1000 kam der Kaiser nach Gnesen, wenn auch hauptsächlich, um das Grab seines Freundes, des heiligen Adalbert, zu besuchen, der den Märtyrertod gestorben war, als er auf Boleslaws Wunsch bei den alten Preußen missionierte. Während dieses Besuches erkannte Otto III. offiziell die Souveränität des polnischen Herrschers an. Ottos Nachfolger, Heinrich II., mißtraute Boleslaws machtpolitischen Plänen und erklärte ihm 1004 den Krieg. Die Kämpfe dauerten bis 1018, der Friedensschluß aber gab Polen die umkämpften Gebiete zurück. Für den Rest seines Lebens leistete Boleslaw weiterhin dem Deutschen Reich Widerstand. Als 1025 Konrad II. aus dem Hause der Salier stark mit innerdeutschen Angelegenheiten beschäftigt war, ließ Boleslaw sich zum König von Polen krönen und nach seinem Tode auch sein Sohn Mieszko II., um Polens Souveränität und Unabhängigkeit zu betonen. Für die Balkanslawen begann damals eine dunkle Epoche ihrer Geschichte. Kaiser Basileios II., der »Bulgarenschlächter«, brachte König Samuel 1014 eine vernichtende Niederlage bei (Abb. 20). Aber wenn auch der byzantinische Herrscher dreißig Jahre lang die Zerstörung des bulgarischen Reiches anstrebte und dessen Bevölkerung niedermetzelte, so gelang es ihm dennoch nicht, den Willen dieses Volkes zu brechen. So konnte Asen I. im Jahre 1186 ein zweites bulgarisches Reich errichten, das bis zur Eroberung durch die Türken bestand. Um das Jahr 1000 hatten die Slawen

die fremden Volksteile, auf die sie bei ihrer Ausbreitung gestoßen waren, assimiliert, doch hatten sich im 11. Jahrhundert nur das russische Reich von Kiew und das Reich der Polen als bleibende Staatswesen etabliert. Ihre damals schon beträchtliche Macht sollte mit den Jahren noch zunehmen und bald nachhaltig auf das politische und kulturelle Leben Europas einwirken.

18, 19 Boleslaw I., 1024 zum König von Polen gekrönt, auf dem Bronzeportal des Gnesener Domes; unten: Polnisches Silbergefäß mit romanischer Ornamentik (11. Jahrhundert).

20 Kaiser Basileios II., der »Bulgarenschlächter«, brachte König Samuel 1014 eine vernichtende Niederlage bei (oben). Der untere Teil der Illumination aus der Bulgarengeschichte Manasses' zeigt den besiegten König, der angesichts seiner geblendeten Krieger den Geist aufgibt.

1 **(rechts)**: Henne mit Küken; Geschenk an Königin Theudelinde.

8 Italien unter den Germanen

Die Königreiche der Ostgoten und Langobarden

Als Theoderich der Große aus dem ostgotischen Herrschergeschlecht der Amaler 488 mit seinem Heer in Italien einfiel, hatte die Halbinsel schon eine Reihe von germanischen Invasionen und Besiedlungswellen hinter sich. Welle auf Welle waren die Heere der »Barbaren« über die Alpen nach Süden geflutet, alle mit dem Ziel Rom: in den Jahren 403 und 410 die Westgoten, 452 die Hunnen, 455 die Vandalen, 476 Odoaker aus dem Volk der Skiren mit seiner Heeresmacht. Die Eroberung und Plünderung der Stadt Rom durch Alerich (410) war übrigens für den heiligen Augustinus der Anlaß, sein philosophisches Werk über den »Gottesstaat« (De Civitate Dei) zu schreiben.
Es gab in dieser Zeit zwei Machtzentren: Rom, wo das Papsttum im Begriff war, sich zu einer starken politischen Macht zu entwickeln, und Ravenna, wohin Kaiser und Senat des weströmischen Reiches 402 geflohen waren. Für einige Zeit vermochte Westrom seine Herrschaft noch aufrechtzuerhalten, indem es Barbaren zum Kampf gegen Barbaren anwarb. 476 empörten sich die germanischen Hilfstruppen, weil ihre Forderung nach Ansiedlung in Italien abgelehnt wurde, gegen ihren bisherigen Anführer Orestes und stellten einen ihrer Offiziere, den Skiren Odoaker, an ihre Spitze. Odoaker setzte den letzten weströmischen Kaiser Romulus Augustulus, einen vierzehnjährigen Knaben, ab und ließ sich von Byzanz die Herrschaft als König von Italien übertragen. Kaiser Zeno erkannte ihn nur widerwillig an. Aber so gerecht und milde Odoaker herrschte und obgleich er nie den Versuch machte, sich aus dem Verband des römischen Gesamtreiches zu lösen, war er dennoch ein Usurpator. Zum Verhängnis wurde ihm schließlich, daß er es wagte, sich in die Innenpolitik des oströmischen Reiches einzumischen. Das nahm der byzantinische Kaiser nicht hin. Zum Werkzeug der kaiserlichen Vergeltung wurden die Ostgoten ausersehen.

Die Ostgoten ziehen nach Westen

Vor ihrer Spaltung bildeten die Ost- und Westgoten die Hauptgruppe der Ostgermanen. Um 150 n. Chr. wanderten die Goten von den Weichselmündungen aus südwärts (Abb. 2). Gegen Ende des 3. Jahrhunderts taucht der Name Ostgoten – eigentlich Ostrogoten von germanisch austra = glänzend – zum erstenmal auf. Der Stamm, im wesentlichen nomadische Hirten, siedelte damals nördlich des Schwarzen Meeres. Mitte des 4. Jahrhunderts fand bei den Goten das Christentum arianischen Bekenntnisses Eingang, bei den Westgoten besonders durch die Missionstätigkeit des Bischofs Ulfilas. Fast ein Jahrhundert lang stand die Hauptmasse der Ostgoten unter hunnischer Oberherrschaft, unter deren Druck sie nach Pannonien (Ungarn und Slawonien) auswichen, wo sie sich 455 als Verbündete der Römer ansiedeln ließen.
Nach dem Tode des bisherigen Königs Thiudimer 474 wurde durch einstimmige Wahl des Volkes sein Sohn Theoderich auf den Thron erhoben, der schon vorher als Geisel für einen gotisch-byzantinischen Vertrag zehn Jahre lang am kaiserlichen Hof gelebt hatte und von Kaiser Zeno hoch geschätzt wurde. 488 beauftragte ihn Zeno, in Italien einzudringen. Odoaker übergab nach zweieinhalbjähriger Belagerung 493 Ravenna und wurde bald danach, vielleicht von Theoderichs eigener Hand, ermordet. Zu diesem Zeitpunkt war Theoderich bereits Herr ganz Italiens, doch erst nach einigen Jahren erlangte er die Anerkennung Otsroms. Er selbst erkannte die Oberhoheit Roms an, regierte aber völlig unabhängig.

König Theoderich

Außer über Italien mit Sizilien herrschte Theoderich über Dalmatien, einen Teil Pannoniens, Inner-Noricum und Rätien. Wie er selbst sein Amt auffaßte, geht aus der Inschrift eines Goldsolidus hervor (Abb. 3). Er sah sich als Nachfolger des Augustus. Als er im Jahre 500 Rom besuchte, wurde er von Papst, Senat und Volk feierlich empfangen. Die während seiner Herrschaft geprägten Münzen trugen die Bildnisse von Romulus und Remus und das Motto *Invicta Roma*. Bei seinem Besuch in Rom fanden unter seinem Patronat im Circus maximus Erinnerungsspiele statt. An die Armen wurde Getreide verteilt. Die reale Basis seiner Macht waren in erster Linie die Waffen seiner gotischen Gefolgsleute. Es war eine seiner klugen Maßnahmen, daß er, wie schon Odoaker, die römischen Staatseinrichtungen ziemlich unverändert beibehielt. Wie Prokop, der byzantinische Historiker der Zeit, berichtet, gab es unter Theoderich so gut wie keine Ungerechtigkeiten den nichtgotischen Untertanen gegenüber, abgesehen davon, daß die Goten denselben Anteil italienischen Bodens für sich in Anspruch nahmen, den schon Odoaker seinen Anhängern zugebilligt hatte. Immerhin dürfte die Zahl der gotischen Krieger geringer gewesen sein als die Einwohnerzahl des damaligen Rom.

Goten und Römer

Einer engeren Verbindung der Goten mit den Römern stand Verschiedenes entgegen. Noch war das alte römische Recht in Kraft, das die Ehe mit Barbaren verbot. Von größerer Bedeutung jedoch war der konfessionelle Gegensatz. Die Römer hingen mit dem Papst dem Bekenntnis des Athanasius an, des Bischofs von Alexandrien, der im Streit gegen die Arianer der Hauptvertreter der Lehre von der Wesensgleichheit Christi mit Gott gewesen war. Wie fast alle ostgermanischen Stämme waren die Goten Arianer, aber der Dualismus zu den »Rechtgläubigen« entbehrte der feindseligen Schärfe, da der ostgotische Arianismus unter Theoderich, der eine katholische Mutter hatte, tolerante Züge trug. Theoderich achtete die Lebensweise der Römer sehr hoch. Immer wieder betonten der König und seine einheimischen Beamten den gotischen Untertanen gegenüber, daß sie in einer Gesellschaftsordnung lebten, deren bemerkenswertestes Kennzeichen die *civilitas* sei. Im Staat Theoderichs gehörten Heer und Gericht zum germanischen, Zivilverwaltung und Bildungswesen zum römischen Rechtsbereich. Zur Achtung vor den Gesetzen mußten die Goten freilich erst erzogen werden. Die hohen Beamtenstellungen nahmen Einheimische ein, deren Vorfahren den Kaisern bereits in ähnlichen Ämtern gedient hatten. Zu den Römern, die Theoderich besonders hochschätzten, gehörte der jüngere Cassiodor, Senator und leitender Minister des Ostgotenkönigs, der sich fast ein Menschenalter lang darum bemühte, die Goten zu Römern zu erziehen. Außer der reichen Senatorenaristokratie unterstützten Theoderich die *curiales*, die städtische Oberschicht, sowie die Landbesitzer, die die schwere Last der direkten Steuern zu tragen hatten. Es ist belegt, daß in den ersten drei Jahrzehnten des 6. Jahrhunderts in fast ganz Italien die Landwirtschaft aufblühte und das Land sich eines gewissen Wohlstandes erfreute. Anderseits gibt es aus derselben Zeit Zeugnisse dafür, daß ein ständiger Mangel an Grundnahrungsmitteln herrschte. Dem konnte nur dadurch in etwa gesteuert werden, daß die Regierung die vorhandenen Vorräte möglichst gerecht verteilte.

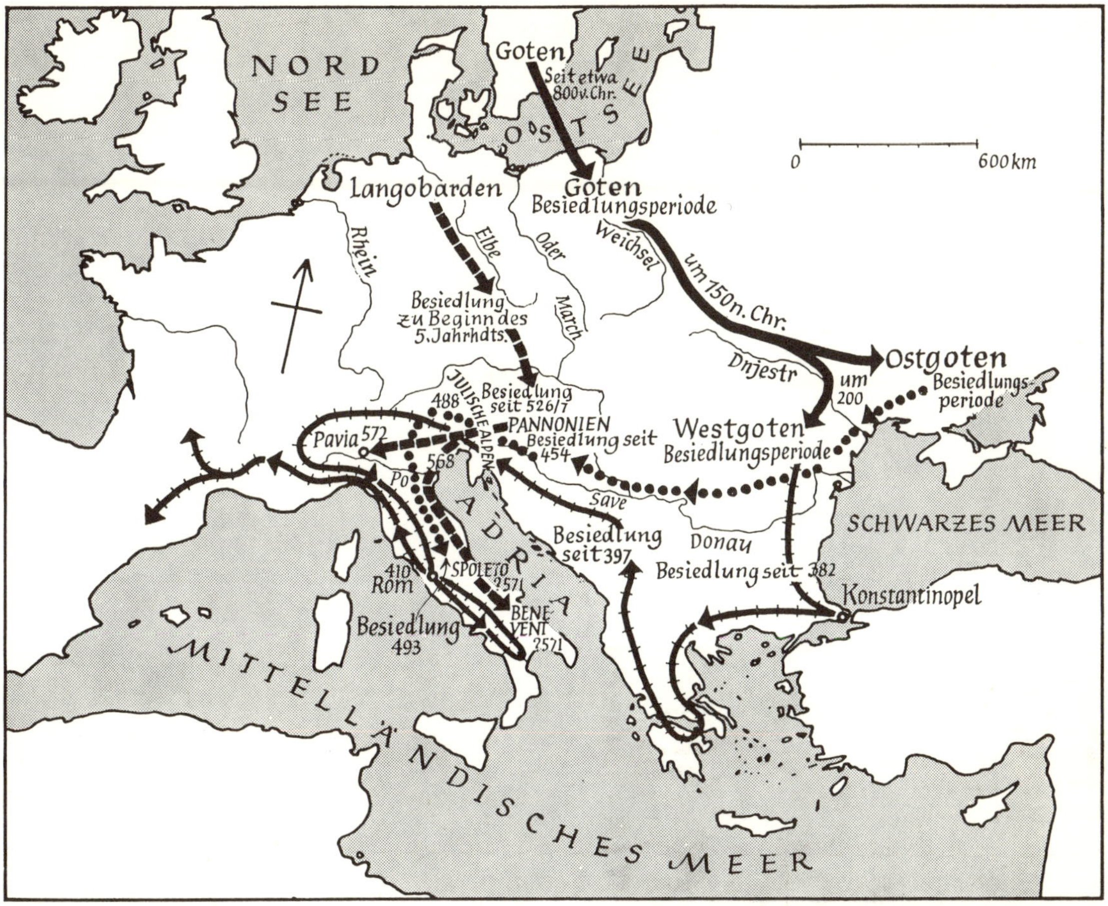

2 Die Karte zeigt die wichtigsten Einwanderungswellen, die Italien überflutet haben: die der Westgoten, die 410 Rom plünderten, dann aber nach Spanien weiterzogen; die der Ostgoten, die aus oströmischem Reichsgebiet kamen; die der Langobarden, die zuvor an der skandinavischen Ostseeküste gewohnt hatten.

3 Goldsolidus mit dem Bildnis des Ostgotenkönigs Theoderich, der weder Krone noch Königsmantel trägt, weil dies Recht allein dem Kaiser zustand. Selten auf Münzporträts: beide Hände sind zu sehen.

4 Die Ziegelfassade mit den auf Marmorsäulen ruhenden Arkaden heißt fälschlich »Palast des Theoderich«, dürfte aber der Palast des Exarchen, des kaiserlichen Statthalters, gewesen sein. Karl der Große verwendete Marmorsäulen dieses Palastes für seine Pfalzkapelle in Aachen.

5 Eine der prachtvollen Kirchen, die Theoderich als äußeres Zeichen seiner Macht erbauen ließ, ist Sant' Apollinare Nuovo in Ravenna. Zu den Mosaiken aus der Zeit Theoderichs gehört das – unperspektivisch wiedergegebene – Perystil des Theoderich-Palastes mit Ravenna als Hintergrund.

6 Um die Erinnerung an den arianischen Gotenkönig zu tilgen, ließ Erzbischof Agnello große Teile der Mosaiken aus der Zeit Theoderichs entfernen. Erhalten blieb neben dem Bild des Perystils (Abb. 5) der Hafen von Classis (unten rechts).

Handwerkliche Tüchtigkeit

In der ersten Hälfte des 6. Jahrhunderts wies Ravenna alle äußeren Zeichen von Reichtum und Wohlstand auf. Im östlichen Teil des erweiterten Stadtkerns errichtete Theoderich einen prächtigen Palast. Hier hielt er Hof, und hier fanden auch die damals üblichen ausgedehnten Gastmähler statt. Eine der prachtvollen Kirchen, die Theoderich als äußeres Zeichen seiner Macht erbauen ließ, ist Sant'Apollinare Nuovo (Abb. 5). Zu den noch erhaltenen Mosaiken aus der Zeit Theoderichs gehören der »Hafen von Classis« (Abb. 6) und das Perystil des Theoderich-Palastes mit der Stadt Ravenna im Hintergrund (Abb. 5). Die Stadt entwickelte sich zu einem großen Handelsplatz. Daß hier – trotz der monopolitischen Einstellung der Kaufmanns- und Handwerkergilden und der vom König eingeführten Höchstpreise – nicht unbeträchtliche Gewinne erzielt wurden, geht aus der erstaunlichen Anzahl einheimischer Bankiers, der *argentarii,* hervor. Der reichste von allen, der argentarius Iulian, der ungeheure Summen für den Kirchenbau stiftete, scheint jedoch aus Konstantinopel gestammt zu haben.

Nicht allein Ravenna nahm diesen Aufschwung. Wenn Theoderichs Leistungen vielleicht auch nicht so gewaltig waren, wie die Sagen aus späterer Zeit sie schildern, jedenfalls ließ er in verschiedenen Städten Bauten errichten und unterstützte den Wiederaufbau von Bauwerken aus der Römerzeit, von Äquadukten etwa, die unter Umständen lebenswichtig werden konnten.

Unter den importierten Luxusartikeln standen die Granatsteine obenan, die die Ostgoten bevorzugt für ihren Schmuck verwendeten. In der ersten Hälfte des 6. Jahrhunderts erreichte die gotische Goldschmiedekunst einen absoluten Höhepunkt (Abb. 10), wofür die Stücke des Cesena-Schatzes – benannt nach dem Fundort, einer kleinen Stadt südlich von Ravenna – Zeugnis ablegen (Abb. 8, 9). Daß die Goten auch das einheimische Kunsthandwerk schätzten, beweist der Desana-Fund (Abb. 7), dessen Teile allem Anschein nach den Inhalt eines Schmuckkästchens gebildet haben, das ehemals einer Gotin gehörte. Desana ist ein kleiner Ort im Piemontesischen, wo der Schatz 1941 freigelegt wurde. Manche Stücke könnten genauso gut gotische wie italienische Arbeiten sein. Eine Rechnung aus

7 Schmuck aus ostgotischen Werkstätten, fast ausschließlich auf Rot und Gold abgestimmt: Schminkbüchschen und silberner Löffel aus dem Fund von Desana.

8 Zu den Fundstücken gehörten auch mehrere mit Einlegearbeit verzierte Fibeln.

9, 10 Die meisten Stücke des Cesena-Schatzes – Cesena liegt südlich von Ravenna – sind zu Lebzeiten Theoderichs entstanden. Unten: Römische Münze mit ostgotischer Fassung (4. Jhd.).

dem Jahr 564 für die Witwe eines Römers beweist, daß auch die einheimische Bevölkerung nach und nach am germanischen Geschmack Gefallen fand. Daß die gotischen Handwerker auch bisher Unbekanntes übernahmen, beweisen mit ziemlicher Sicherheit Helme von eindeutig gotischer Form, deren ornamentaler Schmuck aber italienisch beeinflußt ist. Sicherlich hat es auch gotische Steinmetzen, Bildhauer und Mosaizisten gegeben, aber die Palast- und Kirchenbauten jener Zeit stehen noch völlig in der Tradition der profanen und sakralen Kunst der späten Kaiserzeit. Schriftliche Aufzeichnungen sind zum größten Teil verlorengegangen. Eine Ausnahme bildet die Verona-Handschrift, die mit Marginalien in gotischer Sprache versehen ist.

Der Untergang der Ostgoten

Friede und Wohlstand des Ostgotenreiches waren allerdings immer gefährdet. So hatten sich die einheimischen Christen niemals mit dem Glauben der Goten, der »verabscheuenswürdigen Häresie des Arius«, abfinden können. Als Kaiser Iustinian 523 ein Dekret erließ, wonach Heiden, Juden und Häretiker keinerlei öffentliche Ämter mehr bekleiden durften, faßte Theoderich dies als einen Angriff gegen sich selbst und sein Volk auf, und seine Reaktion war heftig: Auf den nicht unbegründeten Verdacht hin, daß einige seiner Senatoren hochverräterische Verbindungen mit Konstantinopel aufgenommen hatten, ließ er sich dazu hinreißen, den Staatsmann und Philosophen Boethius, den großen Vermittler der antiken Geisteskultur, seinen einstigen Ratgeber, und dessen Schwiegervater Symmachus gefangenzusetzen und 524/25 hinrichten zu lassen. »Es war«, schreibt Prokop, »die erste und letzte Untat, deren sich der König gegen seine Untertanen schuldig machte«. Kurz vor seinem Tode – er starb 526 und seine Asche wurde in einem Grabmal nahe bei Ravenna beigesetzt (Abb. 11) – ermahnte er die Führer der Goten und seinen damals zehnjährigen Enkel Athalarich, die guten Beziehungen zum römischen Senat und Volk weiterzupflegen und sich die Gunst des Kaisers möglichst zu bewahren.

Theodosius' Tochter Amalasuntha (Amalaswinta), die für den unmündigen Athalarich (Abb. 12) die Regentschaft führte (Abb. 15), hegte so große Sympathie für die Römer

12 Athalarich, Theoderichs Erbe, starb 534 mit achtzehn Jahren.

13 Nach dem Tod ihres Sohnes heiratete Amalaswintha ihren Vetter Theodahad, der sie ermorden ließ.

11 Theoderich starb im Jahr 526 und wurde in einem prachtvollen Grabmal – damals außerhalb von Ravenna – beigesetzt. In seiner Form folgt das Mausoleum den im ganzen Mittelmeergebiet verbreiteten Grabtürmen, zeigt aber in vielen Zügen germanische Einflüsse.

14 Totila, 541–552, gelang es, große Teile von Italien zurückzuerobern.

und ihre Kultur, daß die Goten ihr den jungen König wegnahmen, um ihm eine nationale Erziehung zu geben. Athalarich starb 534 achtzehnjährig, und um ihre Herrschaft zu behaupten, vermählte Amalasuntha sich mit ihrem Vetter Theodahad, der sie ein Jahr später heimtückisch im Bad ermorden ließ und sich der Alleinherrschaft bemächtigte, die er bis 536 ausübte (Abb. 13).

Um den Tod Amalasunthas zu rächen, ließ Kaiser Iustinian 536 in Sizilien unter Belisar ein Heer landen und ein anderes durch Dalmatien vorrücken. Belisar, von den Einwohnern als Befreier begrüßt, nahm Unteritalien fast ohne Schwertstreich. Rom ergab sich kampflos, wurde aber von Witigis, den die Goten nach der Absetzung Theodahads auf den Thron erhoben hatten, ein Jahr lang mit 150 000 Mann vergeblich belagert. Nach ungeheuren Verlusten mußte Witigis sich nach Ravenna zurückziehen, das 539 von Belisar zur Übergabe gezwungen wurde. Als Belisar im folgenden Jahr nach Byzanz zurückkehrte, nahm er Witigis als Gefangenen mit. Obwohl noch einige gotische Garnisonen bestanden, glaubte Iustinian die Macht der Goten völlig gebrochen, was sich als Irrtum erweisen sollte. Die Goten waren zwar geschlagen, aber keineswegs vernichtet. Im Herbst 541 wurde – nach der Ermordung des Königs Ildebald – der Stadtkommandant von Treviso, Totila, zum König gewählt (Abb. 14). Ihm gelang es innerhalb von zwei Jahren, große Teile Mittel- und Süditaliens zurückzuerobern. Als er 546 in Rom einzog, ließ er einen großen Teil der Stadtmauer schleifen, vertrieb die Bevölkerung und nahm die Senatoren, die sich noch in der Stadt befanden, als Geiseln mit. Fünf Jahre lang zog der Krieg sich hin, ohne daß eine Seite einen entscheidenden Sieg hätte erringen können. Gegen Ende des Jahres 551 wurde Narses mit einem starken oströmischen Heer nach Italien gesandt, und im Sommer 552 besiegte er die Goten bei Taginae am

15 Nach Theoderichs Tod führte seine Tochter Amalaswintha die Regentschaft für ihren minderjährigen Sohn Athalarich. Das Elfenbeinporträt aus dem 6. Jahrhundert soll Amalaswintha darstellen.

Fuß des Apennin. Totila kam auf der Flucht um. Aber während Narses Rom eroberte, wurde in Pavia Teja zum Gotenkönig gewählt. Sechzig Tage lang kämpfte er am Vesuv einen Verzweiflungskampf gegen die Römer, bis er 553 mit dem Kern des Gotenheeres fiel.

Eine zweite Invasionswelle: die Langobarden

Sechzehn Jahre nach dem Untergang des Ostgotenreiches erschien ein neues ostgermanisches Volk von jenseits der Alpen in Italien: die Langobarden. Von ihren ursprünglichen Wohnsitzen im Süden der skandinavischen Halbinsel und – um Christi Geburt – an der Unterelbe waren sie nach Südosten gewandert, hatten das Land der Rugier in Niederösterreich besetzt und waren weiter ins mittlere Donaugebiet gezogen. Um 546 erhielten die Langobarden von Ostrom die Erlaubnis, sich in den früher von den Ostgoten besiedelten Gebieten in Pannonien niederzulassen. Als Gegenleistung wurde erwartet, daß sie das kaiserliche Heer in Italien unterstützten und die Gepiden in Schach hielten, die Byzanz für mächtiger und gefährlicher hielt als die Langobarden. 568 traten sie unter ihrem König Alboin den Zug nach Italien an. Der Überlieferung nach hatten zu Beginn des Jahrhunderts Missionare der orthodoxen Kirche sie zu bekehren versucht – offenbar ohne Erfolg. Um 565 nahmen der König und sein Gefolge den arianischen Glauben an, daneben aber blieb auch der heidnische Glaube mit seinem Ritual noch generationenlang erhalten.

Die neuen Herrscher Italiens

In Italien stieß die Langobardeninvasion zunächst auf geringen Widerstand. Im September 569 hatten die Langobarden sämtliche größeren Städte nördlich des Po mit Ausnahme von Pavia erobert. Alboin stieß über den Apennin vor, und um 571 bemächtigten zwei langobardische Heere sich der Herzogtümer Spoleto und Benevent, von wo aus sie ihre Macht weiter nach Süden ausdehnten. 572 fiel nach dreijähriger Belagerung Pavia und wurde von Alboin zur Hauptstadt seines Reiches erhoben. Nicht lange nach seinem Einzug wurde Alboin auf Veranlassung seiner Gemahlin Rosamunde ermordet. Sie war eine Tochter des von ihm erschlagenen Gepidenkönigs, und der Sage nach hatte Alboin sie zwingen wollen, aus dem Schädel ihres Vaters zu trinken. Alboins Nachfolger Klef wurde nach achtzehnjähriger Regierungszeit ermordet. Für seinen minderjährigen Sohn Authari führten 36 Herzöge, die unabhängig voneinander jeweils über mehrere *civitates* herrschten, die Regierung.

Die langobardischen Krieger und ihre Familien hatten sich meist außerhalb der Städte an leicht zu verteidigenden Stellen oder in befestigten Siedlungen niedergelassen. Von diesen *castella* sind einige freigelegt, andere warten auf ihre Entdeckung. Eine Stelle aus der *Historia Langobardorum* des langobardischen Geschichtsschreibers Paulus Diakonus – um 720 geboren – läßt sich wohl so deuten, daß sie von dem »Dritteil« lebten, das die größeren Grundbesitzer von ihren Einkünften an sie abführen mußten. Paulus Diakonus, dem wir fast unser gesamtes Wissen von der Geschichte der Langobarden verdanken, erlebte die Eroberung des Langobardenreiches durch Karl den Großen, an dessen Hof er sich seit 782 aufhielt, und wo er seiner außerordentlichen Gelehrsamkeit wegen zu den angesehensten Persönlichkeiten gehörte. Erzogen wurde er vermutlich in Benevent. Er beschloß sein Leben im Kloster Monte Cassino.

584 wählten die Langobarden, durch innere und äußere Gefahren gezwungen, Authari zum König. Als erstes entrechtete er das Römertum, verlieh dem Staatswesen eine monarchische Form und ordnete das Verhältnis des Königs zu den Großen des Reiches. Die Gesetze wurden vom König mit den Großen beraten, in der Volksversammlung angenommen und im Namen des Königs erlassen. Die Bedrohung des Langobardenreiches durch Ostrom und die Franken hatte Authari abzuwenden vermocht. Seit 589 war er mit der bayerischen Herzogstochter Theudelinde vermählt, unter deren Einfluß die Bekehrung der arianischen Langobarden zum katholischen Christentum begann, die bis etwa 680 abgeschlossen war. Authari starb 590. Seine Witwe Theudelinde erwählte Agilulf, den Herzog von Turin, zum Gemahl und König und bewog auch ihn, den katholischen Glauben anzunehmen. Agilulfs Erhebung zum König durch Theudelinde wird von Paulus Diakonus beinah ro-

mantisch beschrieben. »Als Theudelinde und Agilulf einander begegneten, ließ die Königin, nachdem man einige Worte gewechselt hatte, Wein bringen. Sie kredenzte ihm den Wein, worauf er ehrerbietig ihre Hand küßte. Sie aber errötete und sagte lächelnd: Der, dem das Recht zukommt, meine Lippen zu küssen, der sollte nicht mit meiner Hand vorliebnehmen.«

Agilulf erweiterte im Kampf gegen Byzanz die Grenzen seines Reiches: Um 605 umfaßte es beinahe die gesamte italienische Halbinsel (Abb. 16).

Gesetz und Recht in einem germanischen Königreich

Als um das Seelenheil ihrer Untertanen besorgte Katholikin unterhielt Königin Theudelinde – eine der wenigen Gestalten dieser Zeit, die als fest umrissene Persönlichkeiten vor uns stehen – freundschaftliche Beziehungen zu Papst Gregor I., dem Großen, und dessen Nachfolgern. Unsere Kenntnis über Theudelinde verdanken wir wiederum Paulus Diakonus und den Briefen, die Papst Gregor an sie gerichtet hat. Einige der Geschenke, die sie aus Rom erhielt, befinden sich noch heute in Monza, der Stadt, wo sie sich am liebsten aufhielt (Abb. 1). Agilulf starb 615, Theudelinde 628. Beide wurden in Monza begraben. Im Kirchenschatz des dortigen Domes findet sich das mit Edelsteinen verzierte Kreuz (Abb. 17), das einst die Krone schmückte, die man Agilulf mit ins Grab gegeben hat.

Die Grabbeigaben auf den langobardischen Friedhöfen weisen im allgemeinen dieselben Stilmerkmale auf wie die aus der pannonischen Zeit der Langobarden, ehe sie nach Italien zogen (Abb. 18). Daneben aber finden sich Metallarbeiten und Gläser, deren Formen auf einheimische Handwerker schließen lassen. Der Ortsname *Pertica* (lat. Stange), der sowohl in der Nähe von Cividale wie von Pavia vorkommt, erinnert an eine langobardische Sitte, die auch Paulus Diakonus erwähnt, nämlich auf den Gräbern der Verstorbenen hölzerne Pfähle mit einer Vogelplastik darauf aufzustellen.

In der kleinen Stadt Cividale in Friaul lebt die Erinnerung an die Langobarden heute noch fort. In Cividale, einst Sitz eines Herzogs und eines Patriarchen, entstanden im 8. Jahrhundert die herrlichsten Werke langobardischer Kunst, in denen sich langobardische und byzantinische Stilelemente mischen (Abb 19). Die gegensätzlichen Strömungen, die im Langobardenreich um die Mitte des 7. Jahrhunderts wirksam waren, zeigen sich auch in der ältesten Aufzeichnung langobardischen Rechts, dem 634 erlassenen, in Vulgärlatein geschriebenen *edictum Langobardorum* König Rotharis, der von 636–652 regierte. Die Idee, Recht und Gesetz zu kodifizieren, ist römisch. Das Edikt der Langobarden, übrigens die bedeutendste legislative Schöpfung aus der Zeit der Volksrechte, bewahrt jedoch dem römischen Recht gegenüber weitgehende Selbständigkeit.

Der freie Langobarde besaß zwar Ländereien, Herden und Sklaven, war aber dennoch kein Grundbesitzer im römischen Sinn. Sein eigentlicher Beruf war, wie schon bei den Ostgoten, das Kriegshandwerk. Diese Auffassung von den Pflichten des Mannes trug neben dem arianischen Glauben, der immer noch nicht ganz ausgerottet war, wesentlich zur Isolierung der langobardischen Minderheit und zur kräftigen Wahrung der germanischen Elemente bei.

16 König Agilulf, rechts und links neben sich langobardische Krieger in voller Rüstung, hält Hof. Von beiden Seiten führen Siegesgöttinen, Schilder mit dem Wort VICTURIA in Händen, Tributpflichtige herbei. Die Treibarbeit aus vergoldetem Kupfer verrät noch das Unvermögen des langobardischen Künstlers, seine Absichten auszudrücken.

17 Agilulf starb im Jahr 615, Theudelinde 628. Beide wurden in Monza, der Stadt, die sie am meisten geliebt hatten, begraben. Im Kirchenschatz des Domes findet sich das mit Edelsteinen verzierte Kreuz von der Krone des Agilulf.

18 Die goldene Brosche mit dem großen Türkis in der Mitte zeigt mit ihren Tierornamenten den Stil des 7. Jahrhunderts.

19 Wandfläche über dem Innenportal der Kirche Santa Maria in Valle (Cividale/Friaul). Der Stil der Plastiken ist unverkennbar byzantinisch beeinflußt.

Das Ende des »regnum Langobardorum«

Die Herzogtümer Friaul und Trient im stets gefährdeten nördlichen Grenzgebiet sowie die von Spoleto und Benevent im Süden hatten sich ein lebhaftes Unabhängigkeitsbewußtsein bewahrt. Aber Macht und Vermögen der langobardischen Könige waren weit größer, als allgemein angenommen wird. Der von Theoderich erbaute Palast in Pavia wurde immer häufiger als feste Residenz verwendet und diente als eine Art Verwaltungszentrum. Eine Gruppe von Schreibern – *notarii* – Laien und nicht wie sonst üblich, Kleriker – waren als Beamte des Königs mit dem Abfassen von Dokumenten beschäftigt. Schon König Rothari hatte das Recht der Münzprägung als Hoheitsrecht für sich beansprucht. Spätestens seit Kunibert (688–700) wurde dieses Recht vom Herrscher auch tatsächlich geübt. Damals wurden zum erstenmal Goldmünzen geprägt, mit dem Namen des Langobardenkönigs auf der Vorderseite und der Gestalt des heiligen Michael auf der Rückseite, dem Kunibert seine Siege in der Schlacht zu verdanken glaubte. Die wichtigste Prägestätte befand sich in Pavia.

Als die Linie der Theudelinde erloschen war, kam eine andere Dynastie auf den Thron, der König Liutprand angehörte (712–744), neben Rothari wohl der bedeutendste unter den Langobardenkönigen. Unter ihm erreichte das langobardische Reich den Gipfel seiner Macht. Liutprand wollte die ganze italienische Halbinsel, die immer noch zwischen Byzanz und den Langobarden aufgeteilt war, zu einem großen Reich vereinigen. Er eroberte – gegen den erbitterten Widerstand des damaligen Papstes, Gregor III. – einen großen Teil des noch byzantinischen Gebietes. Bedeutend war Liutprand auch als Gesetzgeber. Die Gesetze, die auf jährlich stattfindenden Reichsversammlungen verkündet wurden, lassen ein Anwachsen der königlichen Macht erkennnen. Aus schriftlichen Zeugnissen geht hervor, daß der Handel blühte. Der königliche Palast wurde zu einem Mittelpunkt lateinischer Kultur. Die Auswirkungen königlichen Mäzenatentums lassen sich noch an den Werken der Baukunst, der Malerei und der Plastik ablesen.

Den unfähigen Nachfolger Liutprands ersetzten die Langobarden durch seinen Bruder Aistulf, der von 749–756 regierte. Er eroberte 751 Ravenna mit dem zu Ostrom gehörigen Exarchat (Abb. 4) und die sogenannte Pentapolis in der Emilia, ebenfalls byzantinisches Gebiet. Dann zog er vor Rom und brachte Papst Stephan II. in solche Bedrängnis, daß dieser den Frankenkönig Pippin zu Hilfe rief. Pippin erschien 754 und 756 mit einem Heer in Italien und zwang Aistulf, auf alle Eroberungen zu verzichten und die fränkische Oberhoheit anzuerkennen. Der Bund zwischen dem Papsttum und den Franken – bei politischer Loslösung von Byzanz – bezeichnet einen epochalen Wendepunkt in der abendländischen Geschichte. Damals entstand der Kirchenstaat. Nach Aistulfs Tod wurde Desiderius, der Herzog von Tuszien (756–774) König der Langobarden. Wie Aistulf suchte auch er den Kirchenstaat von sich abhängig zu machen. Wiederum wandte sich der Papst, diesmal Hadrian I., an die Franken um Hilfe. Karl der Große kam mit einem Heer über die Alpen und schloß den Langobardenkönig in Pavia ein. Die meisten Städte des Reiches hatten sich Karl kampflos ergeben. Im Juni 744 fiel Pavia, Desiderius geriet in Gefangenschaft. Das unabhängige *regnum Langobardorum* hatte zu bestehen aufgehört. Nur die von jeher auf Unabhängigkeit bedachten Herzogtümer Spoleto und Benevent, Salerno und Capua wahrten noch bis zur Eroberung durch die Normannen ihre Selbständigkeit. Karl der Große nahm den Titel eines Königs der Langobarden an. Das langobardische Reich aber behielt eine gewisse Sonderstellung und wurde seit 781 von Karls zweitem Sohn, Pippin, als Unterkönigtum regiert.

1 (rechts): Miniatur aus dem Beatuskommentar zur Apokalypse.

9 »Am Ende der Welt«

Spanien unter den Westgoten und Mauren

2 Romanische Holzplastik aus Santa Maria de Tera in Zamora, den Apostel Jakobus darstellend.

In keinem andern Land der Erde war das Christentum vorbehaltloser aufgenommen, war ihm glühendere Verehrung zuteil geworden als in Spanien. Der Überlieferung nach war der erste Verkünder des Evangeliums auf der Iberischen Halbinsel Jakobus, der Sohn des Zebedäus, aus dem engsten Jüngerkreis Jesu. Nach dem Tode des Herrn soll Jakobus in Jaffa ein Schiff bestiegen haben und an der Südküste Spaniens gelandet sein. Von dort, so heißt es, zog er auf den Römerstraßen nach Norden und missionierte in Galicien und anderen Gebieten Nordspaniens. Später ging er in seine Heimat zurück und erlitt bei den Christenverfolgungen des Herodes Agrippa 44 n. Chr. den Märtyrertod. Der Überlieferung zufolge wurde sein Leichnam auf wunderbare Weise nach Spanien zurückgebracht und in einem verborgenen Grab in Galicien beigesetzt. Dort ruhte er, bis beinahe 800 Jahre später der Glaube, den Jakobus dem Lande gebracht hatte, in Gefahr schwebte, von den Mauren ausgelöscht zu werden (Abb. 2).

Nach einer andern Überlieferung, auf die wir sowohl bei dem Patriarchen Johannes Chrysostomos wie bei dem Kirchenvater Hieronymus stoßen, soll der heilige Paulus in Spanien missioniert haben, was nicht ganz unwahrscheinlich ist: Paulus hat nicht nur die Absicht, nach Spanien zu gehen, geäußert, er war auch erfüllt von dem Auftrag, daß Gottes Wort bis zu den Enden der Erde verkündet werden müsse. Und Spaniens Lage als *finis terrae* im römischen Mittelmeerraum macht es wahrscheinlich, daß er sein Vorhaben ausgeführt hat. Fest steht, daß bis zum Jahre 330 nahezu die ganze Halbinsel den christlichen Glauben angenommen hatte. Die Christenverfolgungen im 2. und 3. Jahrhundert forderten vor allem in Tarragona eine große Zahl von Märtyrern. In Centcelles, Gerona, Barcelona, Terrasa und andern Städten der römischen Provinz Hispania Tarraconensis hat man Grabsteine, Sarkophage (Abb. 3, 4, 5), Basiliken und Taufkapellen entdeckt, die die große Ausbreitung der Kirche in dieser Gegend während des 4. und 5. Jahrhunderts bezeugen.

Die spanische Kirche: Mystik und religiöse Inbrunst

Schon um das Jahr 400 war die Kirche mit dem spanischen Volkscharakter eine enge Verbindung eingegangen, aus der ein glutvoll-inbrünstiger Glaube mit allen Merkmalen der *hispanidad* erwuchs. Die spanische Kirche brachte bedeutsame Theologen und Polemiker hervor, blieb im großen und ganzen aber von den erbitterten Kontroversen verschont, die die östliche Kirche erschütterten. Der spanische Volkscharakter neigte mehr zu glühender Frömmigkeit als zu kühlem theologischem Denken. Askese und Mystizismus waren hervorstechende Züge der spanischen Religiosität. Es gab zahlreiche Einsiedler, aber schon zur Zeit des Konzils von Elvira scheinen klösterliche Gemeinschaften bestanden zu haben, deren Mönche und Nonnen ein Leben nach äußerst strengen Regeln führten. Während der ganzen frühchristlichen Epoche bildete Spanien kulturell, wirtschaftlich und politisch einen wichtigen Teil des römischen Imperiums. Das Land exportierte Getreide, Obst und Mineralien, stellte Soldaten für die römischen Legionen, tüchtige Beamte sowie Lehrer für die Söhne der italienischen Aristokratie. Auch die frühchristliche Kunst Spaniens zeigte den Einfluß Roms; die ersten Kirchen entstanden nach dem Grundriß der römischen Basilika. In den unruhigen Jahrhunderten, die auf das Ende der Römerherrschaft folgten, bewahrten allein die Frömmigkeit und die Vernunft seiner Bewohner, die Bindung an den christlichen Glauben wie

3 Die Ergebnisse der archäologischen Forschung über die frühen Christengemeinden im römischen Spanien sind sehr aufschlußreich. Auf dem Friedhof in Ampurias bei Barcelona wurden eine Kirche, eine Taufkapelle und viele Gräber und Sarkophage ausgegraben.

4 Fragment eines Mosaiks aus der Kuppel eines spätrömischen Mausoleums in Centcelles (Tarragona). Religiöse und weltliche Motive sind miteinander verbunden.

5 Detail eines Sarkophags aus Gerona, die wunderbare Brotvermehrung darstellend.

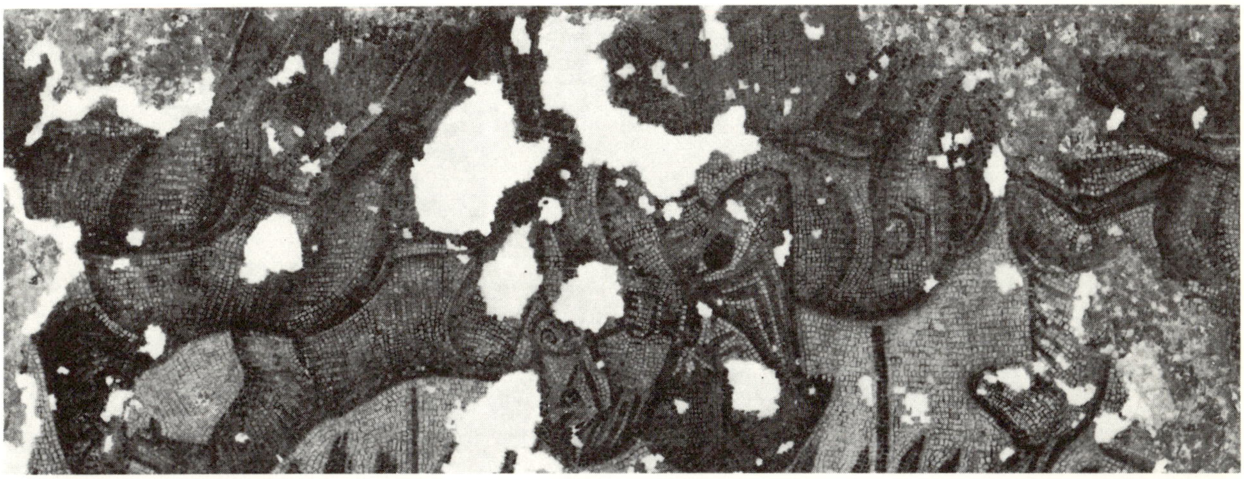

an die Ideale des Römischen Reiches Spanien vor dem Zurücksinken in die Barbarei.

Der Ansturm der Vandalen

Ein knappes Jahrhundert vor ihrem Einfall in Spanien 409 hatten die Vandalen ihre Heimat westlich der Donau verlassen und waren allmählich nach Westen vorgedrungen. Veranlaßt war ihre Wanderung zum Teil durch den Druck der Westgoten auf das römische Dakien, die römische Provinz zwischen Theiß, Donau und Pruth. Die Goten hatten ihre Heimat an der Ostseeküste im 2. nachchristlichen Jahrhundert verlassen und waren durch Rußland an die Küste des Schwarzen Meeres gewandert. Von dort aus suchten sie in zahlreichen Piratenzügen die Küsten Griechenlands und Kleinasiens heim und besetzten die römische Provinz Dakien. Um die Mitte des 4. Jahrhunderts nahmen sie den arianischen Christenglauben an. Ihr Missionar, Bischof Ulfilas oder Wulfila, begann, wohl um 368, die Bibel ins Gotische zu übersetzen. Möglicherweise hat die Bekehrung die kriegerische Unruhe der Goten etwas gedämpft. Gegen Ende des Jahrhunderts jedoch zwangen die aus den asiatischen Steppen vordringenden Hunnen erst die Ostgoten, dann die Westgoten, neue Siedlungsgebiete in Thrakien und Makedonien zu suchen, wodurch sie eine Bedrohung für den Verbindungsweg zwischen Italien und Konstantinopel wurden. Der oströmische Kaiser Valens fiel 378 im Kampf gegen sie in der Schlacht bei Adrianopel. Ein Jahr später wurde der Spanier Theodosius zum Augustus ausgerufen, und ihm gelang es, mit Hilfe seiner fränkischen Heerführer, die Westgoten zurückzuwerfen und das römische Reich zum letztenmal zu vereinigen (Abb. 6).

Das Schicksal des weströmischen Reiches war besiegelt, als die heimatlosen Westgoten, die seit langem den Status römischer Föderaten besaßen, zum Objekt der Rivalitäten zwischen den beiden Söhnen des Theodosius, Arcadius und Honorius, gemacht wurden. Arcadius, der bei der Teilung das Ostreich erhalten hatte, überließ dem Westgotenkönig Alarich Illyrien, auf das sein Bruder Honorius, der weströmische Kaiser, Anspruch hatte. Arcadius, seiner Macht sicher, überließ seine westgotischen Föderaten ihrem Schicksal. Alarich brach in Italien ein, und im Jahre 410 erstürmte und plünderte er Rom. Dieser Goteneinfall in Italien wirkte sich indirekt zum Schaden Spaniens aus. Der Feldherr des Honorius, der Germane Stilicho, sah sich gezwungen, zur Verteidigung Italiens die Rheintruppen abzuziehen, wodurch ganz Gallien schutzlos den Vandalen ausgeliefert war. 409 fielen die Silingen, ein rheinischer Vandalenstamm, mit den Sueben aus dem Spreegebiet sowie den Alanen und Asdingen aus Ungarn in Spanien ein. Die römische Besatzung von Hispania Tarraconensis schlug die Eindringlinge zurück, und sie setzten sich vorerst unter den einheimischen Stämmen um Palencia fest. Bald aber dehnten sie ihr Siedlungsgebiet aus, und Kaiser Honorius willigte in die Landnahme ein, weil er sich die Vandalen als Verbündete gegen gefährlichere Feinde sichern wollte. Etwa 20 Jahre lang hielten die Vandalen sich auf der Pyrenäenhalbinsel auf. Sie haben nur wenige Spuren hinterlassen. Spanien war und blieb römisch. 429 landeten die Vandalen unter ihrem König Geiserich an der afrikanischen Küste, wo sie zunächst Land unter römischer Oberhoheit erhielten. Bald aber eroberte Geiserich Karthago und wurde unabhängiger Herrscher (Abb. 7).

6 Die Silberplatte (links) zeigt Kaiser Theodosius I. mit seinen Söhnen Honorius und Arcadius und ihrer germanischen, vermutlich westgotischen Leibwache.

7 Das Mosaik aus Nordafrika, Ende des 5. oder Anfang des 6. Jahrhunderts entstanden, zeigt einen vandalischen Reiter beim Verlassen seines Hauses. Kleidung und Gesichtsschnitt kennzeichnen ihn als Barbaren.

Die Westgoten, Wächter Roms

Nach Alarichs Tod gestattete der weströmische Kaiser Honorius den Westgoten, sich in Gallien niederzulassen und wies ihnen außerdem die römische Hispania Tarraconensis zu, die sie als Bundesgenossen der Römer zu verteidigen hatten. Zunächst fügten die Westgoten sich den Wünschen Roms. Athaulf aber, Alarichs Schwager und Nachfolger (400–415), wollte an die Stelle des weströmischen Reiches ein unabhängiges Gotenreich setzen. Honorius gelang es jedoch, ihn zum Bundesgenossen zu gewinnen. Hierauf zwang Athaulf die Schwester des Honorius, Galla Placidia, die Alarich 410 als Geisel aus Italien mitgeführt hatte, ihn zu heiraten, da er sich ja als Erneuerer und nicht als Zerstörer des römischen Erbes betrachtete. Seinem Nachfolger Wallia (415–418) gestattete Honorius, in der römischen Provinz Aquitanien zwischen Loire und Garonne Gebiete entlang der Loire zu besiedeln. Unter ihrem König Theoderich I. (419–451) konsolidierten die Westgoten ihre Macht. Theoderich gründete 418 das nach der Hauptstadt Toulouse benannte Tolosanische Reich. Nichtsdestoweniger nahmen die Westgoten weiterhin die Interessen Roms wahr. 457 begab sich Theoderich II., König des Tolosanischen Reiches, nach Spanien, um den Suebenkönig Rechiar für seine Raubzüge zu bestrafen. Die damals errichteten festen Militärlager, die den Frieden gewährleisten sollten, bildeten den Beginn der Besiedlung Spaniens durch die Westgoten. König Eurich (466–484), der das westgotische Reich nach allen Seiten ausdehnte und Frankreich von Bordeaux bis Marseille unter seine Herrschaft brachte, besetzte Lusitanien (etwa das heutige Portugal) und eroberte eine Reihe von Städten, was alles offenbar mit der Billigung des weströmischen Kaisers Iulius Nepos (472–475) geschah. Damit war Eurich der erste westgotische König Spaniens. Das langsame, aber stetige Eindringen der Goten in Spanien setzte sich bis zum Jahr 535 fort.

Im ersten Jahrzehnt des 6. Jahrhunderts verloren die Westgoten fast ihre gesamten gallischen Territorien. Während der Regierungszeit Alarichs II., der als Nachfolger Eurichs von 484–507 regierte, trat Chlodwig, der König der Franken, zum erstenmal ins Licht der Geschichte. In einer der folgenschwersten Schlachten des frühen Mittelalters, auf dem Felde von Vocladum – Vouglé südlich von Portiers – brachte er den Westgoten eine schwere Niederlage bei. Kurz darauf fielen die Städte Bordeaux und Toulouse in seine Hand, und nur durch das Eingreifen des Ostgotenkönigs Theoderichs des Großen, der die Regentschaft über die westgotischen Gebiete in der Provence und in Spanien ausübte, entgingen die Westgoten ihrer völligen Vernichtung. Theoderich, der ein ausgezeichneter Verwaltungsfachmann und Soldat war, ordnete Finanzwesen und Verwaltung der Westgoten neu und gewann durch seine liberale und tolerante Haltung den spanischen Katholiken gegenüber das Vertrauen des Papsttums wie der Franken.

Eine byzantinische Provinz

Unter dem oströmischen Kaiser Iustinian (527–565) schien die einstige Größe des Römischen Reiches wiederaufzuleben. Als Iustinian 543 Italien, Nordafrika und eine Anzahl von Küstenstädten im südöstlichen Spanien zurückeroberte, sicherte Ostrom sich für ein weiteres Jahrhundert die Vormachtstellung im östlichen und südlichen Spanien. Die Macht der spanischen Westgoten, die schon den größten Teil Galliens verloren hatten, war damit für einige Zeit empfindlich geschwächt.

Die Regierung König Rekkareds

Die Rückeroberung der Iberischen Halbinsel durch die Westgoten war in erster Linie das Verdienst König Leovigilds (568–586), der ein Verehrer Iustinians und ein Bewunderer byzantinischer Sitte und Kultur war. Sein Sohn Hermenegild jedoch, der sich mit einer fränkischen Prinzessin vermählt und den katholischen Glauben angenommen hatte, schloß sich mit seinen Kriegern dem byzantinischen Heer an. Leovigild besiegte ihn und ließ ihn hinrichten. Im selben Jahr wurde das Suebenreich in Galicien zerstört. Nach diesen beiden Siegen verlegte König Leovigild seine Residenz von Merida nach Toledo. Er unternahm einen wesentlichen Schritt zur Verschmelzung der beiden Volksgruppen, indem er Eheschließungen zwischen Katholiken und Arianern gestattete. Von weit größerer Bedeutung jedoch war der Übertritt seines zweiten Sohnes und Thronfolgers Rekkared zum Katholizismus. Auf dem Konzil zu Toledo 589 folgte der größe Teil der arianischen Bischöfe seinem Beispiel. Die Schaffung einer sozialen und religiösen Einheit machte nun rasche Fortschritte. Während der Regierung Rekkareds waren Kirche und Staat eng miteinander verbunden. Die staatlichen Einrichtungen des Westgotenreiches hatten im wesentlichen römische Vorbilder, und sein stark romanisiertes Recht erlangte führende Bedeutung unter den germanischen Stämmen und für das mittelalterliche spanische Recht. Die Gesetzgebung berücksichtigte gotische und römische Untertanen. Für die ersteren galt der vom ersten westgotischen König in Spanien, Eurich, erlassene *Codex Euricianus*, für die letzteren die *Lex Romana Visigothorum*. Noch weit ins 7. Jahrhundert hinein blieb nach arianischer Tradition der König auch das Oberhaupt der Kirche. Im Grunde bestand eine Theokratie, in der den Konzilien die Funktion eines Reichstages zukam, der bei den zahlreichen Thronstreitigkeiten ein entscheidendes Wort sprach. Die Regierung Rekkareds (586 bis 601) zeichnete sich, wenn man von den im Interesse der Kirche unternommenen Judenverfolgungen absieht, durch Mäßigkeit und Milde aus. Nach Rekkared bestieg sein jugendlicher Sohn Liuva den Thron, der im zweiten Jahr seiner Herrschaft von Witerich, einem skrupellosen Adeligen, gestürzt wurde, den die arianischen Bischöfe unterstützten. 612 wurde Sisebuth auf den Thron gehoben, der einen entscheidenden Sieg über das byzantinische Heer zu erringen vermochte. Kaiser Herakleios mußte Frieden schließen, und Ostrom verzichtete auf alle Ansprüche in Spanien.

Das Jahrhundert der Konzilien

621 bestieg Sisebuths Feldherr Svinthila den Thron, als erster Westgotenkönig, der über die gesamte Halbinsel herrschte. Am Ende seiner zehn Jahre dauernden Herrschaft hatte er sich durch Tyrannei und Unterdrückung verhaßt gemacht. Er wurde abgesetzt, und das vierte Konzil zu Toledo von 633 wählte Sisenand, der den Thron von Saragossa usurpiert hatte, zum legalen König. Den Vorsitz bei diesem Konzil führte Erzbischof Isidor von Sevilla, der zu den hervorragendsten Geistesgrößen im damaligen Abendland gehörte. Er entstammte einer bedeutenden Familie, und mehrere seiner Geschwister, darunter die heilige Florentina, zeichneten sich durch ihre Religiosität und durch ungewöhnliche literarische Leistungen aus. Doch war die Familie Isidors nur eine unter vielen, die im 6. und 7. Jahrhundert eine erstaunliche Anzahl heiliger Bischöfe und theologischer Schriftsteller hervorbrachten. Unter diesen Männern des Wortes gilt Isidor als Wissenschaftler. Am ehesten trifft auf ihn wohl die Bezeichnung »Lexikograph« zu. Seine *Ethymologiae* oder *Origines,* die in zwanzig Büchern alles Wissen seiner Zeit von der Grammatik bis zum Schiffbau enzyklopädisch zusammenfassen, sind eine wertvolle Informationsquelle über Lebensweise und Literatur an der Schwelle von der Antike zum frühen Mittelalter. Seine »Geschichte der Goten« bildet das wichtigste Zeugnis für unsere Kenntnis ihrer Geschichte bis 625. Das 7. Jahrhundert ist das Zeitalter der Konzilien

genannt worden (Abb. 8, 9). Es machte aus der spanischen Kirche eine kraftvolle Institution unter Leitung des Königs. Ein prachtvolles Symbol dieser theokratischen Herrschaft ist der sogenannte Schatz von Guarrazar, eine der größten Kostbarkeiten des mittelalterlichen Abendlandes (Abb. 12), der 1858 entdeckt wurde. Vermutlich waren diese Kostbarkeiten – goldene Kronen, Brustkreuze und Anhänger – im Besitz einer Kirche nahe Toledo, der Residenz der Westgotenkönige, gewesen. Zur Zeit der Arabereinfälle hatte man die Schätze dann wohl in Eile vergraben. Eine der Kronen trägt in Pendantbuchstaben die Worte *Svinthilanus Rex Offeret,* eine weitere wurde von König Reccevinthus – Rekkesvinth – gestiftet (Abb. 11, 13).

Der Person des Königs hatte man auf dem 5. und 6. Konzil zu Toledo zwar Unverletzlichkeit zugestanden, das Wahlkönigtum blieb aber weiterhin erhalten. 641 wurde der unfähige Sohn Chintilas abgesetzt und Chindasvinth auf den Thron gehoben, der bis 653 regierte, ein tüchtiger Krieger und Mann der Tat, ein kluger Gesetzgeber und Fürst von hoher Bildung (Abb. 10). Er hatte sich zum Ziel gesetzt, die Rivalitätenkämpfe des westgotischen Adels zu beenden und die römischen und die westgotischen Volksteile Spaniens unter einer starken Erbmonarchie und einer einheitlichen Rechtsordnung erneut zu vereinen. Während der langen Regierungszeit seines Sohnes Rekkesvinth (653–672) wurde die Macht des Königtums konsolidiert und das Reich geeint (Abb. 10). Es vollzog sich die völlige Verschmelzung der Westgoten mit der einheimischen Bevölkerung.

Ein einziges Volk

Das macht die Herrschaft der Westgoten auf der Iberischen Halbinsel so überaus bedeutsam, daß es ihnen gelang, die zahlreichen Völker und Stämme, die dort eine Heimat gefunden oder von jeher dort gelebt hatten – Römer, Iberer, Karthager, Kelten, Vandalen und Goten –, zu einem einzigen Volk zu verschmelzen, dem spanischen. Während die Ostgoten durch das hartnäckige Festhalten an ihren germanischen Eigenheiten, vor allem am Arianismus, ihren Untergang heraufbeschworen, waren die Westgoten durch die Annahme des katholischen Glaubens sowohl mit dem Land wie mit der römischen Kirche eine unlösliche Verbindung eingegangen. Als römisches Erbe übernahmen sie die Idee eines geeinten Großreiches sowie

8 (linke Seite): Das Jahrhundert der Konzile schuf aus der spanischen Kirche eine kraftvolle Institution unter Leitung des Königs. Die Miniatur aus dem Codex Vigilanus (10. Jahrhundert) zeigt die erste Synode zu Toledo.

9 Vigila, der Schreiber, Meister des Codex Vigilanus, hinterließ auf der letzten Seite sein Selbstbildnis.

10 Zwei Miniaturen aus dem Codex Vigilanus: König Rekkesvinth neben seinem Vorgänger Chindasvinth. Rekkesvinth gehörte zu den bedeutendsten Westgotenherrschern.

CCESV

11 (linke Seite) : Pendantbuchstaben am unteren Rand der Krone bilden die Worte RECCESVINTHUS REX OFFERET.

12 Eine der Kronen aus dem Schatz von Guarrazar, die keinen Königsnamen trägt. Vermutlich waren die Kronen Votivgaben und nicht zum Tragen bestimmt.

13 Das Kreuz von der Krone König Rekkesvinths. Wahrscheinlich gehörten alle diese Kostbarkeiten einer Kirche bei Toledo und wurden zur Zeit der Arabereinfälle vergraben.

14 Der Pentateuch – die fünf Bücher Mosis – von Ashburnham, dem die obige Miniatur entnommen ist, entstand nach Ansicht zahlreicher Forscher im westgotischen Spanien und ist somit die einzige illuminierte Handschrift westgotischen Ursprungs. Sie zeigt die Geschichte Mose: die Israeliten bei der Fronarbeit; Moses erschlägt den Ägypter; Moses trifft Jethros Töchter am Brunnen; der brennende Dornbusch. Latein blieb auch im westgotischen Spanien die gebräuchlichste Sprache.

die Bevorzugung des Latein als Gesetzessprache (Abb. 14). Daß die gotische Sprache je in größerem Umfang gesprochen oder geschrieben worden wäre, ist unbelegt. Das Spanische ist aus einer Verbindung des einheimischen Keltisch mit dem Vulgärlatein entstanden. Außerhalb dieser sprachlichen Einheit standen die Basken und ein Teil der spanischen Juden, die sich nach ihrer Vertreibung aus Italien durch Traian erstmals in größerer Zahl in Spanien niedergelassen hatten. Das Los der Juden war zwar unter westgotischer Herrschaft weit erträglicher als unter römischer, aber auch hier legte man ihnen drückende Lasten, vor allem in Form von hohen Steuern, auf. Unter den letzten Westgotenherrschern hörten die Judenverfolgungen fast ganz auf.

Einen weiteren Machtzuwachs erfuhr die Krone durch die siegreichen Feldzüge von Rekkesvinths Nachfolger Wamba (672–680). Er war der letzte bedeutende Westgotenherrscher vor dem Arabersturm. Er rüstete sich für die ungeheure Gefahr, indem er die allgemeine Wehrpflicht einführte und die Mauern von Toledo verstärkte. Durch Aufstände erschöpft und entmutigt, dankte Wamba 680 ab und ging ins Kloster. Über sein Leben berichtet die Chronik des heiligen Iulian.

Kreuz und Halbmond

Über das von Rom und dem Christentum in einigen Jahrhunderten errichtete Staatswesen brach eine Macht herein, die außerhalb der Reichsgrenzen in ungewöhnlich kurzer Zeit zur vollen Entfaltung gelangt war. Die von philosophisch-spekulativen Glaubensstreitigkeiten zerrissene christliche Welt wurde von dem Angriff einer jungen, selbstsicheren Glaubenslehre, deren Einigkeit nicht durch theologische Zwistigkeiten bedroht war, mit voller Wucht getroffen. Nach dem Arabersturm sah das spanische Christentum sich in die Verteidigung gedrängt. Allerdings zeigte der Islam sich Andersgläubigen gegenüber äußerst tolerant. Zudem ist der Beitrag, den die Moslem auf den Gebieten der Mathematik, der Medizin und der Astronomie geleistet haben, von unschätzbarem Wert. Moslemische Handwerker brachten neue Techniken mit, die man nur aus Importen kannte, und die wirtschaftlichen Fortschritte Spaniens unter der Araberherrschaft waren außerordentlich. Der Bodenertrag ließ sich mit Hilfe der vom Nahen Osten übernommenen Bewässerungsmethoden ganz beträchtlich steigern. Der Handel nahm einen ungeahnten Aufschwung. Neue Industrien entstanden: Toledo stellte hervorragende Waffen her, Córdoba wurde zum Zentrum der Seidenweberei und der Lederwarenindustrie. Der westliche Vorposten des Riesenreiches der Araber stand in nur lockerer Abhängigkeit zu Damaskus. So gelang es dem letzten Omaijadensproß Abd ar-Rahman, der der Vernichtung durch die Abbasiden als einziger entgangen war, in Córdoba den Glanz des Omaijadenhofes von Damaskus wiedererstehen zu lassen und mit Damaskus zu rivalisieren. Der den Abbasiden feindlich gegenüberstehende Kriegeradel Syriens und Palästinas siedelte in großer Zahl nach Spanien über. Das ganze erste Jahrhundert der Moslemherrschaft blieb die westgotische Kirche weitgehend unbehelligt. Auch später als viele Spanier – angereizt durch die wesentlich geringere Besteuerung der Moslem – zum Islam übertraten, ging das Leben in den christlichen Gemeinden unverändert weiter. Jene einheimischen Christen, die die arabische Sprache und die islamische Kultur angenommen hatten, bezeichnete man als Mozaraber – von musta'rib = arabisiert. Die mozarabische Liturgie, die manche Ähnlichkeit mit den in Griechenland und Syrien üblichen Riten aufwies, beeinflußte die kirchliche Architektur. Man errichtete nunmehr Kirchen mit drei Absiden, deren mittlere den Hauptaltar aufnahm; viele der schlichteren westgotischen Kirchen erhielten einen seitlichen Anbau. Unter dem Kalifat entwickelte sich im 9. bis 11. Jahrhundert, unbeeinflußt von den künstlerischen Strömungen des Abendlandes, der mozarabische Stil. In den mozarabischen Miniaturen mischten sich ältere klassische Stilelemente mit solchen der islamischen Miniaturenmalerei und der westgotischen Volkskunst. Etwa um 776 verfaßte Beatus von Liébana, ein spanischer Mönch, einen Kommentar zur Apokalypse, der im 9. und 10. Jahrhundert ungezählten Miniaturenmalern in spanischen Klöstern als Vorlage diente. Die prachtvollen Illuminationen der Beatushandschriften, von denen noch mehr als zwanzig existieren, bilden einen absoluten Höhepunkt des mozarabischen Stils (Abb. 1, 15, 16, 17). Die *Lex Visigothorum* blieb auch unter den Mauren in Kraft, ebenso die Rechtsordnung der jüdischen Gemeinden. Aber christliche Bildung und Gelehrsamkeit kamen nicht völlig zum Erliegen. Unter Kaiser Theophilus entstanden im 9. Jahrhundert freundschaftliche Beziehungen zwischen Byzanz und den Moslem. Während der ganzen Regierungszeit Abd ar-Rahmans II. ist ein ständiger Austausch diplomatischer Noten zwischen Córdoba und Byzanz nachweisbar. Córdoba sollte die heilige Stadt der moslemischen Welt im Westen werden. Die prächtige Moschee von Córdoba barg angeblich Reliquien des Propheten und machte Córdoba zum Zentrum der Pilgerfahrten, aber auch zur Stadt der Koranschulen, der Kunst, der Musik und der Dichtung. Die

15, 16 Miniaturen aus dem Beatuskommentar zur Apokalypse. Oben: »Ich, Daniel, sah ein Gesicht in der Nacht...« Daniel 7. Unten: »Dem Engel der Gemeinde zu Ephesus schreibe...« Offb. 2. Die prachtvollen Illuminationen der Beatushandschriften bilden einen Höhepunkt mozarabischen Stils.

17 Kaum je dürften die apokalyptischen Visionen des Evangelisten Johannes kühner und tiefer erfaßt worden sein als in den Miniaturen des Beatus-Kommentars. Öffnung des 6. Siegels: »Danach sah ich, und siehe, eine große

Schar, welche niemand zählen konnte, aus allen Heiden und Völkern und Sprachen, vor dem Stuhl stehend und vor dem Lamm, angetan mit weißen Kleidern und Palmen in den Händen ...« Offb. 7.

18 Die von König Rekkesvinth 661 erbaute Kirche San Juan de Baños (Provinz Palencia) ist von allen erhaltenen westgotischen Sakralbauten der schönste.

19, 20 San Pedro de Nave bei Zamora, vermutlich 700 begonnen, gehört zu den bedeutendsten Leistungen westgotischer Architektur. Die reich verzierten Kapitelle entstanden zweihundert Jahre später.

21 Zu den schönsten Werken asturischer Kunst gehört die Kirche Santa Maria de Naranco. Ungewöhnlich die Medaillons, in die die Gurtbogen auslaufen.

22 Die reizvollen Chorschranken von Santa Cristina de Lena (aus der Zeit Ramiros I.) stammen vermutlich erst aus dem 10. Jahrhundert.

deutsche Nonne und Dichterin Roswitha von Gandersheim nennt Córdoba »das Juwel der Welt«. Stickereien, Elfenbeinschnitzereien, Seidenstoffe, Metallarbeiten gelangten aus den Bazaren der Stadt in die Kirchen und Adelssitze des christlichen Abendlandes und übten auf die Kunst des frühen Mittelalters einen nachhaltigen Einfluß aus.

Ein neues Spanien

Kleine Kirchen wie San Juan de Baños (Abb. 18) mit seinen Hufeisenbögen; San Fructuoso mit seinen hufeisenförmigen Apsiden; San Pedro de Nave mit seinem Tonnengewölbe bezeugen (Abb. 19, 20) eine kraftvolle und eigenständige christliche Architektur, wenn auch islamische Einflüsse vorhanden sind. Zu Beginn des 9. Jahrhunderts, als Karl der Große das Erbe des weströmischen Reiches antrat, erlebte Spanien den Glanz einer neuen kulturellen und künstlerischen Renaissance. Mit seiner Hilfe machte die christliche *Reconquista* gegen die Moslemherrschaft große Fortschritte. Eine neue Führerschicht erstand dem Land aus den Reihen jener Westgoten, denen es gelungen war, in der nordspanischen Provinz Asturien ihre Unabhängigkeit zu bewahren. Geführt von ihrem Nationalhelden Pelayo hatten sie 718 ein arabisches Heer besiegt und das Königreich Asturien gegründet. Im unablässigen Kampf gegen die Araber und vom übrigen christlichen Europa völlig abgeschnitten, entwickelte Asturien dennoch eine hohe Kultur von erstaunlicher Eigenständigkeit und wurde zur Keimzelle des größeren christlichen Spanien im Mittelalter. Zu den großartigsten architektonischen Leistungen der asturischen Kunst gehörten die Kirchen Santa Maria de Naranco (Abb. 21) und Santa Cristina de Lena mit ihrer ungewöhnlichen Chorschranke (Abb. 22). König Alfons II. konsolidierte die Macht des neugotischen Königreiches; in seiner Residenz Oviedo errichtete er zahlreiche, zum Teil heute noch erhaltene Bauten, die starken karolingischen Einfluß verraten. Die Kunst der damaligen Zeit zeigt kaum noch westgotische Züge; vorherrschend sind islamische und karolingische Stilelemente. Ein neues Spanien war geboren. Zwischen dem 9. und 11. Jahrhundert wurden die Araber allmählich nach Süden zurückgedrängt. Beendet war die christliche Rückeroberung, die *Reconquista*, allerdings erst im 15. Jahrhundert mit dem Fall der letzten arabischen Zitadelle, Granada. Zuletzt hatte das Kreuz über den Halbmond gesiegt (Abb. 23, 24). Der neue christliche Staat trat aus seiner kulturellen Isolierung heraus und wurde Teil des romanischen Abendlandes.

23 Bis zum 10. Jahrhundert war der größte Teil Katalaniens den Mauren wieder entrissen. In Tarrasa, Provinz Barcelona, einer der ältesten christlichen Städte Spaniens, entstand damals unter andern bemerkenswerten Kirchen auch San Miguel. Das Baptisterium (unten) aus dem 6. Jahrhundert wurde restauriert.

24 Die *Reconquista* begann unter König Sancho III., der seinem Sohn Ferdinand ein fast ganz Nordspanien umfassendes Reich hinterließ. Das Elfenbeinkreuz wurde 1063 für König Ferdinand angefertigt.

1 (rechts): Rheinische Steinmetzarbeit aus dem 7. Jahrhundert. Das Relief wurde in Gondorf an der Mosel gefunden.

10 Auf dem Weg zum Frankenreich

Das fränkische Königreich von den Merowingern bis zu Pippin

Im Jahre 486 wurde Syragius, der letzte römische Statthalter in Gallien, bei Soissons vom Frankenkönig Chlodwig geschlagen und hingerichtet. Damit endete die römische Herrschaft in Gallien, die allerdings schon seit Beginn des Jahrhunderts immer schwächer geworden war. Von entscheidender Bedeutung aber sollte sich erweisen, daß damals der Aufstieg jenes Volkes begann, das dazu ausersehen war, das Erbe der Römer anzutreten – der Franken.

Siedler auf römischem Reichsgebiet

Wer waren die Franken und woher kamen sie? Die spärlichen Zeugnisse lassen lediglich vermuten, daß sie durch den Zusammenschluß zahlreicher kleiner Stämme entstanden sind, der sich im 1. und 2. nachchristlichen Jahrhundert in den Gebieten zwischen Rhein und Weser vollzog. Nach ersten erfolgreichen Versuchen um die Mitte des 4. Jahrhunderts, über die Grenzen des Römischen Reiches vorzudringen, schlossen die Franken mit den Römern Bündnisse. Sie erhielten die Erlaubnis, sich auf römischem Gebiet niederzulassen: unter der Bedingung, daß sie als sogenannte *foederati* den Römern Kriegsdienste leisteten. Ihre Reihengräberfriedhöfe finden sich überall an den Grenzen des Imperiums, von Nordfrankreich und Belgien im Westen bis zur Donau und zum Schwarzen Meer im Osten und Süden. Allein die Tatsache, daß man die Toten begrub, statt sie, wie bei den Germanen üblich, zu verbrennen, verrät, wie weitgehend die Franken bereits römische Bräuche übernommen hatten.

2 Im zufällig entdeckten Grab des Merowingerkönigs Childerich fanden sich außer einem Siegelring mit Porträt und Namen des Königs ein mit Granaten verzierter Schwertgriff, eine Kugel aus Bergkristall, Gold- und Silbermünzen sowie winzige Zikaden, das Symbol der Unsterblichkeit.

Frühe germanische Kunst

Die Funde in den Reihengräbern – die Waffen der Männer, der Schmuck der Frauen – zeigen, daß es für die künstlerischen Bedürfnisse der Zeit genügte, einfache römische Motive zu übernehmen, allenfalls nach germanischem Geschmack umzuformen. Die verwendeten Ornamente – Palmetten, Spiralmuster, Mäander und Tierfiguren – sind eindeutig römischen Ursprungs. Die prächtigsten Stücke weisen sogar typisch römische Porträts auf. Gegen Ende des 5. Jahrhunderts streiften die salischen Franken ihren Status als *foederati* ab und gründeten nach der schon erwähnten Niederlage des Syragius 486 ein unabhängiges fränkisches Königreich. Die Bevölkerung setzte sich nun aus den fränkischen Eroberern und den besiegten Gallo-Romanen zusammen. Sitten und Bräuche der beiden Volksgruppen wiesen zwar große Unterschiede auf, aus der Verschmelzung der beiden Elemente ging jedoch die spätere merowingische Kultur hervor. Der die abstrakten Formen bevorzugende germanische Geist ging mit den hochentwickelten römischen Handwerkstechniken eine Symbiose ein. Von vielleicht noch größerer Bedeutung für die Entwicklung der verschiedenen Stilarten im westlichen Abendland war das Einströmen im Osten ansässig gewesener Völkerstämme nach Westeuropa: der West- und Ostgoten sowie der räuberischen Hunnen, die 451 mit fränkischer Hilfe geschlagen worden waren. Sie brachten Stile und Techniken der Völker jenseits der Ostgrenze des Römischen Reiches mit: der Perser, der Parther, der Awaren und der in den Ostprovinzen des Reiches ansässigen Volksgruppen.

Der Sohn Merovechs

Eindeutige Beweise für diese Einwirkungen aus dem östlichen Kulturbereich lieferten die Grabbeigaben, die man im Grab des ersten bedeutenden Frankenherrschers, Childerich (gest. 481), gefunden hat. Das reichausgestattete Grab wurde 1653 in der Nähe von Tournai zufällig entdeckt. Childerich war der Sohn jenes halblegendären Merovech, der dem Geschlecht der Merowinger den Namen gegeben hat. Aus diesem Grabfund sind allerdings nur wenige Stücke auf uns gekommen, weil die Mehrzahl der Gegenstände 1831 bei einem Einbruch in die Kaiserliche Kunstgalerie in Paris gestohlen wurde (Abb. 2). Glücklicherweise aber hatte der Entdecker des Grabes, Jean Jacques Chiffelt, eine detaillierte Abhandlung über die Funde geschrieben und sie mit ausgezeichneten Abbildungen versehen. Neben einem goldenen Siegelring mit einem Königsporträt und der Inschrift CHILDERICI REGIS und vielen anderen Schätzen enthielt das Grab hundert Gold- und zweihundert Silbermünzen sowie winzige Zikaden, mit denen – dem königlichen Symbol der Unsterblichkeit – der Mantel des Königs übersät war. Bei der Freilegung des Grabes hielt man sie fälschlicherweise für Bienen, weshalb Napoleon I. seine Krönungsrobe mit Bienen besticken ließ, um eine Tradition fortzusetzen, die auf den ersten König von Frankreich zurückging. Der Inhalt des Grabes zeigt mit aller Deutlichkeit, daß der Stil der höfischen Kunst so gut wie keine Ähnlichkeit mit dem der Beigaben aus den Reihengräbern aufwies. Anstelle der Tierornamentik von einst bevorzugte man den prächtigeren spätpontischen Stil, den die Goten im Schwarzmeergebiet übernommen hatten. Diese Übernahme läßt sich so deuten, daß Childerich sich als Nachfolger der römischen Machthaber in Gallien fühlte und deshalb bereit war, ihre kulturellen Anregungen aufzunehmen.

König Chlodwig

Unter ihrem bedeutendsten Herrscher, König Chlodwig, vergrößerten die Franken rasch ihren Machtbereich. Noch im Jahr seines Sieges über Syragius unternahm er – zwanzigjährig, er hatte den Thron mit fünfzehn bestiegen – seinen ersten Feldzug gegen die Thüringer, als ersten Schritt auf dem Wege, dessen Ziel die Vereinigung aller Franken unter seiner Herrschaft sein sollte. 496 oder 497 besiegte er die Alemannen entscheidend und schlug erstmals auch die Westgoten bei Tours. Er war seit einigen Jahren mit Chlotilde, einer Nichte des Burgunderkönigs, vermählt, die Christin war. Nach seinem Sieg über Alemannen und Westgoten trat auch Chlodwig zum katholischen Glauben über und ließ sich, wohl am Weihnachtstag 498, mit seinem Gefolge von Remigius, dem Bischof von Reims, taufen. Chlodwigs Übertritt zum katholischen Glauben erwies sich in der Folgezeit als sehr bedeutungsvoll. Er gewann dadurch die Zuneigung und sogar die Unterstützung der gallo-romanischen Bevölkerung gegen seine mächtigen germanischen Nachbarn, die Westgoten, die Ostgoten und die Burgunder, die alle dem als Häresie verdammten Arianismus anhingen. Die Verleihung der Ehrenkonsulswürde an den Frankenkönig durch den byzantinischen Kaiser Anastasios im Jahre 508 zeigt, in welchem Maße Chlodwig seine Stellung gefestigt hatte.

3 Von merowingischer Architektur ist wenig erhalten. Das Baptisterium Saint-Jean in Poitiers aus dem 5. Jahrhundert wurde im 7. Jahrhundert stark verändert. Unverkennbar die römischen Einflüsse, während die Nischen im Giebelfeld den Zickzackfries von Lorsch vorwegnehmen.

Klassische Vorbilder, germanischer Geschmack

Die wenigen erhaltenen Kirchengeräte aus der Zeit Chlodwigs zeigen, ebenso wie die Beigaben aus dem Childerichgrab, östlich beeinflußten Dekor. Von merowingischer Architektur ist so gut wie nichts erhalten, obgleich offenbar eine rege Bautätigkeit herrschte. Der englische Mönch und Geschichtsschreiber Beda Venerabilis bescheinigt – wenn auch erst im Beginn des 8. Jahrhunderts – den gallischen Steinmetzen besondere Geschicklichkeit und weist darauf hin, daß man gallische Handwerker ihres Könnens wegen nach Northumbrien holte. Anklänge an den Baustil des 5. Jahrhunderts lassen sich vielleicht noch am Baptisterium Saint-Jean in Poitiers feststellen – trotz der Veränderungen im 7. Jahrhundert (Abb. 3). Die architektonischen Einzelheiten des Ziegelbaues haben eindeutig römische Vorbilder, was nur natürlich ist, weil die fränkischen Baumeister im Steinbau kaum Erfahrungen hatten. Die dreieckigen Nischen im Giebelfeld scheinen bereits den Zickzackfries an der Torhalle des Klosters Lorsch vorwegzunehmen.

Wachsende fränkische Macht

Nach Chlodwigs Tod 511 wurde, fränkischem Erbrecht entsprechend, die Macht unter seine vier Söhne aufgeteilt. Der Nachteil dieser Regelung lag auf der Hand. Chlodwig verhinderte die schlimmsten Auswirkungen, indem er nicht das Gesamtreich, sondern die verschiedenen Reichsteile aufgliederte. Paris, die Hauptstadt des Reiches, *cathedra regni*, wie die Quellen es nannten, unterstand der Gewalt aller vier Söhne gemeinsam.

Chlodwigs Vorsorge konnte allerdings Streitigkeiten innerhalb der Familie nicht verhindern. Erst der jüngste Chlodwigsohn, Chlothar I., erbte wieder das gesamte Reich. Unter ihm nahm das Reich an Umfang und Macht zu. Er eroberte Burgund, das Rhônetal und Marseille, unternahm einen erfolgreichen Zug gegen die Bayern und führte in seinen letzten Lebensjahren einen Krieg gegen die Sachsen, denen er einen jährlichen Tribut von 500 Kühen auferlegte. Vor Mitte des 6. Jahrhunderts erstreckte der fränkische Machtbereich sich im Osten bis zum Mittellauf der Donau. Unter Chlodwigs Enkel Theodebert überschritten fränkische Krieger sogar die Alpen, weil sie glaubten, den Kampf der Ostgoten gegen Ostrom zu ihrem Vorteil nutzen zu können. Der Tod Theodeberts 548 setzte jedoch dem ehrgeizigen Unternehmen ein Ende. Das merowingische Königreich hatte seine größte Ausdehnung erreicht.

Der fränkische Hof hatte sich zwar zum christlichen Glauben bekehrt, aber die Sitte der Grabbeigaben wurde auch im 6. und 7. Jahrhundert beibehalten. Zahlreich sind die Funde aus dieser Zeit: Waffen, Fibeln, Schnallen, Nadeln, Tonware und Glasgegenstände (Abb. 4, 5). Diese Fundstücke vermitteln ein recht anschauliches Bild von der Kultur jener Zeit. Allein in Württemberg wurden nahezu 800 Friedhöfe festgestellt. Insgesamt hatte man in Europa bis 1961 ungefähr 40 000 Grabstätten untersucht. Selbstverständlich weist der Dekor in den einzelnen Gebieten des Frankenreiches Abweichungen auf, an allen Fundstücken aber fällt der überraschend große Formenreichtum auf.

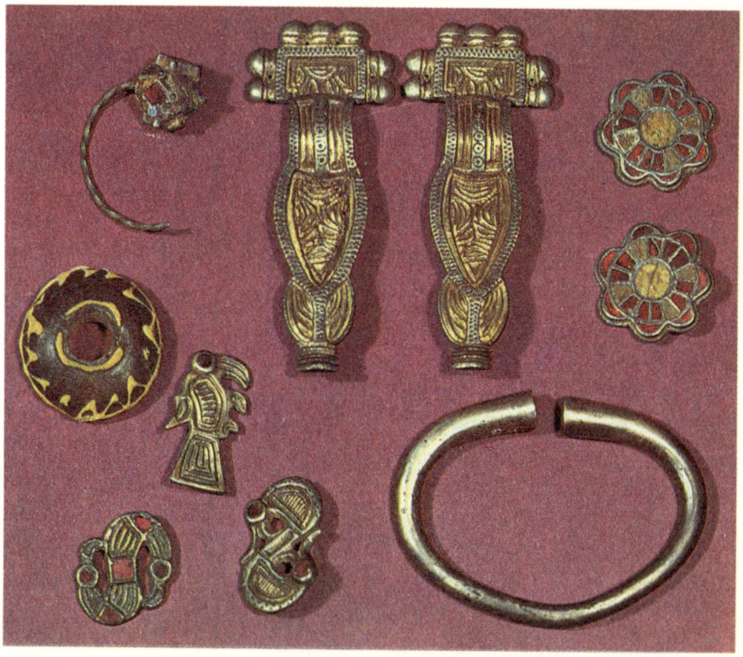

4, 5 Die beiden Abbildungen oben zeigen eine Auswahl typischer Grabbeigaben aus merowingischer Zeit, Waffen ausgenommen: Ein gläsernes Horn aus Bingerbrück, farbige Glasschalen aus Reims, Töpferware und Glasperlenschnüre, eine Bronzeschale und charakteristische Fibeln.

6, 7 Im Grab einer Königin unter der Kathedrale von Saint-Denis fand sich die große Gürtelschnalle aus nielliertem Gold. – Im Grab einer Frau, gefunden in Pontoise bei Paris, Fibeln, Schmuck mit Zelleneinlage, ein Silberarmband und Ohrringe.

Prächtige Grabstätten

Unter dem Kölner Dom, der über den Grundmauern merowingischer und karolingischer Kirchen errichtet wurde, fand man 1959 zwei reich ausgestattete Gräber aus der Mitte des 6. Jahrhunderts. Etwa gleichzeitig wurde in der Krypta der Klosterkirche von Saint-Denis bei Paris, die den Merowingern als königliche Nekropole gedient hatte, ein großer Kalksteinsarg mit den sterblichen Überresten einer etwa vierzigjährigen Frau entdeckt, deren prachtvolle Gewänder zum großen Teil noch den ursprünglichen Zustand erkennen ließen. Ihr Schmuck übertraf an Schönheit alle früheren fränkischen Grabfunde bei weitem (Abb. 6, 7). Von großer Bedeutung ist der Goldreif am Finger der Toten, in den rund um das Monogramm REGINE der Name ARNEGUNDIS eingraviert war. Die Geschichte kennt nur eine einzige fränkische Königin namens Arnegunde. Sie war eine der Gemahlinnen jenes Chlotar I., der von 558 bis 561 Alleinherrscher der Franken war. Nach dem Bericht des bischöflichen Geschichtsschreibers Gregor von Tours, der Hauptquelle für jene Zeit, war sie die Schwester von Chlotars erster Frau Ingunde. Chlotar müßte sie vor 539, dem Geburtsjahr ihres Sohnes Chilperich, geheiratet haben. Natürlich liefert der Ring keinen absolut schlüssigen Beweis für die Identität der Toten, aber das mag dahingestellt bleiben.

Die Hausmeier

613 wurde Chlotar II. (Abb. 8), Sohn Chilperichs I. und Enkel Chlotars I. und der Arnegunde, Herr über das ganze Frankenreich. Ihm folgte 629 sein Sohn Dagobert, der schon seit 623 über Austrasien geherrscht hatte (Abb. 9). Obwohl zu diesem Zeitpunkt die Merowingerdynastie durch schwere Bruderkriege bereits sehr geschwächt war, gelang es Dagobert, in den 10 Jahren seiner Regierung (629 bis 639), mit fester Hand die gesamten fränkischen Gebiete unter seiner Herrschaft zu vereinen. Aber auch er, eine ungewöhnlich starke Persönlichkeit unter den späten Merowingerkönigen, vermochte der wachsenden Feindseligkeit des Adels nicht Herr zu werden. Den früheren merowingischen Königen war es nur durch ständige Expansionspolitik gelungen, sich dem Adel gegenüber zu behaupten; diese Vorbedingungen waren jedoch seit der zweiten Hälfte des 6. Jahrhunderts nicht mehr gegeben. Weitere Schwierigkeiten erwuchsen dem Reich aus der zunehmenden Feindschaft zwischen der östlichen Reichshälfte und der westlichen mit ihrem größeren romanischen Volksanteil. Die Bezeichnungen »Neustrien«, »Neues Westreich« und »Austrasien«, »Ostreich« für den germanischen Norden und Osten, erscheinen erstmals gegen Ende des 6. Jahrhunderts. Ein dritter, selbständiger Landesteil war Burgund. Während die königliche Macht im Laufe des 7. Jahrhunderts immer weiter geschwächt wurde, wuchs die der Hausmeier, die jeweils Vorstand des königlichen Haushalts und Haupt des kriegerischen Gefolges waren. Das Amt des Hausmeiers wurde abwechselnd von den Großgrundbesitzern ausgeübt.

Karl Martell

Wie vorauszusehen, begann zwischen den Hausmeiern von Neustrien, Austrasien und Burgund ein erbitterter Kampf um die Vorrangstellung. Siegreich war Austrasien, an dessen Spitze erneut die Hausmeierfamilie Pippins aus dem Geschlecht des Arnulf von Metz stand.

Unter Pippin II. von Heristal fiel endgültig die Entscheidung für die Vorherrschaft Austrasiens. Er starb 711, und nach langen Kämpfen gewann sein illegitimer Sohn Karl mit dem Beinamen »Martell« (Hammer) die Stelle des Hausmeiers: ein fähiger Herrscher und wahrhaft genialer Feldherr. Die Einigung des Landes und die Mobilisierung aller Kräfte – sein Verdienst – erfolgten genau im rechten Augenblick: 720 überquerten die aus Spanien vordringenden Araber die Pyrenäen. Zwölf Jahre konnte man sie in Schach halten, aber 732 setzten die Araberheere sich erneut in Bewegung. Karl sammelte ein Heer, und am 17. Oktober des Jahres kam es zur Schlacht von Poitiers (oder Tours), einer der großen Schlachten von weltgeschichtlicher Bedeutung.

Karl Martell hatte den abendländischen Westen vor der Eroberung durch die Araber gesichert. Karl Martell behielt immer den Titel Hausmeier oder Majordomus, womit die Fiktion aufrechterhalten wurde, als übe jeweils der nominelle Merowingerkönig die Herrschaft aus. Bei seinem Tode teilte er die Herrschaft unter seinen Söhnen Pippin dem Kurzen und Karlmann auf, die sie gemeinsam ausübten, bis Karlmann 747 ins Kloster ging. Jetzt ließ Pippin beim Papst anfragen, ob es ihm nunmehr gestattet sei, den Königstitel anzunehmen, und Papst Zacharias gab die berühmte Antwort, es sei besser, »daß der König sei, der die Gewalt habe, als der, dem keine königliche Gewalt verblieben sei«. Im November 751 wurde Childerich III., den Pippin selbst auf den Thron erhoben hatte, abgesetzt und ins Kloster verbannt.

Eine mächtige fränkische Kirche

Die wachsende Macht der Kirche im 7. Jahrhundert war das natürliche Ergebnis eines ungeheuren Zuwachses an Grundbesitz und anderen Reichtümern. Niemals erhielt die Kirche größere Schenkungen als in der Merowingerzeit. Damals entstanden in rascher Folge auch zahlreiche Klöster. Als um 585 der irische Missionar Columban das Festland betreten hatte, gab es im fränkischen Reich etwa 200 Klöster, zum größten Teil südlich der Loire gelegen. Gegen Ende des 7. Jahrhunderts existierten, verteilt über das ganze Reich, weit mehr als 400 Klöster. Einige der berühmtesten Abteien des Mittelalters, darunter Prüm, Moyenmoutier, Malmédy, Stavelot und St. Gallen, stammen aus diesem Zeitabschnitt.

8 Chlotar II. – 584–628 – einte 613 erneut das Land.

9 Seinem Sohn Dagobert – 629–638 – gelang es, die ganzen fränkischen Gebiete unter seiner Hand zu vereinen.

10, 11 Handelsbeziehungen nach Ägypten sind durch eine Reihe koptischer Importe wie die zweihenkelige Bronzeschale belegt. – Das Lesepult der heiligen Radegund hat mit größter Wahrscheinlichkeit ein byzantinisches Vorbild.

Kunst im Dienste Gottes und weltliche Kunst

Naturgemäß ging mit dieser gewaltigen Besitz- und Machtzunahme ein außerordentlicher Aufschwung auf kulturellem Gebiet einher. Die fränkische Kunst nahm Anregungen aus allen Teilen des Abendlandes auf. Von der frühen klösterlichen Kunst der Merowingerzeit ist wenig erhalten, dies wenige aber verrät deutlich die Einflüsse der alten Kulturzentren Italiens, Byzanz' und besonders Syriens und Ägyptens, wo das Mönchswesen entstand (Abb. 10, 11).
Auch die archäologischen Funde weisen auf direkte mediterrane Einflüsse hin. So nimmt man an, daß das Motiv des Reiters, meist mit eingelegter Lanze, sich auf Darstellungen von berittenen Heiligen des christlichen Ostens zurückführen läßt (Abb. 12, 13, 14, 15). Auch christliche Motive wie Daniel in der Löwengrube oder ein Vogelpaar mit einer Vase zwischen sich, lassen sich auf bekannte Vorbilder der ostchristlichen Kunst zurückführen (Abb. 16, 17, 18, 19, 20, 21, 22). Eines der hervorragendsten Beispiele für die Synthese der verschiedenartigsten Einflüsse in der Kunst der Merowingerzeit bietet das Steinrelief (Abb. 1), das in Gondorf an der Mosel aufgefunden wurde und eine Grabplatte oder Teil einer Chorschranke gewesen sein könnte. Nicht alle Grabsteine jedoch weisen so ausgeprägt östliche Stilmerkmale auf. Manche lassen in Inhalt und Stil vorwiegend germanische Vorstellungen erkennen (Abb. 23, 24). Im we-

12, 13, 14, 15 Weit verbreitet in der Merowingerkunst war das Motiv des Reiters mit eingelegter Lanze: hier auf einem koptischen Tuch aus Ägypten, auf einer vergoldeten Bronzeplakette, vermutlich langobardisch um 600, und auf zwei Schmuckplaketten aus fränkischen Gräbern, auch um 600, die vermutlich den Gott Odin darstellen.

20, 21, 22 Der klassische Giebel, Teil eines Sarkophags aus Arles, dürfte unmittelbar nach einem römischen Modell entstanden sein, der Giebel in der Mitte – Grabstätte aus Kom Buljeh – nach einem koptischen. Die Platte von einer Chorschranke aus Metz aus dem späten 7. Jahrhundert ist eine merowingische Umformung des Motivs.

16, 17, 18, 19 Auch Daniel in der Löwengrube ist ein beliebtes Motiv der fränkischen Kunst. Hier auf einer irdenen Pilgerflasche, einer burgundischen Gürtelschnalle und auf dem Sarkophag des hl. Calentius in Bourges. Die Platte des Reliquiars von Werden – Christus im Gebet – ist ebenfalls von diesem Motiv beeinflußt.

sentlichen dieselbe Übernahme und Umformung fremder Stilelemente zeigen auch jene Schöpfungen der merowingischen Goldschmiedekunst, die im 7. Jahrhundert außerordentlich weit verbreitet waren – die großen goldenen Scheibenfibeln, von denen bis heute über vierzig entdeckt worden sind. Ihre Größe variiert zwischen drei und acht Zentimetern Durchmesser (Abb. 25, 26, 27). Sie unterscheiden sich erheblich von den traditionellen germanischen Fibeln und auch von den frühen fränkischen Rundfibeln mit Filigran und symmetrisch angeordnetem Edelsteindekor. Neu ist die Kleeblattform, neu auch die Art, wie die Edelsteine in einen breiten Goldrand gefaßt sind (Abb. 28). Zweifellos sind hier byzantinische Vorbilder wirksam. Wie stark aber der mediterrane Einfluß auch gewesen sein mag – die fränkischen Kunsthandwerker prägten die fremden Stilelemente um und schufen einen fränkischen Stil von unverwechselbarer Eigenart. Manche Stücke zeigen sogar eine geglückte Verbindung von germanischer Tierornamentik mit den neuen Stilelementen.

Klösterliche Welt

Die mediterranen Einflüsse der Merowingerzeit gehen vermutlich auf die engen Beziehungen zwischen den erwähnten Klosterneugründungen im Frankenreich und den weit älteren Klöstern im östlichen Mittelmeerraum zurück. So bildete also eine klösterliche Kultur die Grundlage der nachklassischen christlichen Kultur Westeuropas. Von An-

23, 24 Nicht alle Grabsteine der Merowingerzeit weisen östliche Stilmerkmale auf. Der gefallene Krieger setzt im Jenseits sein irdisches Leben fort – Geste des Haarekämmens. Die Rückseite des Steinreliefs aus Niederdollendorf zeigt zwar den verklärten Christus, der seltsame Kreis auf seiner Brust findet sich aber auch auf andern merowingischen Darstellungen.

25 Barbarische Pracht zeichnet die Arbeit der merowingischen Goldschmiede noch im 7. Jahrhundert aus. Die kleine, mit Zelleneinlage verzierte Brosche ist verhältnismäßig bescheiden.

26 Die prachtvolle Fibel, Silber vergoldet, aus Wittislingen in Schwaben, ist ein Meisterwerk.

27 Die Kleeblattfibel rechts, in Gold, mit antiker Kamee besetzt, auch ein hervorragendes Werk, stammt aus Mölsheim in der Pfalz.

28 Vier doppelköpfige Schlangen, zu einem Vierblattmuster verschlungen, bilden die Verzierung einer granatgeschmückten Fibel aus Wittislingen in Schwaben.

fang an hatte sich die klösterliche Kultur ein weitgespanntes Ziel gesetzt, nämlich die Bewahrung des Bildungsgutes im weitesten Sinn. Dazu gehörten Literatur, Geschichte, Rhetorik, Grammatik und Astronomie ebenso wie das Studium der Bibel und der Schriften der Kirchenväter – eine Kultur also, die wesentlich umfassender war als die höfische, einzig auf materiellen Reichtum ausgerichtete. Der Beginn dieser neuen monastischen Kultur fällt, wie erwähnt, in die erste Hälfte des 7. Jahrhunderts, als im nordwestlichen Europa zahlreiche neue Klöster gegründet wurden. Diese nördliche Klosterkultur – eine Synthese aus humanistischer Geistesbildung, die Augustinus, der Apostel der Angelsachsen, nach Britannien gebracht hatte, und germanischem handwerklichem Können – darf als die bedeutendste kulturelle Leistung des Abendlandes vor der sogenannten karolingischen Renaissance gewertet werden.
Zur selben Zeit unternahm auch die fränkische Kirche die ersten tastenden Versuche, das kulturelle Leben der Klöster auf eine ähnlich breite Basis zu stellen. Der wohl bedeutendste Repräsentant dieser Bestrebungen war Bischof Gregor von Tours – gestorben 594 –, unbestritten der größte Historiker seit den Römern. Sein Hauptwerk, die *Historiae Francorum,* ist für die Geschichte der Zeit bis 591 von großer Wichtigkeit.

Merowingische Handschriften

Als in England die ersten großen *scriptoria* von Lindisfarne, Monkwearmouth und Jarrow die Grundlagen für die großen Werke schufen, die dort gegen Ende des Jahrhunderts entstehen sollten, entstanden im Merowingerreich, gleichzeitig mit den ungewöhnlich schönen Sarkophagen der Abtei Notre-Dame in Jouarre (Abb. 29, 30, 31), die ältesten der

30 Die Darstellung des thronenden Christus in der Mandorla, von den vier Evangelistensymbolen getragen, stammt vom Kopfende des Agilbert-Sarkophags. Die ungewöhnliche Komposition findet sich auf einem Mosaik in Thessalonike.

auf uns gekommenen Handschriften. Der charakteristische Stil der merowingischen Buchillustration entfaltete sich jedoch in der ersten Hälfte des 8. Jahrhunderts (Abb. 32, 33). Der phantastische Formenreichtum, den die Illuminatoren schufen, steht in der europäischen Kunst einzig da. Die Farben sind hell und leuchtend, die Zeichnung lebhaft bewegt. Häufig wurden Zirkel und Lineal benützt; menschliche Figuren erscheinen nur selten (Abb. 34, 35), dagegen

29 Der schwer beschädigte Sarg des Agilbert aus der Krypta von Jouarre. (Siehe Text zu Abb. 31.)

31 In der Krypta von Jouarre (Seine et Marne) ruhten 1300 Jahre lang zwei Särge: der der Theodochilde, der ersten Äbtissin der Abtei Notre-Dame, die 662 starb. Die Seitenwände des Sarkophags weisen zwei Muschelreihen und drei kunstvoll gemeißelte Schriftbänder auf. Der im Sarkophag Abb. 29 beigesetzte Agilbert, der Bruder der Äbtissin, missionierte in Essex und wurde nach seiner Rückkehr 668 Bischof von Paris. Er starb um 680.

32, 33 Beide Abbildungen zeigen wie viele fränkische Illuminationen des 8. Jahrhunderts ein Kreuz, von dessen Querarmen die griechischen Buchstaben alpha und omega herabhängen. Auf der Abbildung aus dem Sakramentar des Gelasius, bilden Fische die beiden Buchstaben; auch das Wort IN ist aus Fischen geformt. Auf der Illumination rechts, einer Handschrift aus Laon entnommen, wurden die griechischen Buchstaben zum Flechtbandornament abstrahiert.

breiten sich Tiere, insbesondere Vögel und Fische, deren Gestalten häufig die größeren Buchstaben formen, in reicher Fülle über die Seiten aus. Was auf den ersten Blick grob und barbarisch scheint, erweist sich im Gesamteindruck als mit lockerer Hand und großem Können ausgeführt und gewinnt bei näherer Betrachtung durch eine gewisse intellektuelle, spröde Eleganz. Die Frage nach den Ursprüngen dieses einzigartigen Stils hat unter den Gelehrten manche Kontroverse ausgelöst. Mit Sicherheit läßt sich jedoch sagen, daß manche Züge der merowingischen Buchillustration zweifellos auf östliche Vorbilder deuten und zahlreiche Elemente auf die langobardische Kunst Norditaliens. Auch auf koptische und armenische Handschriften wird verwiesen.

34, 35 Initialen aus figürlichen Motiven: Die weibliche Gestalt mit Kreuz bildet den Buchstaben A. — Ein Fisch ist aus einem Buchstaben entwischt; eine gabelbewehrte Hand holt ihn zurück (Gellone-Sakramentar aus Meaux).

36, 37 Das goldene Reliquienkästchen oben stammt aus der Abtei Saint-Maurice d'Agaune (8. Jahrhundert), das Reliquiar unten aus Nijmegen in Holland. Beide sind, wie viele Reliquiare, als winzige Sarkophage gearbeitet.

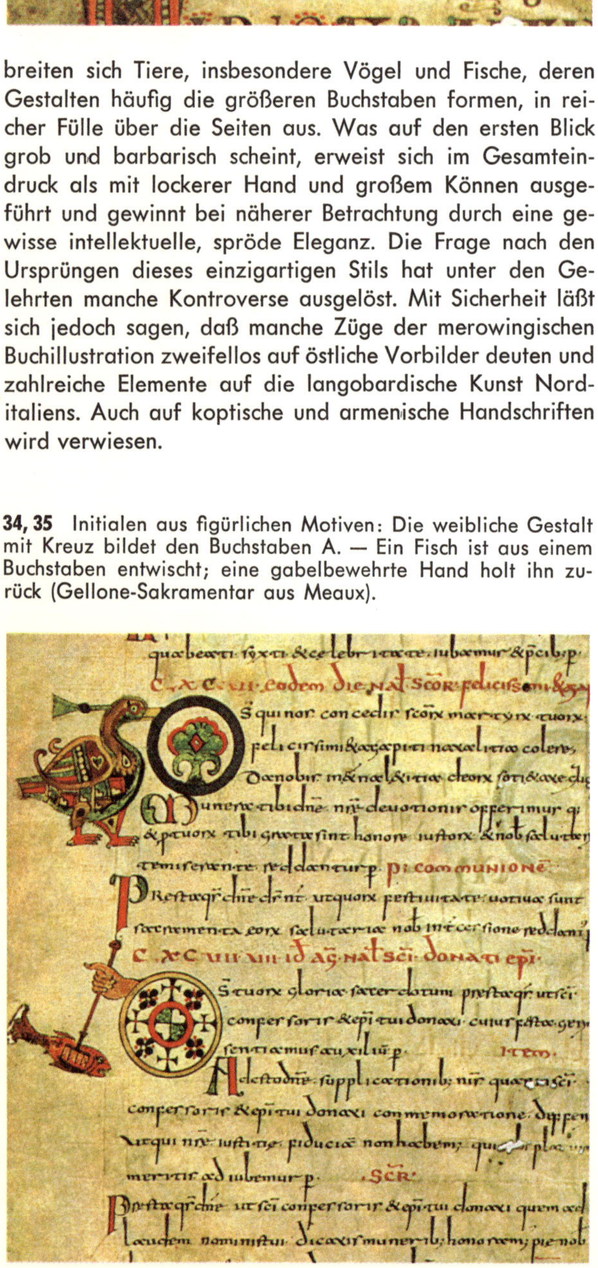

Die Reliquien der Heiligen

Die klösterlichen Werkstätten des frühen 8. Jahrhunderts brachten neben den illuminierten Handschriften noch Kunstwerke ganz anderer Art hervor. Auch die immer weiter vervollkommneten Techniken der Goldschmiede wurden nunmehr in den Dienst der Sakralkunst gestellt. Die Vorliebe für Reliquien, die unter dem Einfluß der missionierenden irischen Mönche weiter zunahm, ließ zahlreiche kostbare Reliquiare für die Gebeine der Heiligen entstehen. Unter den erhaltenen Reliquiaren das schönste ist wohl das von dem Priester Theuderich der Kirche von Saint Maurice d'Agaune in der französischen Schweiz geschenkte (Abb. 36). Eine Inschrift auf der Rückseite erwähnt die Schenkung. Der Typ heißt zwar »hausförmig«, es ist aber anzunehmen, daß diese Form des Reliquienbehälters Sarkophage wie die

in Jouarre zum Vorbild hat: ein Miniaturgrabmal für die geweihten Überreste der Heiligen. – Häufig vermischen sich beim Dekor dieser Reliquiare germanische Stilmerkmale wie Tier- und Flechtbandornamentik mit Blatt- und Rankenwerk, Stilelemente, die aus dem Osten über das langobardische Italien in das westliche Abendland gelangt waren (Abb. 37).

Das Ende der Merowinger: König Pippin

Zu Beginn des 8. Jahrhunderts machte die Ausbreitung einer vom christlichen Glauben geprägten Kultur im westlichen Abendland rasche Fortschritte. Der heilige Willibrord, ein angelsächsischer Missionar aus Northumbria, missionierte das östliche Friesland und gründete 698 das Kloster Echternach. Nach 720 missionierte neben ihm, bei den östlich des Rheins ansässigen Germanen, der heilige Bonifatius, den Papst Gregor III. 732 zum Erzbischof von Mainz ernannte. 744 gründete er das Kloster Fulda. Wichtigstes Ergebnis seiner Neuordnung im Frankenreich Karlmanns und Pippins war die Einführung der – gegenüber dem östlichen und dem iro-schottischen Mönchtum – weniger strengen Ordensregel des heiligen Benedikt.

Die mit Zustimmung des Papstes vorgenommene Krönung Pippins des Jüngeren – auch der Kleine oder der Kurze genannt – zum rechtmäßigen König der Franken bedeutet den entscheidenden Bruch mit dem merowingischen Zeitalter. Seit den Ikonoklastenkämpfen begannen die Päpste sich aus dem byzantinischen Staatswesen zu emanzipieren. Die Erhebung Pippins zum König bedeutete einen Schritt vorwärts auf dem Wege zu einer politisch-staatlichen Neuorientierung der abendländischen Welt und zu einer neuen Konzeption von Kirche und Staat. Pippin regierte von 751–768. In den Jahren 754 und 756 unterstützte er den von den Langobarden bedrängten Papst Stephan II., der ihn, da er mit oströmischer Unterstützung nicht rechnen konnte, um Hilfe angegangen hatte. Pippin zog zweimal nach Italien, zwang den Langobardenkönig Aistulf zur Abtretung des Exarchats Ravenna, das rechtlich dem oströmischen Kaiser gehörte, schenkte dieses Gebiet dem Papst – die sogenannte Pippinische Schenkung – und begründete damit den Kirchenstaat. Die fränkische Kirche wurde zur Befestigung des Bundes mit dem Papst dessen Autorität untergeordnet. Die von Karl Martell eroberten Gebiete wußte Pippin zu erweitern, und nach wiederholten Feldzügen wurde auch Aquitanien dem Frankenreich angeschlossen. Pippin und sein Vater hatten die Fundamente gelegt, auf denen Karl der Große aufbauen konnte. Sicherlich würden Pippins Leistungen noch glanzvoller wirken, stünden sie nicht im Schatten der Umwandlung des Frankenreiches in das neue christliche *Romanum Imperium* des Mittelalters.

1 (rechts): Geschnitzter Holzpfahl vom Oseberg-Wagen.

11 Männer von Norden

Wikinger und Normannen

»Wir und unsere Vorfahren leben hier seit dreihundertfünfzig Jahren, und niemals haben Schrecken und Plagen wie diese Britannien heimgesucht; vor dieser Zeit konnte man sich derartige Verwüstungen nicht einmal vorstellen«. Diese Schilderung der Wikinger, die Alkuin, der aus York stammende Gelehrte, Lehrer und Ratgeber Karls des Großen, vor mehr als tausend Jahren niederschrieb, dürfen wir wohl auch heute noch als gültig anerkennen. Vermutlich sahen die Wikinger selbst sich nicht anders: Ihre Helden waren Männer der Tat, Krieger und Eroberer. Mut und Gewandtheit im Kampf waren ihre gefeierten Tugenden. Daß man sie für Seeräuber und Mordbrenner hielt, nimmt nicht wunder, wenn man die Geschichte jener Zeit kennt.

Blick nach dem Süden

Für die Jahrhunderte, da Rom Europa beherrschte – bis zum 4. nachchristlichen Jahrhundert also – liefert uns die wichtigsten Zeugnisse für das Leben in Skandinavien die Archäologie. Diese Periode wird von den Archäologen mit Recht als »Römische Eisenzeit« bezeichnet, denn alles, was aus den Berührungen mit der Welt Roms stammt, bildet die augenfälligsten Elemente der Archäologie Südskandinaviens. Schon seit der frühen Bronzezeit hatten zwischen dem Ostseeraum und den Mittelmeerländern wichtige Handelsbeziehungen bestanden, besonders über die berühmte Bernsteinstraße. Jetzt aber, wenn wir den archäologischen Funden Glauben schenken können, steigerte sich das Ausmaß dieses Handels beträchtlich.

2, 3, 4 Lateinische Inschrift auf einem Gefäß aus einem schwedischen Grab. Um 100. – Das mit dem Stier geschmückte Glasgefäß ist Import aus Rom. – Der anmutige Bronzekrug gehört zu einem dänischen Fund von römischem Tischgerät.

5 Bronzesitula aus Havor auf Gotland mit Halsring, Glocken und Tiegeln. Alle Fundstücke dürften aus Südrußland stammen.

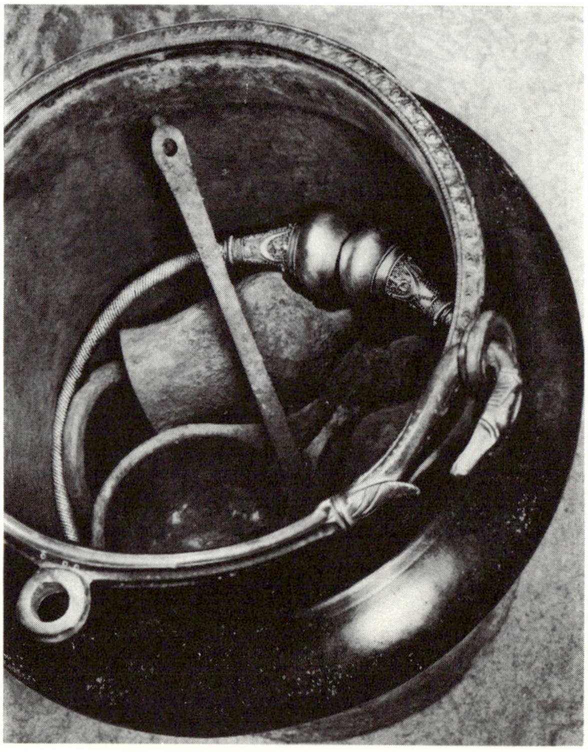

Viele der uns heute bekannten Stücke stammen aus Gräberfunden – mindestens in bestimmten Gebieten Skandinaviens wurde zu dieser Zeit die Leichenverbrennung durch die Erdbestattung ersetzt – und diese Stücke sind größtenteils Luxusgüter: Bronzegefäße, Glasschüsseln, Broschen, Geschirr mit glänzend rot gebranntem Überzug – Terra sigillata –, gelegentlich auch eine klassische Bronzestatuette (Abb. 2, 3, 4). Diese Funde liefern uns wertvolle Zeugnisse für die weitreichenden Handelsbeziehungen dieser Zeit, wobei wir nicht vergessen dürfen, daß die nichtbeständigen Waren verschwunden sind. Ein gut Teil dieser Gegenstände gelangte über Handelsstraßen nach Skandinavien, die offenbar von den als Mittlern agierenden Markomannen kontrolliert wurden, damals Bewohner Böhmens, bis ihr Reich nach dem markomannischen Angriff auf die römische Donaugrenze im Jahre 165 zugrunde ging. Eine Handelsverbindung, wenn auch von geringerer Bedeutung, führte von der Rheinmündung über die holländische Küste zur Westküste Jütlands und des übrigen Skandinavien, ein Weg, der archäologisch durch Funde von römischen Münzen gut belegt ist. Das ganze erste Jahrtausend hindurch gab es außerdem zwischen Schweden und den östlichen Mittelmeerländern eine wichtige Verbindung über Rußland und die Flüsse Osteuropas. Die Goten, ehemals wohl in Skandinavien ansässig, rückten über Rußland südwärts gegen das Schwarze Meer vor, und man darf annehmen, daß ein gewisser Teil der Importwaren mediterraner Herkunft in ostskandinavischen Funden über das Schwarze Meer und durch Rußland dorthin gekommen ist. Auf jeden Fall muß, wie der aus dem 3. Jahrhundert stammende, 1961 ausgegrabene Fund von Havor auf Gotland beweist, ein lebendiger Kontakt existiert haben (Abb. 5).

Schwerter und Pflugscharen

Und die bodenständige Kultur zur Römischen Eisenzeit? Nach den materiellen Überresten aus den skandinavischen Grabfunden zu schließen, muß der römische Einfluß stark gewesen sein. Form und Muster der Goldgehänge, die die Frauen trugen, sowie die Form der Töpferwaren beruhen zum Teil auf römischen Vorbildern. Die Langschwerter jedoch und die dazugehörigen Scheiden zeigen eine Form, die sich bei den germanischen Stämmen der römischen Grenzgebiete herausgebildet hatte. Auch die Tracht scheint von germanischer Art gewesen zu sein. Die Männer trugen Hosen und ein langärmeliges Wams (Abb. 6, 7, 32), die Frauen lange Kleider aus Wolle oder Leinen, im Winter dazu vermutlich Pelze. Trotz des offensichtlich beträchtlichen Handels war die Wirtschaft bäuerlich. Von Bornholm liegen Zeugnisse dafür vor, daß Emmerweizen, Roggen und Hirse angebaut wurde, daß man bei der Ernte Sense und Sichel benutzte, zum Mahlen des Korns Reibsteine. Das gemahlene Korn wurde als Brei gegessen und – in Backöfen oder über offenem Feuer – zu Brot gebacken. Neben Haushaltsgegenständen hat sich in einem Bootsgrab eine Semmel erhalten. Schafe, Ziegen und Rinder lieferten Fleisch, Milchprodukte und Felle (Abb. 8, 9, 10, 11).

Häuser und Siedlungen

Wie die Menschen des Nordens in dieser Zeit gewohnt haben, zeigen am besten dänische Funde. Die Häuser waren im allgemeinen rechteckig, die Wände teils aus unbehauenem Stein, teils aus Torf, die Dächer ruhten auf zwei Pfostenreihen (Abb. 12). Die Bauern wohnten gern in Einzelgehöften für sich, doch sind in Dänemark und besonders

6, 7 Die Hosen und das langärmelige Hemd sind aus Wolle.

8, 9, 10, 11 Erhaltengebliebenes Hausgerät gibt ein lebendiges Bild des Alltags: eine etwa 1500 Jahre alte Semmel, ein Schöpflöffel, ein Trinkhorn, ein Schöpfgefäß, das man auch zum Trinken benutzte.

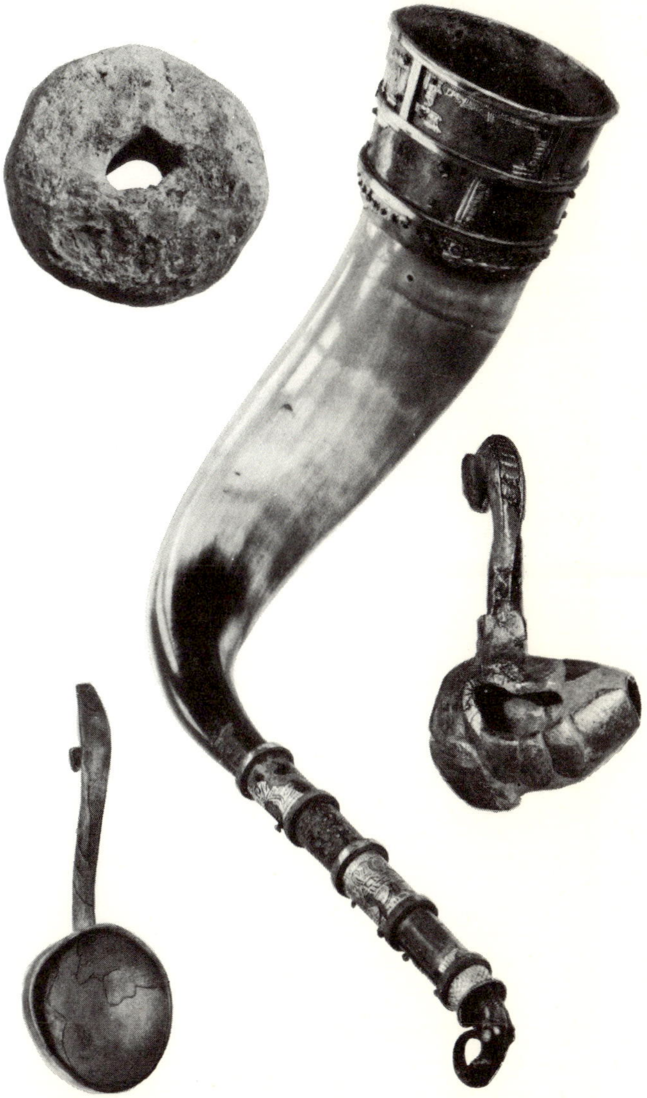

12 Das Modell ist die Rekonstruktion eines für das 3. nachchristliche Jahrhundert typischen Hauses. Über einem Steinsockel erhoben sich lehmbeworfene Flechtwände. Das Dach ruhte auf einer doppelten Reihe von Stützbalken. Ein Loch diente als Rauchabzug. Mensch und Tier lebten in einem einzigen großen Raum zusammen.

13 Dem Meer verdanken die Wikinger Leben, Reichtum und Ruhm. Schiffe wurden oft als Weihegaben für die Götter vergraben. Im dänischen Lehmboden erhielten sie sich. Am besten erhalten blieb das Boot von Nydam in Dänemark. Die Rekonstruktion zeigt, daß das 23 Meter lange Schiff mit 30 Riemen bewegt wurde. Segel kamen erst später in Gebrauch. Das Schiff ist aus Eichenholz gezimmert.

in Jütland geschlossene Dorfsiedlungen ziemlich häufig. Viele Behausungen beherbergten Menschen und Haustiere unter einem Dach. Der Viehstall am einen Ende des Gebäudes war vom Wohnteil säuberlich durch eine Wand geschieden. Das Leben der Menschen spielte sich in einem langen hallenartigen Raum mit einer Feuerstelle in der Mitte ab, wie er im niederdeutschen Bauernhaus als »Diele« bis heute fortlebt. Schlafkammern waren vor dem frühen Mittelalter nicht üblich.

Wege über See

Das Meer hat im Leben des skandinavischen Landbewohners von jeher eine wesentliche Rolle gespielt. Aus dem Meer gewann er einen Großteil seiner Nahrung, über das Meer kamen die Händler – und auch die Feinde. Kein Wunder, daß seegehende Fahrzeuge ihnen sehr wichtig waren. Aus Funden kennen wir eine ganze Reihe kleinerer Boote und größerer Schiffe wie das von Nydam in Südjütland (Abb. 13), ein fast vollständig erhaltenes prachtvolles Eichenholzschiff von 23 Meter Länge, das im Schleswig-Holsteinischen Landesmuseum in Schloß Gottorf in Schleswig zu sehen ist. Mit solchen Ruderschiffen konnte man ohne weiteres die Nordsee überqueren – viele Kaperschiffe noch des 18. Jahrhunderts waren nicht größer –, und wahrscheinlich sind auch die Angelsachsen auf solchen Schiffen nach England gekommen. Von Tacitus wissen wir, daß schon zu seiner Zeit in den nördlichen Gewässern auch Segelschiffe gefahren sind. Archäologisch belegt sind für Skandinavien Segelschiffe vor der Wikingerzeit nicht (Abb. 14). Das Nydamschiff wurde, wie viele andere, im Moor gefunden, in das man sie wahrscheinlich als Opfer für eine Gottheit versenkt hatte; aber diese Schiffsopfer sind nur ein Aspekt des merkwürdigen Phänomens, dem man in ganz Skandinavien begegnet: den Moorfunden. Die größten und bedeutendsten sind die von Kvalsund, Vimose, Nydam, Thorsbjerg und Illerup. Aus ihnen sind erstaunliche Mengen von Waffen, Kleidern, Idolen, Münzen, Pferde- und Menschenleichen

14 Die Abbildung eines Segelschiffes findet sich auf dem Runenstein von Smiss. Kunstvoll verschlungene Taue halten das Segel, das ein Muster von Diagonalen aufweist.

ans Licht gekommen. Die meisten Funde hat man als Beutestücke gedeutet, die gefallenen Feinden abgenommen und in die geheiligten Moore versenkt worden sind. Bei den zum Teil mitsamt der Kleidung überraschend gut erhaltenen Moorleichen handelt es sich aller Wahrscheinlichkeit nach um Hingerichtete und um Menschenopfer – Zeugen von Brauch und Glauben jener alten Völker des Nordens.

Götter eines Heldenzeitalters

Bis zu ihrer Bekehrung gegen Ende des 1. Jahrtausends verehrten die skandinavischen Völker eine Vielzahl von Göttern indoeuropäischer Tradition, die schon damals mit den entsprechenden Göttern Roms gleichgesetzt wurden. Odin, der oberste Gott und Herr aller zauberischen Kräfte, verfügte über große Macht und geheimes Wissen und war zugleich der Gott des Krieges. Wer im Kampf gefallen war, kam zu ihm nach Walhall, wo die Einherjer kämpfend und schmausend ihr wildes Heldenleben führten. Thor, der im Donner dahinfuhr, war mehr dem bäuerlichen Menschen verbunden. Seine ungeheure Kraft bekam er von seiner Mutter Jörd, was mit »Erde« zu übersetzen ist. Njörd, der Gott des Reichtums, war, wie sein Sohn Frey, mit dem Kult der Fruchtbarkeit verbunden. Unter den weiteren Göttern waren Baldur, Thyr und Bragi, unter den Göttinnen Odins Gemahlin Frigga, sowie Freya, die Göttin der Liebe. Sitz der Götter war Asgard, und hier befand sich Walhall. Jeder der Götter hatte seine eigene Halle. An der Wurzel des heiligen Weltenbaumes, der Esche Yggdrasil, wohnten die Nornen, die das Schicksal der Menschen spannen und webten. Der alte Glaube starb bei den Skandinaviern nur langsam, und auch die christlichen Missionare unterdrückten die Neigung des Volkes zur heidnischen Mythologie nicht. Diese Mythologie führt folgerichtig zum Untergang, zu Ragnarök: Das Feuer des Weltenbrandes vernichtet Götter, Asgard und Erde inmitten einer gewaltigen Schlacht zwischen den Göttern und den von Loki geführten Mächten des Bösen. Nach Ragnarök aber entsteht eine neue Welt, die Götter kehren zurück und mit ihnen Glück und Fruchtbarkeit für Erde und Menschen. Schließlich siegt also doch das Gute.

»Weit fort in das Meer«

Aus der Rückschau macht Europa in jener unruhevollen Epoche der europäischen Geschichte, die wir das Zeitalter der Völkerwanderung nennen, den Eindruck eines Mahlstroms: Völker und Völkergruppen sind in Bewegung, suchen nach besserem Land, nach Beute, nach Freiheit von Unterdrükkung, nach »Lebensraum«. Skandinavien lag zwar nur in der Randzone dieses Geschehens, wurde aber doch Quelle und Ursprung für viele der folgenschwersten Entwicklungen. Denn von Skandinavien waren die Goten, die Burgunder, die Angeln und Jüten ausgezogen, um große Teile des Kontinents und die Britischen Inseln zu erobern. Skandinaviens Geschichte um diese Zeit liefert nur verschwommene Bilder von Kriegs- und Raubzügen. Die an Totenbeigaben reichen Gräber lassen uns etwas vom Wesen der nordischen Kultur jener Epoche erkennen (Abb. 16). Die Bestattungsbräuche sind womöglich noch aufwendiger geworden, was auch für die festgegründete Wirtschaft der Zeit zeugt. Oft legt man einen Leichnam in ein Schiff, das dann von einem Hügel überdeckt wird. Gelegentlich hat man das Grab mit einer Einfassung von Steinen in Form eines Schiffes umgeben (Abb. 15). Die Verbindung von Schiff und Tod geht bis in die Bronzezeit zurück. Die Vorstellung einer Schifffahrt ins jenseitige Leben mußte der Gedankenwelt eines seefahrenden Volkes besonders zusagen. Einiges von den Vorstellungen jener Menschen läßt sich aus der Beschreibung des feierlichen Häuptlingsbegräbnisses erahnen, die wir in dem großen angelsächsischen Beowolf-Epos aus dem 8. oder 9. Jahrhundert finden, wenn die dort erwähnte Bestattungsform sich auch etwas von den archäologischen Befunden unterscheidet:

> »Dort im Hafen hielt ein hochbugiges Schiff,
> das strahlende, eifrige Schiff des Herrn.
> Hin legten sie den geliebten Herrn,
> den Dinggeber, in den Schoß dieses Schiffes,
> den Herrn zum Maste. Sie brachten von weither
> große Schätze und kostbar Geschirr.
> Nie hört' ich von solchen Schiffen, so reich gerüstet
> mit Waffen des Kriegs, Wehr zum Kampfe,
> Schwertern und Harnisch. Viele Schätze lagen
> gehäuft auf seiner Brust, zu reisen,
> mit ihm weit fort in das Meer.«

Schätze und Fluchtburgen

Besonders kostbar sind die Schatzfunde aus dem 5. und dem Anfang des 6. Jahrhunderts. Sie lehren uns, daß damals zwar Geld und Gold nach Skandinavien strömten, daß im Lande aber Unruhe herrschte, denn nur bei wirklicher Gefahr werden Schätze vergraben und geraten dann in Vergessenheit. Die meisten dieser Schätze bestehen aus Ringen und Schmuckstücken, von denen manche, wie die großen goldenen Halskragen aus Schweden, äußerst kunstvoll gearbeitet und sehr schön sind (Abb. 17). Die recht

15 Die Vorstellung vom Totenschiff gehört zum Glauben der heidnischen Skandinavier. Bisweilen erhielten Gräber eine Steinumrandung in Form einer Schiffskontur.

16 (rechts): Der furchteinflößende Eisenhelm aus einem Kriegergrab ist mit Bronze verziert. Den Augenschutz bilden stilisierte Brauen, die in Tierköpfen auslaufen.

17 Der goldene Kragen aus dem 5. Jahrhundert aus dünnen Goldfäden zeigt Verzierungen in Granulationstechnik. Fünf goldene Röhrchen sind mit Golddraht verbunden. Das schöne Schmuckstück stammt aus Färjestaden in Schweden.

hohe Zahl von Goldmünzen, die man besonders auf den Ostseeinseln gefunden hat, zeigt, woher das Metall wie der Reichtum stammten: daß der Handel, der sich während der Römischen Eisenzeit ausgedehnt hatte, weiterging. Nach dem Urteil von Fachleuten sprechen alle Befunde dafür, daß das Vergraben von Schätzen sich auf die Jahre zwischen 480 und 520 beschränkt, und es ist interessant, daß gerade in diese Epoche der Bau einer ganzen Reihe von Befestigungen fällt, was darauf schließen läßt, daß sie während der Völkerwanderungszeit als Fluchtburgen für die Bevölkerung des Bezirks bei Überfällen, etwa durch Seeräuber oder räubernde Banden einer Art, wie sie ebenfalls der »Beowulf« schildert (Abb. 18), dienten.

Die Kunst der Wikinger

Diese Epoche großen Reichtums und großer Gefahren war zugleich auch die Zeit, in der die Völker Skandinaviens sich ihrer eigenen Kraft und ihres eigenen Geschmacks bewußt wurden. Als vielleicht bemerkenswertesten Ausdruck dieses Selbstbewußtseins kann man ihre Kunst ansehen, die sich in der Völkerwanderungszeit zu entfalten beginnt und, mindestens in einer ihrer Ausprägungen, in ungebrochener Tradition bis zur Wikingerzeit fortdauern sollte.

Die ganze Zeit hindurch lassen sich zwei Richtungen feststellen: eine naturalistische Kunst der Tierdarstellung von überraschendem Einfühlungsvermögen und ebenso überraschend hoher Qualität; von ihr ist sehr wenig erhalten; und daneben eine abstrakte Kunst von auffallender Originalität. Ihr Kennzeichen ist die extrem gewundene, verschlungene Linie. Sie war angewandte Kunst und wurde fast ausschließlich für die Verzierung von Gebrauchsgegenständen – Broschen, Schwertern, Ohrgehängen und Helmen – benutzt. Sie beruht auf einem halbnaturalistischen Tierornament, das bis in die spätrömische Eisenzeit zurückgeht. Die Künstler des Nordens übernahmen von denen der römischen Provinz eine Technik, die diese halbnaturalistischen Wesen zu sehr viel abstrakteren Formen wandeln sollte. Es war die Technik des »Spanabhebens«, mit deren Hilfe eine glatte Oberfläche sich in eine Vielzahl von Facetten schneiden ließ, so daß der Gegenstand bei jedem Lichteinfall aufglitzerte. Die Tiere wurden immer eckiger, ihre Formen immer mehr zergliedert, bis es, wie beim Griff des Schwertes von Snartemo (Abb. 19) praktisch unmöglich wird, sie überhaupt noch zu identifizieren. Als gegen Ende des 6. Jahrhunderts dieses Stadium erreicht war, kam vom südlichen Mitteleuropa her ein anderer Stil auf, dessen Hauptmotive – schlangenartig gewundene Muster – die unterschiedlichsten Formen annehmen konnten. Diese Elemente und ihre Abwandlungen ließen in Skandinavien schließlich den brillanten Stil der Wikingerkunst entstehen (Abb. 20, 21, 22).

»Ein tapferes, grimmiges heidnisches Volk«

Woher das Wort »Wikinger« stammt, haben auch die endlosen Erörterungen der Philologen und Historiker nie zufriedenstellend klären können. Wir gebrauchen den Ausdruck als Bezeichnung für die skandinavischen Völker des frühen Mittelalters. Manches Jahr schon waren allerlei unklare Gerüchte über Seeräubereien nördlicher Barbaren

18 Das Militärlager Trelleborg konnte 1200 Menschen beherbergen. Hinter dem kreisrunden Wall lagen 16 Langhäuser, jeweils vier zu einem geschlossenen Rechteck zusammengeschlossen. Außerhalb des Walles weitere 13 Häuser (Rekonstruktion).

19 (rechts): Das herrliche Snartemo-Schwert stammt aus dem 6. Jahrhundert. Die Tierformen sind durch die Verzierungen bis zur Unkenntlichkeit stilisiert.

20 Mit Gold und Silber eingelegte Zeremonialaxt. Verschlungene Formen auf glattem Untergrund sind typisch für die Wikingerkunst im 9. und 10. Jahrhundert.

21 Geschmeidig sich windende Tiere zwischen rebenähnlichem Flechtwerk zeigen die Schnitzereien der Stabkirche zu Urnes, Norwegen.

22 Pferdekopf aus vergoldeter Bronze. Die Tiere, die die Augen bilden, sind im Liniengewirr kaum zu erkennen.

in Umlauf gewesen, als die Plünderung des Klosters Lindisfarne auf Holy Island vor der Küste von Northumbria, dem nördlichsten Königreich der Angelsachsen, den Menschen des Westens den ersten wirklichen Eindruck von den Wikingern vermittelte. Das war im Jahr 793. In den folgenden Jahren, Jahrzehnten und Jahrhunderten sind die Seiten der Annalen und Chroniken voll von Berichten über die Taten und Untaten dieser heidnischen Räuber:

»836: In diesem Jahr kämpfte König Egbert bei Carhampton gegen die Mannschaften von 35 Schiffen. Ein großes Blutbad fand dort statt, und die Dänen behaupteten das Feld.«

»842: In diesem Jahr war ein großes Blutbad in London und in Quentovic und in Rochester.«

»870: In diesem Jahr ritt das Raubheer über Mercia nach Ost-Anglia und nahm Winterquartiere in Thetford. Und jenen Winter kämpfte König Edmund gegen die Dänen, und die Dänen hatten den Sieg und töteten den König und eroberten alles Land.«

Wie diesen Zitaten zu entnehmen ist, kamen die Wikinger ursprünglich als Räuber nach Britannien. Aber schon vor Mitte des 9. Jahrhunderts traten an die Stelle dieser Überfälle Invasionen, und die Wikinger, oft »Dänen« genannt, begannen sich unter ihren eigenen Königen in eigenen Distrikten anzusiedeln. Dem ersten norwegischen Herrscher Irlands begegnen wir nach 830, und im letzten Drittel des Jahrhunderts waren Wikinger in Yorkshire und in jenem Gebiet seßhaft geworden, das mit Yorkshire und dem nordöstlichen Teil Englands bald als »Danelaw« – unter dänischem Recht stehend – bezeichnet wurde. Die Normandie ist erst 911 von den Wikinger-Normannen besiedelt worden. Das übrige Frankreich war, wie die Niederlande und Spanien, während des 9. und 10. Jahrhunderts ständig den Angriffen der Wikinger ausgesetzt. Auch Schottland und die schottischen Inseln, die Färöer und die Insel Man gerieten unter ihre Herrschaft (Abb. 23). Das Glück der Wikinger stieg, schwand und stieg abermals, bis Anfang des 11. Jahrhunderts ein Wikingerkönig, Knut der Große (gest. 1035), auf dem Thron von England saß und – mindestens dem Namen nach – über ein riesiges Reich herrschte, das sich vom nördlichen Norwegen bis Cornwall erstreckte. Nach seiner Regierung brach jedoch in den meisten Gebieten der Britischen Inseln die Wikingermacht zusammen.

Die Waräger

Ganz anderer Art waren die Abenteuer der *schwedischen* Wikinger in Osteuropa. Auch hier wird im 9. und 10. Jahrhundert über Raubzüge berichtet und sogar von Angriffen auf Konstantinopel. Doch galt das Hauptinteresse der östlichen, meist Waräger genannten, Wikinger weit mehr

23 Die Insel Man besiedelten die Wikinger im 10. Jahrhundert. Das Kreuz von Kirk Michae in der traditionellen keltischen Form entstand um 950. Es trägt eine norwegische Runeninschrift, die es als Weihegabe bezeichnet.

24 Auch nach der Christianisierung entstanden noch heidnische Symbole: Thors Hammer als Amulett.

25 Das älteste bekannte Kreuz aus Skandinavien, wie das Amulett aus dem 10. Jahrhundert.

26 Der Jellingstein, ein Felsblock mit Reliefs, wurde von König Harald aufgestellt, der laut Runeninschrift »ganz Dänemark und Norwegen eroberte und die Dänen zum Christentum bekehrte«.

dem Handel als der Besiedlung. Das Hauptziel dieser Kriegerkaufleute scheint die Beherrschung der großen russischen Wasserstraßen des Dnjepr und der Wolga gewesen zu sein, Routen, die den Weg für den Handel mit Konstantinopel sowie mit dem Nahen und Mittleren Osten eröffneten. Der Einfluß der Wikinger, die zahlreiche Siedlungen gründeten, auf die slawische Bevölkerung war so groß, daß sie als die Gründer des russischen Staates angesehen werden. Sogar der Name kommt von den Warägern her: einer ihrer Stämme wurde von den Slawen »Rus« genannt, was »Ruderer« bedeutet.

Von Island bis zum Piräus

Im Nordatlantik besiedelten die Wikinger Island, wo sich bis dahin nur wenige keltische Christen als Einsiedler niedergelassen hatten, und von dort aus Grönland. Und ganz am Ende der Zeit, mit der wir uns hier befassen, stießen sie einige Male nach Amerika vor und überwinterten sogar dort: vielleicht in den Häusern, deren Reste unlängst von einer norwegischen Archäologenexpedition im Norden Neufundlands entdeckt worden sind. Das wichtigste dieser Abenteuer aber blieb die Kolonisierung Islands von 870–930. Aus den historischen Quellen des 13. Jahrhunderts, von denen viele auf frühere Aufzeichnungen zurückgehen, läßt sich ein guter Überblick über das gesellschaftliche und politische Leben auf der Insel gewinnen. Island war kein Königreich, sondern eine bäuerliche Adelsrepublik mit einer Volksversammlung im Freien, die alljährlich in Thingvellir – unweit der heutigen Stadt Reykjavik, zusammentrat. Die Volksversammlung, das Althing, erließ Gesetze und sprach Recht. Ähnliche Institutionen mögen auch in den übrigen Wikingerländern verbreitet gewesen sein. Das uralte Wikingerparlament lebt auf der Insel Man fort, wo noch immer am alten Sommersonnwendtag auf dem Tynwald-Hügel (Thingwald) die Gesetze von einer Vollversammlung aller Stände verkündet werden. Die politische Geschichte der Wikingervölker nach 800 ist ein kompliziertes Geflecht von Invasionen und Überfällen, von Vernichtungskriegen gegeneinander und Sippenfehden. Wichtig ist die Tatsache, daß die Skandinavier sich gegen Ende des ersten Jahrtausends nach und nach dem Christentum zuwandten. Schon im Verlauf des 9. Jahrhunderts beginnt die Missionierung (Abb. 24, 25, 26): zunächst durch den heiligen Ansgar, den »Apostel des Nordens«, seit 831 dann von dem neuerrichteten Erzbistum Hamburg-Bremen aus. Den eigentlichen Wendepunkt in der christlichen Mission brachte die Bekehrung des dänischen Königs Harald Blauzahn um 960, die der Errichtung der Bischofssitze in Aarhus, Ribe und Schleswig 940 folgte. Von dieser Zeit an ist die Geschichte des Nordens gut dokumentiert. Aber den größten Teil unserer Kenntnis über den Norden während der Wikingerzeit verdanken wir der Archäologie. Der Inhalt der großen Schiffsgräber von Oseberg und Gokstad (Abb. 27, 28, 29, 30, 31) liefert uns die Beweise für den Reichtum und den Geschmack der wohlhabenderen Familien wie für das überragende Können der skandinavischen Schiffsbauer und Handwerker. Die schon erwähnten Lager (Abb. 18) geben Zeugnis von der vorzüglichen militärischen Organisation der dänischen Heere. Die Grundmauern isländischer Höfe lassen uns etwas vom Leben der Bauern auf der Insel am Polarkreis ahnen. Und Altertümer wie ein Grabstein aus der Londoner St.-Pauls-Kirche, ein Wikingerschiff im Boden der Normandie, eine Brosche aus Gnesdowo bei Smolensk, eine

27 Der Bug des Osebergschiffes ist mit geschnitzter Tierornamentik verziert. Der Osebergstil leitet zur eigentlichen Wikingerkunst über.

28 Ein Meisterwerk der Schiffsbaukunst: Das Gokstadt-Schiff ist über 20 Meter lang und hat kaum einen Meter Tiefgang. Die Bodenplanken sind nicht ganz zehn Zentimeter dick.

29 Der stilisierte Löwenkopf vom Osebergschiff drückt die ganze Kraft und Wildheit des Tieres aus, obwohl die Darstellung sich fast ausschließlich auf abstrakte Ornamentik beschränkt.

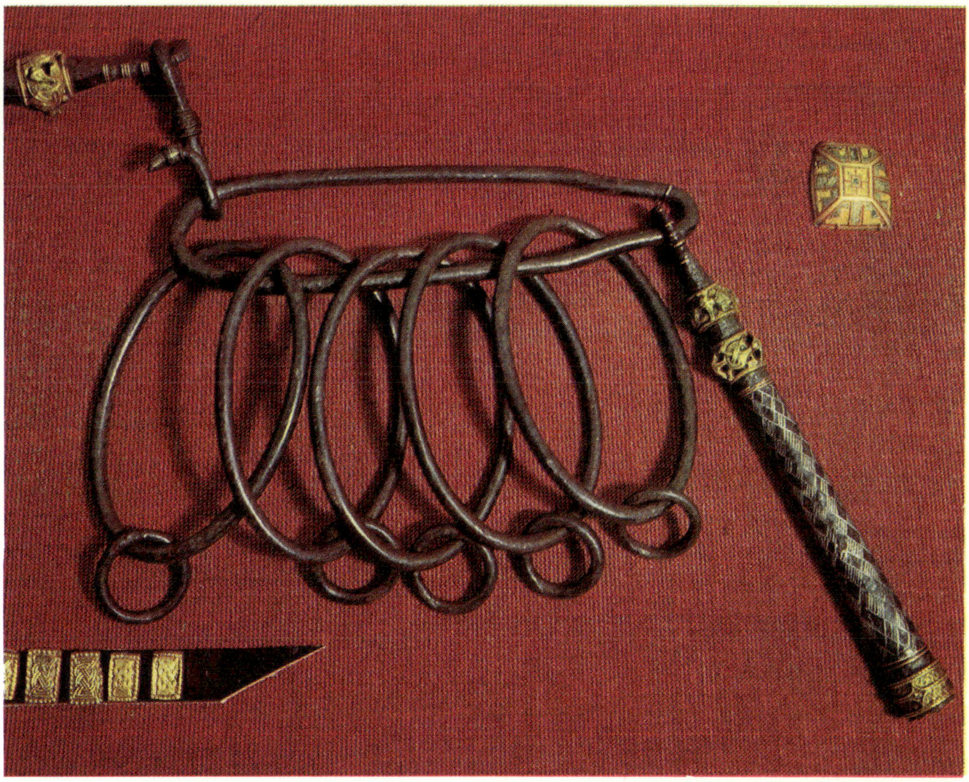

30, 31 Die eiserne Klapper aus den Grabbeigaben des Osebergschiffes diente wohl zur Abwehr böser Geister. – Der vollständig erhaltene Wagen aus dem Osebergfund ist eine wichtige Entdeckung der nordischen Altertumskunde. Heute ist bewiesen, daß solche Wagen in Gebrauch waren. Die Seiten des Osebergwagens sind mit geschnitzten Sagenszenen verziert. Ihr Stil unterscheidet sich deutlich von dem der Stirnseiten-Schnitzereien. Die geschwungenen Querteile, auf denen der Wagenkasten ruht, enden in menschlichen Köpfen.

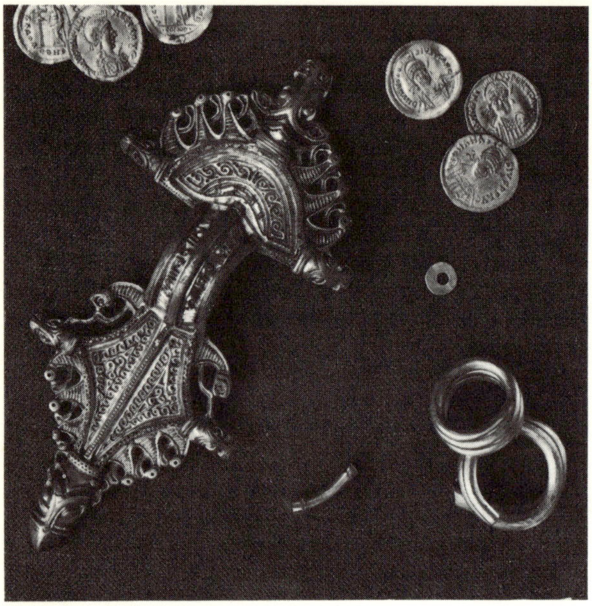

32 Die vergoldete Silberfibel dürfte zum Gewand eines reichen Wikingers gehört haben. Sie wurde zusammen mit spätrömischen Münzen in einem Grab bei Dalshøj auf Bornholm gefunden.

Runeninschrift auf einem der Löwen von San Marco, der einst im Piräus stand – das sind nur einige wenige von den Überresten, die uns die Geschichte von den Abenteuern der Wikinger genauso beredt erzählen wie zeitgenössische Chronisten oder spätere Sagaschreiber. Und sie belegen zugleich einen oft übersehenen Aspekt der skandinavischen Geschichte: daß das Leben im Norden vom Beginn der Römischen Eisenzeit bis zur Bekehrung im 10. und 11. Jahrhundert gesellschaftlich, wirtschaftlich und politisch fast unverändert fortgegangen ist.

»Eine Kultur, ihrer selbst sicher«

Ein wirklich neuer Zug des skandinavischen Wesens zur Wikingerzeit war nicht der Handel, wie oft behauptet wird – Handel wurde schon in der Bronzezeit getrieben –, sondern die Konzentration von Handel und Händlern in Städten. Sorgfältig geplante Städte beherrschten die ganze Handelstätigkeit des Ostseeraums. Haithabu an der Schlei – der heutigen Stadt Schleswig gegenüber –, Birka im Mälarsee und Kaupang an der Westseite des Oslo-Fjords waren die bedeutendsten Gründungen dieser Zeit. Von diesen Handelsniederlassungen aus segelten die Kauffahrer nach Rußland, nach London, nach Hamburg und Bremen, umrundeten das Nordkap, drangen vor bis zu den Säulen des Herkules. Ein solcher Händler war Ohthere, dessen Bericht über eine Seereise rund um das Nordkap von König Alfred dem Großen aufgezeichnet wurde. In Ohtheres Erzählung werden sowohl Kaupang in Norwegen wie Haithabu erwähnt. Offenbar war aber die Anlage dieser Städte keine ganz erfolgreiche Neuerung gewesen, denn keine von ihnen hat die Wikingerzeit lange überdauert. Städte paßten offenbar nicht in die bäuerliche nordische Kultur der Epoche. Marc Blochs Wort, die Wikinger hätten eine »ihrer selbst sichere Kultur« geschaffen, wird durch nichts besser veranschaulicht als durch ihre Kunst, die sich gegen nahezu alle Einflüsse der karolingischen und ottonischen Kunst verschließt und die großartig wilde eigenständige Kunst des Nordens blieb, die sie war. Im 10. und 11. Jahrhundert standen die skandinavischen Länder auf dem Gipfel ihrer Bedeutung. Nie wieder haben sie auf Leben und Denken Europas eine solche Wirkung ausgeübt. Selbst die Leistungen eines Gustav Adolf und eines Karl XII. verblassen vor den Eroberungen der Wikinger. Trotz der Unheilsprophezeiungen Alkuins und vieler seiner Zeitgenossen haben die Wikinger die abendländische Kultur nicht vernichtet, sondern im Gegenteil bereichert, namentlich durch ihre Staatsgründungen in der Normandie, in England und Sizilien. Teile ihrer Rechtsordnung, ihr Grundsatz der persönlichen Freiheit, ihr Drang, die Grenzen der damals bekannten Welt zu erforschen und nicht zuletzt die Saga – Literatur des mittelalterlichen Island, die in unvergleichlicher Weise das normannische Heldenzeitalter gestaltet –, alles das ist lebendiger Bestandteil unserer abendländischen Tradition geworden.

1 (rechts): Schätze aus dem Schiffsgrab von Sutton Hoo.

12 Umkämpfte Inseln

Das keltische Britannien und die Angelsachsen

Immer noch ist das 5. nachchristliche Jahrhundert das dunkelste in der britischen Geschichte, wenn wir auch einiges Wesentliche kennen: den Rückzug der Römer, die Ansiedlung germanisch sprechender Völker in Teilen von Ost- und Südengland, das Fortleben gewisser charakteristischer Merkmale der Römerzeit, eine Vielzahl von Invasionen im Norden und im Westen, das Weiterbestehen des Christentums, – zumindest in Irland und Schottland, wenn nicht darüber hinaus. Aber selbst diese Geschehnisse, die als historisch gelten können und im allgemeinen nicht angezweifelt werden, lassen noch mancherlei Deutungen offen. Die spärlichen literarischen Quellen für das 5. und 6. Jahrhundert sind oft unzuverlässig, schwierig auszuwerten und keine Dokumente im modernen Sinn.

Die germanischen Siedler

Germanische Söldner hatten jahrelang im römischen Heer gedient und hohe Stellungen erreicht. Sogar ganze Stammesgruppen waren in den Dienst der Römer getreten. Auch hat man aus gewissen Funden in Kent, im Themsetal und in Teilen von Ost-Anglia auf die Anwesenheit von Siedlern am Ende des 4. oder am Anfang des 5. Jahrhunderts geschlossen, die vielleicht *foederati* – Verbündete –, vielleicht auch dienstentlassene Söldner waren und zwischen der bodenständigen Bevölkerung lebten. Aber irgendwann einmal haben dann germanischsprachige Siedler ihre Heimstätten nicht mehr mit römischer oder britischer Erlaubnis in Besitz genommen, sondern mit dem Recht des Stärkeren. Dieser Vorgang ist an sich nichts Einzigartiges: die besondere Bedeutung der germanischen Landnahme liegt in ihren Folgen, in der Tatsache zum Beispiel, daß in Großbritannien heute Englisch gesprochen wird und nicht Walisisch oder eine Tochtersprache des Lateinischen. Die traditionelle Deutung dieser Ereignisse, – sie geht auf Gildas, auf Beda und die angelsächsische Chronik zurück – hat sich bis tief ins 19. Jahrhundert hinein erhalten. Sie bestach durch Kürze, Einfachheit und Vernünftigkeit: Die Legionen zogen ab, hinterließen aber eine Art römischer Organisation. Tyrannen aus dem Westen ergriffen die Macht, und einer von ihnen, Vortigern, sah sich gezwungen, Angeln und Sachsen nach Britannien zu bitten, damit sie den des römischen Schutzes beraubten Briten bei ihren Kämpfen gegen die Pikten und Skoten halfen. Nachdem die Angeln und Sachsen diese Barbaren des Nordens geschlagen hatten, ließen sie weitere Siedler aus ihrer Heimat kommen, dazu Jüten. Als man ihre sich steigernden Forderungen nach Lebensmitteln nicht erfüllte, verbündeten sie sich mit den Pikten und begannen Britannien zu verwüsten. Ein britischer Sieg in Südengland am Mons Badonicus (Mount Badon) unter der Führung des letzten Romanobriten, des Ambrosius Aurelianus, brachte eine vorübergehende Ruhepause. Die unerläßliche moralische Seite dieser Geschichte ist, daß der Untergang der Briten als Folge einer totalen Korruption von Staat und Kirche nach dem Abzug der Römer eingetreten ist. Auf kirchlichem Gebiet zeigte sich dies in der Verbreitung der Irrlehre des Pelagius, auf weltlichem in den Sünden Vortigerns und der ihm folgenden Britenherrscher: Inzest, Ehebruch, Mord und andere Vergehen. Vom britischen Standpunkt aus bedeutete der Gang der Ereignisse im 5. und 6. Jahrhundert eine Katastrophe, die jedoch als Strafe Gottes betrachtet wurde. Dieser in sehr groben Zügen gezeichnete Umriß der Geschichte der angelsächsischen Besiedlung basiert vorwiegend auf den Schriften eines anglischen Mönches des frühen 8. Jahrhunderts. Eine Darstellung des 5. Jahrhunderts aus britischer oder römisch-britischer Sicht fehlt.

Irlands Heldenzeit

Das älteste Quellenmaterial für die irische Geschichte, wenn es auch durch Mythen und eine abgründige Geringschätzung objektiver Tatsachen und chronologischer Ordnung verdunkelt ist, enthüllt dennoch ein überzeugendes Bild: das Bild einer lebenskräftigen Gesellschaft der späten Eisenzeit, auf der Grundlage des Stammes und der Dynastie gegliedert, mit einer Wirtschaft, die teils auf Viehzucht, teils auf Ackerbau beruht. Konflikte zwischen den Stämmen – im vorrömischen Britannien der Vorwand für die Eroberung durch die Römer – darf man auch auf Irland bis lange nach der römischen Zeit Britanniens voraussetzen. In der irischen Pseudo-Geschichte drehen sich die meisten Berichte um Heerkönige und Helden, um Viehraub, Eroberungen, Sklaverei und Vertreibungen. In gewisser Hinsicht repräsentiert dieses ebenso farbige wie unruhige Zeitalter die irische Version eines »Heldenzeitalters«. Das südbritische Gegenstück dazu hat durch die Römer sein Ende gefunden und deshalb leider keine Heldendichtung hinterlassen. Daß es während dieses Heldenzeitalters zu zahlreichen kleineren Zügen auf die britische Hauptinsel kam, dürfte aller Wahrscheinlichkeit nach soziale und wirtschaftliche Gründe gehabt haben. Die Spuren deuten auf eine weit höhere Bevölkerungsdichte als die des eisenzeitlichen Britannien. Große, dünnbesiedelte Landstriche im westlichen Britannien konnten über wohlbekannte Seewege erreicht werden, die man lange Zeit zu Seeräuberei und Sklavenfang benützt hatte. Irischen Quellen zufolge führte eine bedeutende Bevölkerungsbewegung größere Stammeseinheiten von Südirland nach Südwestwales. Das Endergebnis war die Gründung einer irischen Dynastie, eine teilweise zweisprachige Bevölkerung und ein irischer Stützpunkt, der einige Jahrhunderte lang dem völligen Aufgehen in Wales widerstand. Im Nordwesten, wo die schottischen Berge von der irischen Küste aus sichtbar sind, zogen Siedler in das Küstengebiet von Argyll und auf einige der südlichen Inseln, und diese Scotti oder Scoti, wie Beda und andere Schriftsteller sie nennen, sollten schließlich dem größten Teil Nordbritanniens nicht nur ihre gälische Sprache, sondern auch ihren Namen geben. Die Iren in Wales breiteten sich, wahrscheinlich im 5. Jahrhundert, südwärts aus. Im 6. Jahrhundert trifft man in großen Teilen Westcornwalls und auf den Scilly-Inseln auf die Spuren weiterer Iren, die den archäologischen Funden nach friedlich und vielleicht direkt von Irland gekommen sind.

Wandernde Völker

Es gibt in dieser Zeit in Britannien auch noch andere Wanderbewegungen. Relativ früh im 5. Jahrhundert zum Beispiel setzten von Südbritannien aus Gruppen über das Meer in die alte gallo-romanische Provinz Armorica, die heutige Bretagne. Aus der dabei erfolgten Übertragung des Keltischen hat sich die bretonische Sprache entwickelt. Die so geschaffene sprachliche und soziale Verbindung zwischen Britannien und der Bretagne löste sich erst im Nachmittelalter. Auf der Insel Man scheint zwischen dem 5. und 7. Jahrhundert eine britisch-keltische Bevölkerung von einer irischen überwältigt worden zu sein, wofür wir allerdings nur sprachliche Quellen haben. Und das nachrömische Bistum von Britonia im nordwestlichen Spanien mit Bischöfen, deren Namen keltisch sein dürften, umfaßt Briten oder Bretonen oder beide, worüber man leider nur sehr wenig weiß. Endlich standen möglicherweise Teile von Ostschottland und Skandinavien miteinander in Verbindung, und zwar schon Jahrhunderte vor der Ankunft der Normannen (Abb. 2). Britannien, das sich unter den Römern nicht grundsätzlich verändert hatte, gestaltete sich nunmehr wesentlich und fortdauernd um.

Das Christentum und die alten Götter

Das Ende des 6. Jahrhunderts stellt in der britischen Geschichte eine Art Zäsur dar, denn es bildet ungefähr die Mitte zwischen dem Ende der Römerzeit und dem Einfall der Normannen und kennzeichnet auch jene Periode, in der das bisher wohl schon einflußreiche, aber örtlich beschränkte Christentum eine das ganze Land erfassende Bedeutung anzunehmen beginnt.

Das Christentum ist vermutlich durch die Römer und wohl vor dem Ende des 2. Jahrhunderts nach Britannien gelangt. Im Jahre 314 nahmen drei Bischöfe – die von York, London und Lincoln (oder Colchester) – an einem Konzil in Arles teil. Daß das Christentum nach der Besiedlung durch die heidnischen Germanen im südlichen England des 5. Jahrhunderts weiterbestand, ist nicht nur durch den Besuch des heiligen Germanus bezeugt, sondern auch durch die Ausbreitung des Pelagianismus, jener nach dem britischen Mönch Pelagius benannten – von Augustin entschieden bekämpften – theologischen Richtung, die die Lehre von der Erbsünde ablehnte. Wahrscheinlich existierten damals in einigen Gebieten Christengemeinden, die auf das römische Britannien zurückgingen, während sich im größten Teil von Irland, Schottland und Wales und wohl auch weithin in den ländlichen Gebieten Englands das Heidentum behauptete. Die angelsächsischen Eindringlinge brachten eine Reihe von heidnischen Kulten mit (Abb. 3) und ein Arsenal von Aberglauben und Zaubersprüchen, von denen glücklicherweise viele in altenglischen Kräuterbüchern erhalten geblieben sind. Indessen ist es offenbar nicht richtig, wie es häufig geschieht, der Kirche zur spätrömischen Zeit Britanniens die Rolle einer missionierenden Kirche zuzuweisen. Wenn Beda Venerabilis (672/673–735) in seiner »Kirchengeschichte des englischen Volkes« (Abb. 14) berichtet, Mynias oder Ninian sei im 5. Jahrhundert als Bischof in Withorn im südlichen Schottland erschienen, so heißt das nicht – wofür es genügend Beweismaterial gibt –, daß man versucht hätte, die Gallowegier zu bekehren; es bedeutet vielmehr die Errichtung eines Bischofssitzes oder vielleicht sogar nur seine Neubesetzung in einer Christengemeinde aus spätrömischer Zeit in diesem Gebiet. Der archäologische Beweis – Art und Verbreitung von Gedenksteinen – deutet auf eine regelrechte Diözese in Südschottland zwischen dem Hadrians- und dem Antoninuswall, deren Zentren annähernd mit den Stätten der Macht in nachrömischer Zeit übereinstimmen.

Der Apostel Irlands

Auch im Fall des heiligen Patrick hieße es das Beweismaterial überzubewerten, wenn man in dem Apostel Irlands einen Missionar sehen wollte, den Rom zur Bekehrung eines heidnischen Landes ausgesandt habe, das ihm nicht unbekannt war, weil er als Sklave dort gelebt hatte, entkommen konnte und zehn Jahre später zurückkehrte.

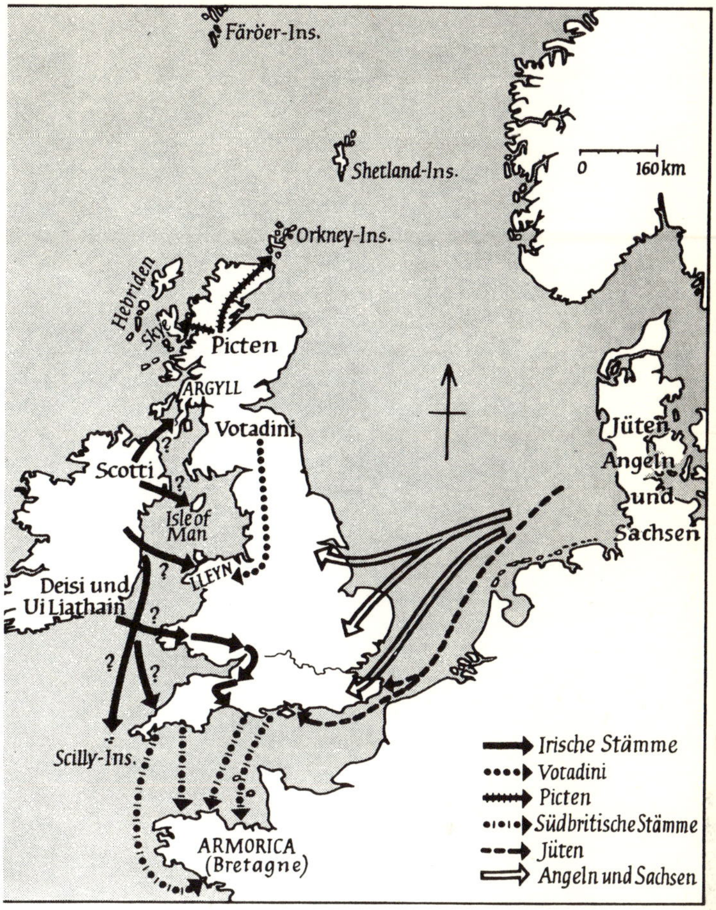

2 Schottland erhielt seinen Namen von irischen Siedlern des 6. und 7. Jahrhunderts, den Scotti, die Bretagne den ihren von britischen Auswanderern aus Südengland. Der keltische Name der Bretagne ist Armorica.

3 Die Germanen, die im 5. Jahrhundert Britannien besiedelten, waren Heiden. Erst die Missionare Papst Gregors I. bekehrten sie. Ein Denkmal des alten Glaubens war das Schiffsgrab von Sutton Hoo, dem auch die wahrscheinlich Odin darstellende Bronzeplatte entstammt (s. auch Abb. 1).

Die meisten Forscher lassen Patricks *Confessio*, einen Rechenschaftsbericht über seinen religiösen Werdegang, als Zeugnis einer historischen Gestalt gelten. Man nimmt an, daß Patrick während seiner Abwesenheit von Irland nach längerer christlicher Unterweisung zum Bischof geweiht worden war. In Irland arbeitete er, der Überlieferung nach, mit andern Klerikern zusammen, etwa dreißig Jahre lang bis zu seinem Tode. Offiziell wird in Irland angenommen – also von Kirche und Staat –, daß die Bekehrung der Iren Patricks Hauptabsicht und Hauptaufgabe gewesen sei. Sicherlich aber bestand Patricks Hauptpflicht in der oberhirtlichen Betreuung der irischen Christen des 5. Jahrhunderts, und einige sehr dunkle, sehr alte Überlieferungen deuten tatsächlich auf Gruppen von frühen Christen hin.

Eine neue Kirche
Die Mission des Augustinus

Diese also mit Sicherheit bischöfliche Kirche, die wir mit Patrick und Ninian in Verbindung bringen, hat offenbar das 6. Jahrhundert nicht überdauert. Die Gründe dafür lassen sich aus Bedas sorgfältiger Abschrift der Anweisungen Papst Gregors des Großen vom Jahre 601 für den Benediktiner Augustinus von Canterbury gut erkennen. Augustinus war in erster Linie angewiesen, zwölf Bischöfe einzusetzen, darunter einen für London innerhalb seines eigenen Bistums. Weiterhin sollte er in York einen Bischof als zweiten Metropoliten bestellen, und dieser wiederum sollte die Einsetzung von zwölf weiteren Bischöfen für den Norden durchführen. Papst Gregors Anweisungen sind nicht zuletzt wegen der Fragen, die sie aufwerfen, aufschlußreich. In Gallien wären sie durchführbar gewesen, weil dort die Ordnung auf dem bestehenden Netz von Städten und Straßen basierte, und weil außerdem die Kirche schon lange dem hierarchisch gegliederten Vorbild der römischen Zivilverwaltung gefolgt war. Für Britannien waren solche Anweisungen bedeutungslos: Die »vierundzwanzig Städte« – mit London und York sechsundzwanzig – haben nicht existiert. Und am Ende hat Augustinus ja auch nur zwei Einsetzungen vorgenommen, in London und in Rochester. Im südlichen Schottland und in Irland wäre ein solcher Versuch ebenfalls fehlgeschlagen, denn man weiß nicht einmal sicher, ob die irischen Königreiche überhaupt feste, dauernde Hauptstädte in unserm Sinn hatten. Das einzige kirchliche System, für das eine Aussicht bestand, sich im Volk zu verbreiten und durchzusetzen, konnte nur eines sein, das den keltischen Begriffen von Grundbesitz, Nachfolgerecht und persönlicher Autorität entsprach. Vom Ende des 5. Jahrhunderts an trat es an die Stelle der schwachen nachrömischen Bistümer, verbreitete sich über fast alle keltischsprachigen Gebiete, drang in die germanischsprachigen Gebiete ein und war sogar in der Lage, auf das europäische Festland überzugreifen.

Eine neue Lebensform — die Klöster

Die mönchische Kirche Britanniens leitete sich – auf einigen Umwegen – vom Mittleren Osten her. Es gibt kaum einen Zweifel, daß das Mönchtum sich gegen Ende des 5. Jahrhunderts nach Britannien ausgebreitet hat. Die südwalisische Küstenebene dürfte um diese Zeit die früheste Mönchsiedlung gesehen haben (Abb. 4). In Tintagel in Cornwall gab es im 5. Jahrhundert ein keltisches Kloster, wahrscheinlich eine Gründung irischer Siedler aus Südwales. Aus Südwales stammt auch – der Überlieferung nach – das irische Mönchtum. Von der Mitte des 6. Jahrhunderts an ist dann eine Anzahl größerer irischer Zentren festzustellen. Dazu gehört das 563 von dem irischen Mönch Columban gegründete Iona auf der gleichnamigen Insel der Inneren Hebriden (Abb. 5), die zum schottischen Königreich Dalriada gehörte. Es wurde eine Keimzelle des Mönchwesens in Schottland. Die Mönchkirche hatte einen Erfolg, wie ihn die Bischofskirche nie hätte haben können. Als in sich geschlossene und selbstgenügsame Organisation, als Besitz und Bereich eines anerkannten »Häuptlings« geistlicher Art, war das Kloster nur eine weitere Manifestation der hierarchisch gegliederten Stammesgesellschaft. Oberhaupt des Klosters war der Abt; ihm als dem Gründer hatte ein Häuptling, Fürst oder König Lände-

4 In Cornwall gab es im 6. Jahrhundert bei Tintagel ein keltisches Kloster. Auf dem felsigen Vorgebirge lebten Mönche in kleinen rechteckigen Zellen aus Stein und Lehm, von denen sich Gruppen auf dem Plateau und auf dem Steilabhang rechts erkennen lassen. Später trug das Vorgebirge eine normannische Kirche und ein Schloß. Ende des 5. Jahrhunderts kam das Mönchtum nach Britannien.

5 Der heilige Columban, Gründer des irischen Klosters Iona auf der gleichnamigen Insel der inneren Hebriden. Die Zeichnung stammt aus einer Handschrift des 9. Jahrhunderts.

6 »Schriftkreuze«, Steinkreuze vom keltischen Typ mit kunstvoll gemeißelten Reliefszenen, gehören zu den bedeutendsten Denkmälern des irischen Christentums. Eines der schönsten ist das Kreuz Muiredachs, des Abtes von Monasterboice (10. Jahrhundert).

7 Das keltische Steinkreuz auf der Hebrideninsel Iona stammt aus dem frühen 9. Jahrhundert.

reien zugewiesen. Die nachfolgenden Äbte, gewählt aus der Verwandtschaft des Gründers, waren – im Sinne des irischen Gewohnheitsrechtes – die legalen Erben des Landbesitzes. Der mönchische Asket war durch seinen christlichen Glauben etwas Besonderes und gesellschaftlich zu einem anerkannten Glied der irischen Stammesordnung geworden. Die Kirche Irlands unternahm die Bekehrung des Nordens. Von verschiedenen westschottischen Gründungen aus, unter denen Iona, Lismore und Applecross die bekanntesten sind, mag das Christentum die Orkney-Inseln um 600 erreicht haben. Zur selben Zeit sickerte es in das Gebiet der nördlichen Pikten um den Moray Firth ein. Die Ausbreitung nach den Shetlands, den Färöern und Island stellt eine außergewöhnliche Leistung dar, denn sie bedeutet ja das gefährliche Wagnis der Seefahrt: Die Unternehmungen der Wikinger sind damit gleichsam um einige Jahrhunderte vorweggenommen.

Wissenschaft, Literatur und Künste

Bildung war in spät- und nachrömischer Zeit gleichbedeutend mit Kenntnis des Lateinischen. Während auf dem

8 Die Kingston-Fibel zeigt eine Verbindung fränkischer und skandinavischer Stilelemente. Sie stammt aus dem 7. Jahrhundert.

Festland in römischen Großbuchstaben geschrieben wurde, schufen irische Schreibkundige ein eigenartiges Alphabet aus Strichen und Punkten, die Oghamschrift. Vom 5. Jahrhundert an erscheinen beide Alphabete auf einfachen Gedenksteinen. Sieht man von vorrömischen Münzen ab, liefern sie das früheste schriftlich niedergelegte Material über die keltische Sprache auf den Britischen Inseln. Der Beginn der ältesten britischen Handschriftentradition innerhalb des Mönchtums ist nicht vor dem Ende des 6. Jahrhunderts anzusetzen. Seite an Seite mit der Bildung gingen die Künste. Schmuckarbeiten aus Gold, Silber, Bronze, vergoldetem Kupfer und vergoldeter Bronze (Abb. 8) zeigen im 5. und 6. Jahrhundert eine Vielzahl von Motiven und Formen, die an die sogenannte »Reife keltische Kunst« von der Wende der Eisenzeit zu den ersten Jahrhunderten der Römerherrschaft erinnern, in der die britische Kunst des 5. und 6. Jahrhunderts auch wohl wurzelt. Außer bei den Pikten war die Kunst der Steinbearbeitung fast ausschließlich christlich. Die aufrechtstehende, mit einer Inschrift versehene Gedenksäule machte neuen Formen Platz. Freistehende Steinkreuze, wahrscheinlich auf verlorengegangene hölzerne Vorläufer zurück-- gehend – wurden äußerst beliebt.

Northumbriens Goldenes Zeitalter

Die keltische Kunst in dem Sinne, in dem dieser Ausdruck allgemein verstanden wird, stellt sich uns als eine Verbindung von Handschriften, Metallarbeiten und Bildhauerkunst dar. Sie erreichte, indem Motive und Muster von einem Material auf das andere frei übertragen wurden, höchste Vollendung, insbesondere im 8. Jahrhundert. Viele der ältesten Hochkreuze in Irland und den irischen Kolonien (Abb. 6, 7, 9, 10) wiederholen Formen des Dekors von Metallschmuck, Szenen aus Handschriften und von (importierten) Elfenbeinarbeiten. Auf dem Gebiet des Metallschmucks wurde eine Fertigkeit erreicht, der anderwärts kaum Entsprechendes entgegenzusetzen ist (Abb. 11). Die ersten Künstler der Zeit schufen unvergleichliche Werke der Buchmalerei, wie das *Book of Kells* (Abb. 12) und das Evangeliar von Lindisfarne (Abb. 13). Es ist kein Zufall, daß die bedeutenderen Kunstschöpfungen durchweg religiöser Natur sind. Auch Bedas »Kirchengeschichte des englischen Volkes« wie seine im Mittelalter sehr verbreitete Lebensgeschichte des heiligen Cuthbert (Abb. 18) konnten nur im Klosterfrieden gedeihen (Abb. 15). Die Beziehungen zwischen dem keltischen Westen und dem angelsächsischen England bestanden nicht nur aus kriegerischen Grenzkonflikten. Bald nach der Entsendung des Augustinus an den Hof von Kent wurde der Priester Paulinus in das anglische Reich Northumbria geschickt, weil König Edwin anläßlich seiner Verlobung mit einer christlichen Prinzessin Christ werden wollte. Beda, sebst Northumbrier, hat für diese Episode reichhaltiges Quellenmaterial überliefert, das auch ein Porträt des Paulinus enthält, der wahrscheinlich 627 am Glen in der Nähe des königlichen Schlosses eine Massentaufe der Angeln vornahm. Schon ein paar Jahre später griffen die heidnischen Mercier und Waliser Northumbria an, Edwin fiel und sein Reich wurde verwüstet. Sein Nachfolger Oswald war ein frommer Christ, und auf sein Ersuchen kam Aidan von Iona nach Northumbria und erhielt, wie Beda berichtet, Holy Island – Lindisfarne – vor der northumbrischen Küste zum Sitz. Während sich Lindisfarne, Old Melrose, Coldingham und Abercorn nicht von den irischen Klöstern des 7. Jahrhunderts unterschieden, lassen die Kirchen von Hexham, Ripon, Jarrow und Monkwearmouth einen Stil wiederaufleben, den der Priester Paulinus mitgebracht hatte.

9 Die Gestalt eines Priesters mit Krummstab und Glocke auf White Island erinnert noch heute an die große Zeit des irischen Mönchtums (9. Jahrhundert).

10 Die Auflösung der Gestalten der Passion in ein Muster aus Spiralen und Flechtbändern ist charakteristisch für den irischen Stil. Im Gegensatz zu den stilisierten Körpern sind die Köpfe naturalistisch dargestellt, wenn auch übergroß und mit riesigen Augen. Die in Bronze gegossene Gruppe war vermutlich einst Teil eines Buchdeckels.

11 Kreuz vom Altar einer englischen Kirche aus dem 9. Jahrhundert. Das die Balken bedeckende Rankenmuster gehört noch vorchristlicher Zeit an.

12 Evangelist aus dem »Buch von Kells« aus dem frühen 9. Jahrhundert. Die Randleiste zeigt germanische Elemente, die Gestalt des Evangelisten strahlt byzantinische Würde aus.

13 Bedas Porträt stammt aus einer Handschrift des 12. Jahrhunderts. Seine »Kirchengeschichte des englischen Volkes« behandelt hauptsächlich die Mission des heiligen Augustin und die Bekehrung der sächsischen Königreiche.

14 Wie ein Teppich bedeckt das verschlungene Muster — ein Charakteristikum der anglo-irischen Schulen — die ganze Seite aus dem Lindisfarne-Evangeliar (7. Jahrhundert), einem Meisterwerk northumbrischer Buchmalerei.

Noch heute kann man in Hexham etwas von dem Glanz einer mediterranen Basilika verspüren, die in die feuchten Wiesen des Tynetales versetzt wurde. Northumbria jedenfalls wurde in die Tradition der bischöflichen Kirche Kontinentaleuropas einbezogen und wandte sich 664 auf der Synode von Whitby vom irischen Mönchtum ab, von seinen rückständigen Berechnungen des Osterfestes und anderm, was jetzt als irregulär galt. Und 710 führte Nectan, der König der Südpikten, seine Kirche und sein Volk in den Schoß der römisch-katholischen Kirche. Zwischen 716 und 718 nahm dann Iona selbst die römisch-katholischen Reformen an. Die Zukunft der Kirche Britanniens hatte sich entschieden.

Nur in einer sehr gemilderten Form lebte das keltische Mönchtum in Teilen von Irland und Schottland bis ins 12. Jahrhundert fort. Northumbria bietet mit seinem Goldenen Zeitalter einen bedeutenden Aspekt der britischen Frühgeschichte. Man kann vermuten, daß das Christentum ohne dieses Jahrhundert sich in den übrigen Königreichen zu schwach entfaltet hätte, als daß es die ersten Angriffe der heidnischen Wikinger hätte überdauern können. Die Bedeutung von Lindisfarne als Pflegestätte von Kunst und Literatur braucht nicht betont zu werden. Von Bedas Werk abgesehen ist ein guter Teil der sehr schönen weltlichen Dichtung Altenglands northumbrisch.

Das Ende des Friedens

Mit dem Ende des 8. Jahrhunderts traten die Britischen Inseln in eine lange Epoche der Unruhe ein, für die im großen und ganzen die Raubzüge und Einfälle der Wikinger verantwortlich sind. Jüngste Forschungsarbeiten betonen, daß durchaus nicht alle Skandinavier oder Wikinger auf Raub aus waren. Fast mit Sicherheit kann man sagen, daß im späten 8. Jahrhundert auf den Hebriden und den Inseln im Norden verstreute Siedlungen aufgetaucht sind, deren Bewohner in erster Linie Bauern waren. Um 875 war auf den Orkneys ein von Norwegen stammendes Jarltum sicher etabliert. Die Insel Man wurde, wahrscheinlich von Irland aus, zur selben Zeit ein Wikinger-Königreich. Mit dem 9., 10. und 11. Jahrhundert, der »späten Sachsen- und Wikingerzeit«, schwindet der Charakter des nachrömischen Britannien dahin. Unser Wissen über diese Epoche stammt aus recht unterschiedlichen Quellen. In England, wo die von der Kirche getragene Bildung nun auch die staatliche Sphäre erfaßt, gibt es neben den Annalen jetzt auch Testamente, Verträge, Briefe, Viten. In den letzten Jahrzehnten hat eine umfangreiche Ausgrabungstätigkeit unsere Kenntnis von spätsächsischen Städten bereichert (Abb. 16).

Die Wikinger in Irland

Wahrscheinlich hat der erste Ansturm der Wikinger Irland gegolten. Um die Mitte des 9. Jahrhunderts drangen die Wikinger schon tief ins Landesinnere vor. Und damit beginnt die Entwicklung des Städtebaus, wozu die Kelten offenbar nicht fähig gewesen sind. Am Anfang stehen befestigte Küstenstützpunkte der Wikinger wie Dublin nach 830; Wicklow, Wexford, Waterford, Cork und Limerick sind dann offenbar auf ähnliche Weise entstanden. Nach vielen Kämpfen verschlimmerte sich die Lage nach 850 auch dadurch, daß eine dänische Flotte Dublin eroberte und nun zwei rivalisierende Gruppen von Wikingern gegeneinander kämpften. Im Jahre 902 nahmen die Iren Dublin für kurze Zeit wieder ein, die Stadt wurde aber schon 919 zurückerobert. Der entscheidende irische Sieg bei Clontarf im Jahre 1014, der sich dem irischen Nationalbewußtsein tief eingeprägt hat, führte schließlich zur Aufsaugung der noch verbliebenen Wikinger. Die Plünderung und Vernichtung so vieler Klöster bedeutet für die irische Kunst den Verlust eines ganzen Kapitels aus dem Buch der irischen Geschichte, was besonders für die Handschriften gilt. Anderseits dürfte die Verlegung der Gemeinschaft des Columban von Iona nach Kells bald nach 800 Irland mit vielen northumbrischen Elementen bereichert haben, besonders auf dem Gebiet der figürlichen Darstellung.

15 (links): Der Schreiber Ezra beim Neufassen der heiligen Schriften. Blatt aus einem Evangeliar, das ein northumbrischer Künstler für Ceolfrith, den Abt von Jarrow-Wearmouth anfertigte. Frühes 8. Jahrhundert.

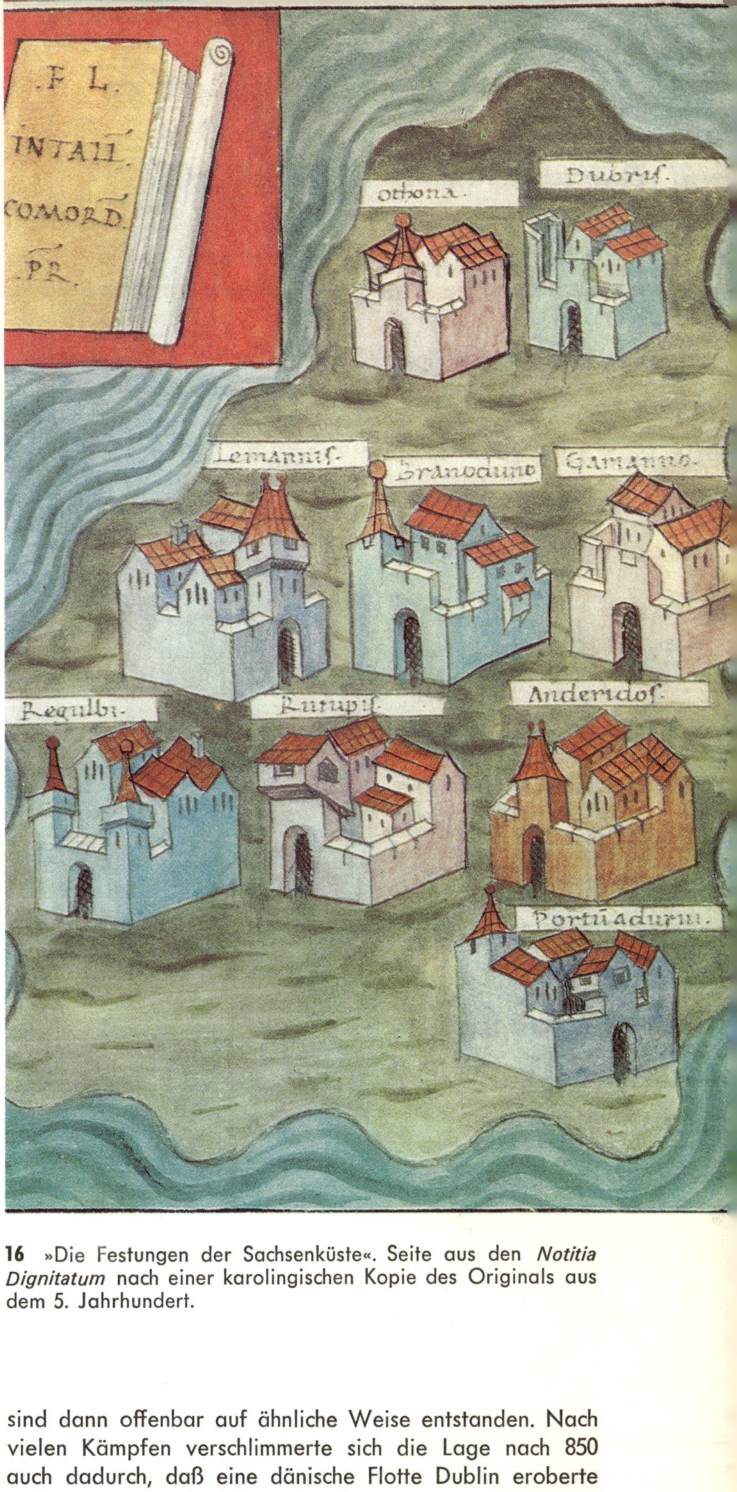

16 »Die Festungen der Sachsenküste«. Seite aus den *Notitia Dignitatum* nach einer karolingischen Kopie des Originals aus dem 5. Jahrhundert.

Alfred und die Erneuerung Englands

Die Beunruhigung Englands durch die Wikinger erfolgte zu einer Zeit, in der die verschiedenen kleinen Königreiche, die sich aus den ursprünglichen angelsächsischen Siedlungen entwickelt hatten, einer Vereinigung zustrebten (Abb. 17). Ende des 8. Jahrhunderts war das Land in drei Reiche aufgeteilt worden: Wessex, Northumbria und Mercia. 829 wurden die drei Reiche unter der Vorherrschaft von Wessex zu *einem* Königreich England zusammengeschlossen, das die bald darauf beginnenden Einfälle der Wikinger jedoch nicht überlebte. Die ersten Dänen erschienen um 835 auf der Sheppey-Insel, wo sie sich ansiedelten. Nachdem sie in wachsendem Ausmaß den Osten, den Südosten und sogar das westliche Mittelengland heimgesucht hatten, landeten sie schließlich 865 Landstreitkräfte in Ost-Anglia. Ihre Methode, die man das nächste Jahrhundert lang kennenlernen sollte, bestand darin, »eine verteidigungsfähige Stellung zu beziehen, sie zu befestigen und das umgebende Land systematisch zu verwüsten, bis die Einwohner den Frieden von ihnen erkauften«. Der Einnahme von York durch die Dänen im Jahr 866 folgte der erste bedeutende Zusammenstoß mit Wessex in der Nähe von Reading, wo es zu einem englischen Sieg kam. Wichtiger war, daß 871 König Alfred als Nachfolger seines Bruders Äthelred den Thron von Wessex bestieg. Alfreds Begabung zum Herrscher, sein Christentum, seine ungewöhnlich weitgesteckten Ziele bei der Begründung einer englischen Literatur, die Einführung neuer Gesetzesbücher, alles das zeigt, daß er ein bedeutender Mann war, mag auch seine Biographie aus der Feder seines Freundes, des walisischen Bischofs Asser, etwas umstritten sein.

York wurde die Basis für die Anfänge einer dauernden dänischen Besiedlung, von der die archäologischen Funde und die Ortsnamen ein recht gutes Bild geben. 874 folgten zahlreiche weitere Siedlungen in den Midlands. Ein Vertrag von 886 legte die – wie wir heute sagen würden – wechselseitigen Einflußsphären der Engländer und Dänen fest, woraus sich das *Danelaw* ergab, ein großes Stück England, in dem dänisches, nicht englisches Recht vorherrschte. In diesem Jahr 886 befand Alfred sich bereits in der schöpferischen Periode seines Lebens. Sie hatte 878 begonnen, als er Aethelney in Somerset verließ, wohin er zurückgedrängt worden war, und wo er das berühmte »Kleinod« verlor (Abb. 18), das sich heute im Ashmolenan-Museum befindet, als er die Dänen bei Edington besiegte und Wessex und West-Mercia zurückeroberte. Karl der

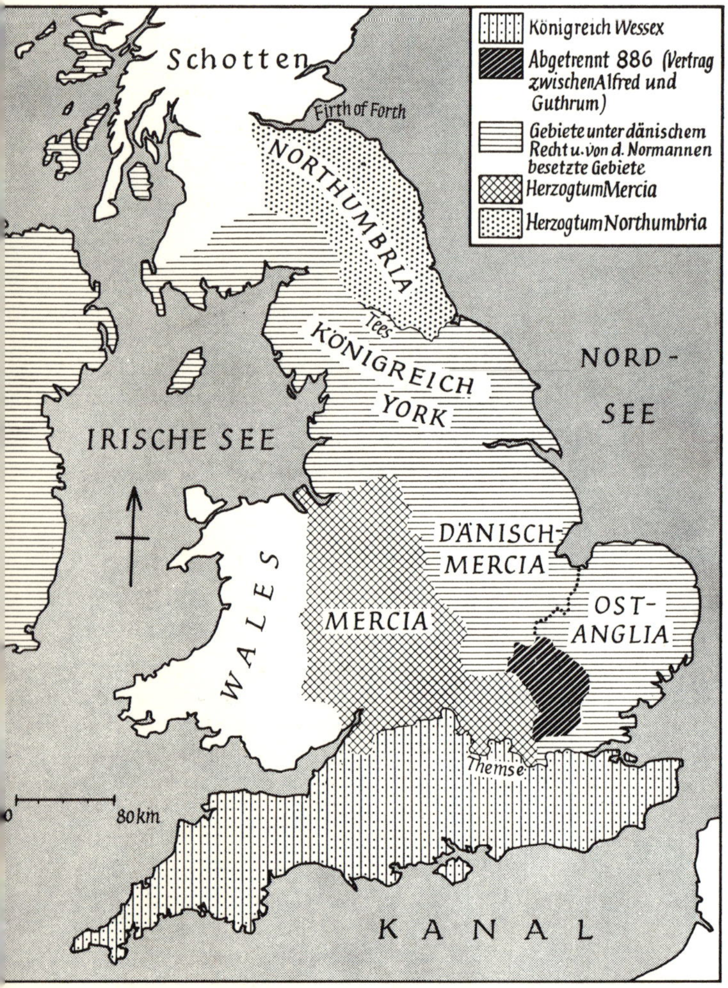

17 England am Ende des 9. Jahrhunderts. Hundert Jahre zuvor war das Land in drei Reiche aufgeteilt worden: Wessex, Northumbria und Mercia. 829 wurden sie zu einem Königreich England zusammengeschlossen.

18 Alfred-Kleinod heißt das Emailporträt eines Mannes mit zwei Zeptern, das mit großer Wahrscheinlichkeit König Alfred darstellt. Er verlor es in Aethelney in Somerset, wohin er zurückgedrängt worden war. Dort begann sein Aufstieg. Alfreds Vorbild war Karl der Große.

19 König Äthelstan (924–938) überreicht Bedas »Leben des heiligen Cuthbert« mit demütiger Geste dem Heiligen. Detail vom Titelblatt einer Kopie von Bedas Werk. Um 937.

Große war sein Vorbild. Und wie Karl lag auch Alfred das Schulwesen besonders am Herzen. Selbst wenn Alfreds Leistungen gelegentlich überschätzt werden.

Die letzte große Blüte
Alfred der Große hatte die Angriffe der dänischen Wikinger zum Stehen gebracht und den südwestlichen Teil des Reiches wiedergewonnen. Im späten 10. Jahrhundert, in der relativ ruhigen Zeit während der Herrschaft der Könige Aethelstan (Abb. 19) und Edgar, erreichte die englische Kunst eine Periode der Größe (Abb. 20, 21, 22, 23). Zu besonderer Blüte gelangte die Buchkunst. In den herrlichen Handschriften (Abb. 24) spiegeln sich die kirchlichen Reformen, die mit den Namen Äthelwold und Dunstan verknüpft sind; sie verweisen zudem auf eine Verbindung mit der Kunst der karolingischen Zeit auf dem Festland. Im Norden ergeben sich aus der Verbindung mit Skandinavien verschiedene Schulen in der Gestaltung der Steinkreuze. Die hervorragendsten Arbeiten dieser Art findet man in Südwales und Cornwall, wahrscheinlich bis weit über 1100 hinaus (Abb. 7).

Auf dem Gebiet der Politik ist die spätere englische Geschichte verwickelt und voll Unruhe. Die Unterwerfung des Danelaw in den Jahren nach 950, als England dem Namen nach ein geeintes Königreich war, bedeutete keineswegs das Ende der Konflikte mit den Wikingern. Ende des 10. Jahrhunderts wurden sie abermals zur Geißel eines geschwächten England, das sich 1013 dem Dänenkönig Sven unterwerfen mußte. Die Erinnerung an seinen zweiten Sohn Knut, der von 1015–1035 regierte (Abb. 25, 26) – zunächst nur über einen Teil Nordenglands, dann nach Äthelreds II. Tod über ganz England – lebt im Volke fast ebenso lebendig fort wie die an Alfred den Großen. Edward der Bekenner (1042–1066) stellte dann die Herrschaft der angelsächsischen Könige wieder her. Als Edward starb, wählten die Großen Earl Harold zum Nachfolger, aber Wilhelm, Herzog der Normandie, dem Edward die Thronfolge zugesagt hatte, erkannte Harolds Wahl nicht an. So kam es 1066 zur Schlacht von Hastings (Abb. 27, 28). Die normannische Eroberung war von entscheidender Bedeutung für das mittelalterliche England. Fast alle Bereiche von Staat und Kultur wurden durch die normannischen Eindringlinge entscheidend geprägt.

20 Niellierte Silberbrosche aus dem 9. Jahrhundert. Symbolik – die fünf Sinne – und Stil zeigen Verwandtschaft mit der Kunst des kontinentalen Europa.

21 Die keltische, sächsische und nordische Kunst überziehen gern freie Flächen mit abstrakter Ornamentik, ohne den Eindruck des Überladenen zu erwecken. Brosche aus Ardagh.

22 Christliche und heidnische Szenen zeigt das aus Walfischknochen gefertigte Kästchen aus Northumbria: Wieland der Schmied, Wielands Bruder beim Vogelfang, Anbetung der heiligen drei Könige, über ihnen in Runenschrift MAGI.

23 Das einigende künstlerische Band zwischen den verschiedenen Völkern Britanniens war ein starkes Gefühl für phantasievollen Dekor. Detail einer niellierten Goldschließe aus dem 7. Jahrhundert.

SCA MARIA.

24 Nach dem Niedergang Northumbrias wurde das Königreich Wessex kultureller Mittelpunkt des Landes. Die Buchilluminationen aus den Scriptorien der Hauptstadt Winchester stehen im Stil anderen abendländischen Werken näher als irischen und northumbrischen Arbeiten. Miniatur aus dem Benedictionale des heiligen Äthelwold. 10. Jahrhundert.

25 Der König regierte mit Unterstützung eines Rates aus Verwandten, Führern des Adels und Bischöfen. Der Rat erließ Gesetze und Steuern, schloß Verträge und stellte den obersten Gerichtshof dar. Zeichnung aus Älfrics Altem Testament.

26 Knut der Große (1016-1035) herrschte nach Äthelreds II. Tod über ganz England. Die Zeichnung aus der Handschrift Liber Vitae zeigt König Knut und Königin Emma beim Aufstellen eines Kreuzes. Frühes 11. Jahrhundert.

1 (rechts): Büstenreliquiar Karls des Großen, um 1350.

27, 28 Höchst lebendig erzählt der Wandteppich von Bayeux die Ereignisse des Jahres 1066, als nach dem Tode Edwards des Bekenners Wilhelm der Eroberer in England landete und es zur Schlacht von Hastings kam. Links: König Edward gibt Harold Anweisungen. Unten: Wilhelm der Eroberer lüftet in der Schlacht seinen Helm, um das Gerücht von seinem Tode zu widerlegen.

13 Der große König

Karl der Große und das Schicksal des fränkisch-karolingischen Universalreichs

2 Silberdenar mit dem Porträt Karls des Großen aus seinen letzten Regierungsjahren.

3 Die Bronzestatuette gilt als Darstellung Karls des Großen. Das Pferd ist eine Arbeit des 16. Jahrhunderts, die Reitergestalt jedoch stammt aus dem 9. Jahrhundert. Einzelheiten der Kleidung stimmen mit Einharts Beschreibung überein.

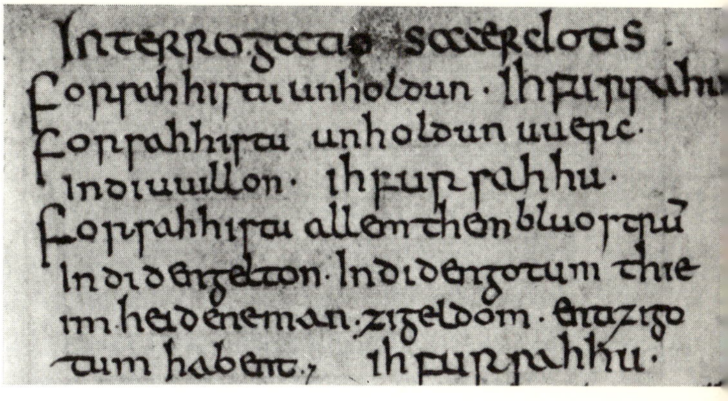
Interrogatio sacerdotis.
Forsahhistu unholdun. Ihforsahhu
Forsahhistu unholdun uuerc.
indiuuillon. Ihforsahhu.
Forsahhistu allem them bluostrum
Indi dengelton. Indi dengotum thie
im heideneman zigeldom. entizigo
tum habent. Ihforsahhu.

4 Im Jahr 780 befahl Karl der Große den Sachsen die Annahme der Taufe. Kopie eines den Sachsen auferlegten Taufgelübdes von 820.

Karl der Große, Carolus Magnus, Charlemagne, der im Jahr 768 König des Frankenreichs wurde und bis 814 regierte, erschien dem Mittelalter als Inbegriff von Macht und Glanz. Schon die *Chansons de geste*, die französischen Heldenepen des 11. und 12. Jahrhunderts, erhöhen seine Gestalt ins Übermenschliche. Er ist der heilige Kaiser, der Verteidiger der Christenheit, das Ur- und Vorbild jedes abendländischen Herrschers schlechthin (Abb. 2, 3). Das um 1350 angefertigte Büstenreliquiar (Abb. 1), das den Schädel des Kaisers aufnehmen sollte, bezeugt in seiner idealisierten Darstellung, welch gewaltigen Eindruck seine Person hinterlassen hatte. Die Sage entfernt sich auch nicht allzuweit von der Wahrheit. Von Einhard, dem Vertrauten und Biographen Karls, besitzen wir in der *Vita Caroli Magni* eine Beschreibung der eindrucksvollen Persönlichkeit des Kaisers: Er war breitschultrig und stark, von hoher, ebenmäßiger Statur, seine Stirn war gewölbt, die Augen sehr groß und lebhaft, die Nase ein wenig lang. Sein Haar war blond, sein Antlitz immer strahlend und fröhlich. Ob er nun saß oder stand, immer wirkte er stattlich und würdevoll. Er war der erste Herrscher von internationaler Bedeutung nach dem Untergang des Römischen Reiches. In seiner Hand vereinigte er den größten Teil des heutigen Frankreich, Westdeutschland, der Schweiz, Holland, Belgien, Österreich und Italien. In Spanien verhinderte er das weitere Vordringen der Mauren, im Osten brach er die Macht der Awaren. Die Sachsen, deren Gebiet im Norden an das Frankenreich grenzte, wurden von ihm christianisiert (Abb. 4). Sein größtes Verdienst aber war, daß der Gedanke eines umfassenden Kaiserreichs, eines *imperium christianum*, im lateinischen Westen des einstigen Römischen Reiches auf fränkischer Grundlage wiederum zu einer Realität wurde. Karl war ein Mann von ungeheurer Tatkraft, ein begeisterter Jäger und Schwimmer, mäßig im Essen und Trinken. Gelegentlich litt er unter Schlaflosigkeit. Er war, so wird berichtet, von unersättlichem Wissensdurst und pflegte den Menschen, mit denen er in Berührung kam, viele Fragen zu stellen. Dennoch war er mehr ein Mann der Tat als der Gedanken.

Das erste »Deutschland«

Schon vor der Eingliederung Bayerns und Sachsens war das Königreich der Langobarden dem Fränkischen Reich einverleibt worden. Der Langobardenkönig Desiderius (772–795) hatte sich die päpstlichen Besitzungen aneignen wollen, woraufhin Papst Hadrian I. (772–795) sich an Karl um Hilfe wandte, wie einst sein Vorgänger Stephan II. an Karls Vater Pippin. 773 marschierte Karl in Italien ein, schlug die Heere des Desiderius und seines Sohnes und entschloß sich, den Titel eines Königs der Langobarden anzunehmen.

Der Aufbau des Reiches

Seit 774 war Karl nun *rex Francorum et Langobardorum et patricius Romanorum*, ein einst von den oströmischen Kaisern verliehener Ehrentitel zur Kennzeichnung der Schutzfunktion, den bereits Stephan II. Pippin übertragen hatte. Karl erkannte bald die Notwendigkeit einer teilweisen, zumindest formalen Machtübertragung auf seine Nachfolger, wenn er selbst auch weiterhin die Oberhoheit im Reich behielt. 781 schuf er für seine Söhne Ludwig und Pippin (Abb. 5) die Unterkönigtümer Aquitanien und Italien. Beide Könige regierten mit Hilfe fränkischer Adeliger, auf die Karl sich völlig verlassen konnte. Im Jahr 800 ernannte er seinen ältesten Sohn Karl zum Mitregenten. Da jedoch Pippin und Karl vor ihrem Vater starben, kam der gesamte fränkische Staat ungeteilt in die Hände Ludwigs des Frommen. So wurde also zunächst eine Teilung des komplizierten politischen Gebildes, das der Kaiser errichtet hatte, vermieden. Für den Zusammenhalt

5 Karl und sein zweiter Sohn Pippin, den er zum König von Italien erhoben hatte, der aber schon 810 starb. Im 10. Jahrhundert angefertigte Kopie einer Handschrift mit Gesetzestexten aus dem 9. Jahrhundert.

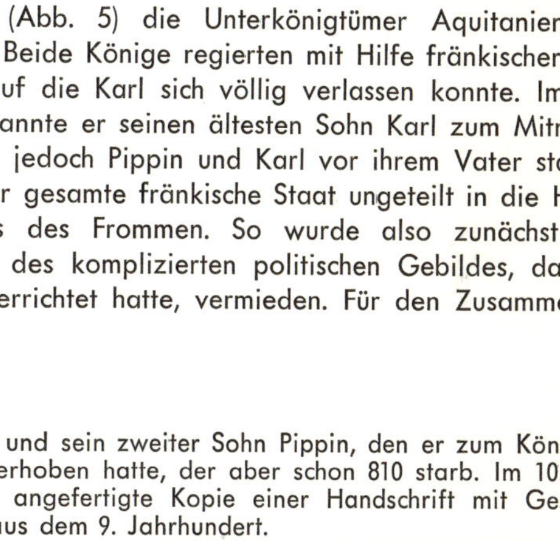

des Reiches war ferner von Bedeutung, daß der Kaiser keinen Versuch machte, die bisherigen Rechtstraditionen der verschiedenen Teile seines Reiches abzuändern. Vereinzelt wurde das Stammesrecht – etwa das der Sachsen – überhaupt erstmals schriftlich niedergelegt. Die neuen Verordnungen, die Karl erließ, die Kapitularien, ergänzten die einzelnen Stammesrechte und bezogen sich hauptsächlich auf Staats-, Verwaltungs-, Straf- und Prozeßrecht.

Seine Ratgeber suchte Karl sich innerhalb wie außerhalb seines Reiches. Paulus Diakonus war Langobarde, Theodulf von Orleans Westgote, Alkuin kam aus England. Für Karl waren allein Eignung und Fähigkeiten ausschlaggebend. Seine Verwaltungsbeamten jedoch waren mit ganz wenigen Ausnahmen Franken. Wurden diese Franken als Grafen in die neuerworbenen Gebiete berufen, so brachten sie selbstverständlich die ihnen geläufigen politischen Einrichtungen mit. Auf diese Weise war im gesamten Karolingerreich eine gewisse Einheitlichkeit der Institutionen entstanden. Daß die Grafen ihre Macht oft gröblich mißbrauchten, geht aus den Kapitularien hervor. In einzelnen Fällen konnte die Macht der Grafen durch die Bischöfe und Äbte in Grenzen gehalten werden. Die Ausübung der königlichen Gewalt lag zum Teil beim König selbst, doch bediente er sich zur Aufsicht über die Lokalbeamten der *missi dominici*, der Königsboten, der zweifellos wirksamsten Institution der Zentralregierung. Sie war nicht neu, aber Karl der Große hatte den Apparat in einer bisher nicht üblichen Weise organisiert. Die Königsboten, im allgemeinen zwei Grafen und ein Bischof, bereisten alljährlich die einzelnen Grafschaften. Ihre Anweisung erhielten sie auf der im Mai stattfindenden Reichsversammlung; im Herbst erstatteten sie dem König Bericht. Sie saßen zu Gericht, hörten Beschwerden über die Lokalbeamten an, untersuchten Verbrechen und kümmerten sich um den Stand der militärischen Ausbildung und die Instandhaltung der Verkehrswege.

Wohn-, Verwaltungs- und Repräsentationsstätte der karolingischen Herrscher war das königliche *palatium*, wozu gewöhnlich der gesamte, mit dem König von Pfalz zu Pfalz ziehende Hofstaat gehörte. Eine feste Residenz gab es noch nicht. Für die materiellen Bedürfnisse sorgte der zur Pfalz gehörende Wirtschaftshof. Später bevorzugte der Hof Aachen als ständigen Sitz. Die dort von Karl dem Großen errichteten Bauten sollten bewußt den Eindruck einer römischen Hauptstadt erwecken (Abb. 6, 7).

Weihnachten im Jahr 800

Welches die Hintergründe waren und wie die namentlich von Einhard berichteten Vorgänge zu deuten sind, die am Weihnachtstage 800 zur Kaiserkrönung in Rom führten, ist viel diskutiert worden. In erster Linie sollte mit dieser Krönung wohl anerkannt werden, daß in der christlichen Welt eine Gewichtsverlagerung der politischen Kräfte erfolgt war. Karl war das Oberhaupt eines Reiches, das allem Anschein nach wesentlich sicherer gegründet war als das damalige byzantinische, dessen Kaiserthron überdies als »verwaist« galt, weil ihn eine Frau innehatte, die Kaiserin Irene. Außerdem hatte Karl seit langem lebhaftes Interesse für die Belange der Kirche an den Tag gelegt; zudem hatten die Wiederbelebung klassischer und patristischer Studien, von Karl so entscheidend gefördert, die Vorstellungen von einem Imperium im Westen wiederaufleben lassen. Und der Papst, der 799 das Opfer einer Verschwörung geworden war, bedurfte zu dieser Zeit eines Protektors. Alle diese Gründe zusammen führten zur Wiedererrichtung des Kaisertums im Westen. Fortan trugen die römischen Münzen die Namen des Papstes *und* des Kaisers. Der Überlieferung nach soll Karl gesagt haben, er hätte an diesem Weihnachtstage des Jahres 800 die Peterskirche nicht betreten, hätte er die Absicht des Papstes gekannt, der Karl während des Gottesdienstes krönte, ehe noch die Ausrufung zum Kaiser erfolgt war, womit Leo III. sich ausdrücklich das Recht angemaßt hatte, den Kaiser zu bestimmen. Die Bemühungen um Karls Anerkennung durch Konstantinopel sowie die Tatsache, daß sein Sohn Ludwig im Jahr 813 auf Karls Wunsch hin sich im Münster zu Aachen die Kaiserkrone mit eigener Hand aufs Haupt setzte, verraten deutlich genug Karls Auffassung.

Die Wirtschaftsordnung des Reiches

Zwischen der anspruchsvollen verfassungsrechtlichen wie politischen Struktur des karolingischen Reiches und der Rückständigkeit seiner wirtschaftlichen Organisation besteht eine auffällige Diskrepanz. Die Bevölkerungsdichte war gering; der größte Teil des Volkes lebte von der Landwirtschaft. Größere Siedlungen waren lediglich die Bischofsstädte und die Abteien, denn nur dort ließen die Erträgnisse der Ländereien sich so steigern, daß ausreichend Nahrung und genügend Arbeitsmöglichkeiten für Handwerker und Händler, die sich ansiedeln wollten, zur Verfügung standen. Es gab zwar auch kleine Güter und Besitzungen, vorherrschend jedoch waren die großen Güter, von deren Grund und Boden jedoch nur ein geringer Teil bebaut wurde. Die Pachtstellen wurden auf Grund des sogenannten *mansus* eingeteilt, einer Fläche, die eine Familie ernähren konnte, je nach Bodenbeschaffenheit sieben bis neun Hektar. Haupterzeugnis waren Getreide, Gemüse und Obst. Auch Vieh wurde gehalten, meist große Schweineherden; sie konnten sich auf dem Brachland und im Walde, die den größten Teil der Besitzungen ausmachten, selbst ernähren. Wo Boden und Klima es erlaubten, wurde Wein angebaut, und zwar in wesentlich nördlicheren Gegenden als heute.

Nach einer Reform des Münzwesens 790 gab es einen Silberpfennig von einheitlicher Prägung und einheitlichem Gewicht, der aber praktisch nur in Italien und bei den linksrheinischen Franken in Umlauf war. Die germanischen Reichsteile hielten trotz zahlreicher Verordnungen, die Münzgeld zur Pflicht machten, am Tauschverkehr fest. Ob die karolingische Epoche eine Zeit wirtschaftlicher Weiterentwicklung gewesen oder ob im Vergleich zur Merowingerzeit ein Rückschritt zu beobachten sei, war lange eine Streitfrage der Forscher. Es gibt genügend mittelbare Beweise für einen wirtschaftlichen Fortschritt, wozu das gründliche Studium antiker Autoren gehört, die sich mit der Landwirtschaft befaßten, genaue Anweisungen für die Verwaltung klösterlicher Güter, Spezialisierung auf bestimmte Waren, Eröffnung neuer Bergwerke. Mit ziemlicher Sicherheit läßt sich sagen, daß die landwirtschaft-

6 Das ursprüngliche Aussehen der Pfalzkapelle in Aachen zeigt eine Treibarbeit auf einer Silberplatte des Karlsschreins.

7 Die Pfalzkapelle sollte alle Bauwerke der Zeit übertreffen. Dem Baumeister Odo von Metz hatte San Vitale in Ravenna als Vorbild gedient.

FUNDAMINE
PACIS COMPAGE

8 Die Torhalle des Klosters Lorsch in der Rheinebene ist ein Beispiel für den Versuch, spätantike Bauformen neu zu beleben. Unverkennbar ist der Einfluß des römischen Triumphbogens. Das kunstvoll ausgeführte Mauerwerk und der Zickzackfries unterhalb des Daches dagegen sind kennzeichnend für die Karolingerzeit. Frühes 9. Jahrhundert.

liche und gewerbliche Produktion unter den Karolingern in der ersten Hälfte des 9. Jahrhunderts anstieg, dann aber – als Folge der Wikingereinfälle – wieder absank.

Eine neue Blütezeit der Künste

Das Wenige, das aus dem Bereich von Architektur und Bildhauerkunst auf uns gekommen ist, ist zwar – wie etwa der Innenraum von Karls Pfalzkapelle in Aachen (Abb. 7) – sehr eindrucksvoll, doch zeigt das meiste wenig wirkliche Originalität. Die Kirche in Aachen zum Beispiel ist San Vitale in Ravenna nachgebaut; die Klosterkirche in St. Gallen scheint einer römischen Basilika nachgebildet, wie die Torhalle des Klosters Lorsch in der Rheinebene (Abb. 8) unverkennbar den römischen Triumphbogen zum Vorbild hat. Trotzdem besitzen alle diese Bauten etwas Gemeinsames, einen Kunststil, der die Bezeichnung »karolingisch« verdient. Seine reinste Verwirklichung erfuhr er auf dem Gebiet der Malerei. Hier stand die wiederentdeckte Kunst der Spätantike im Wettstreit mit der Tier- und Flechtornamentik der germanischen Kunst. Bei den Wandfresken, mit denen offenbar die Wände der meisten Kirchen geschmückt waren, überwog der Einfluß der römischen Kunst (Abb. 9). Zwar lassen sich in diesen Fresken byzantinische wie syrische Stilelemente feststellen (Abb. 10), der Stil in seiner Gesamtheit jedoch unterscheidet sich völlig von dem, der sich im byzantinischen Bereich im Anschluß an die Ikonenkunst entwickeln sollte. Von den Fresken ist nicht viel geblieben; dagegen besitzen wir eine große Anzahl von wohlerhaltenen Handschriften. Die karolingischen Buchillustratoren waren durchweg hervorragende Techniker und viele von ihnen darüber hinaus ausgezeichnete Künstler (Abb. 11, 12, 13). Und wenn auch die realistische

9 (oben): Der heilige Stephan vor dem Hohenpriester. Fresko aus der Krypta der Märtyrerkirche Saint-Germain in Auxerre. Erbaut 851.

10 Prozession der Märtyrer. Wandmalerei des späten 9. Jahrhunderts aus der Krypta von St. Maximin in Trier. Der Stil ist der zeitgenössischer Buchillustrationen.

Figurendarstellung stark römischer Prägung vorherrschte, lassen sich doch immer Anklänge an die germanisch-heidnische Überlieferung erkennen, die unter der Oberfläche höfischer und klösterlicher Kultur unterirdisch weiterfloß. Heidnisch-barbarisch ist auch die Vorliebe für reiche Edelsteinverzierungen, mit denen die meisten Buchdeckel und Reliquienschreine der Zeit geschmückt sind (Abb. 15, 23). Wogegen die Elfenbeinschnitzereien auf manchen Buchdeckeln schon einen verfeinerten Geschmack verraten. An absolut eigenständigen Leistungen auf geistigem Gebiet hat die »karolingische Renaissance« wenig aufzuweisen. Die theologischen und philosophischen Werke dieser Zeit wurden von den großartigen Leistungen des Hochmittelalters überstrahlt. Trotz solcher Vorbehalte ist die karolingische Renaissance ein Phänomen von grundlegender Bedeutung in der europäischen Geschichte: Nicht zuletzt ihrer Handschriftenpflege verdanken wir es, daß uns von den Werken der Vergangenheit so vieles erhalten geblieben ist (Abb. 14).

11 Moses überbringt den Isrealiten die Gesetzestafeln. Illustration aus der Granval-Bibel um 840. Der spätrömische Einfluß ist stark spürbar (oben).

12 Der Evangelist Matthäus aus dem 820 für Erzbischof Ebbo von Reims angefertigten Evangeliar. Charakteristisch für diese Arbeit die unruhige Linienführung (Mitte links).

13 Der Evangelist Markus. Detail aus einem Evangeliar des frühen 9. Jahrhunderts.

14 Der Lebensbrunnen – eine Allegorie der Evangelisten, dem vierfachen Quell der Wasser des Ewigen Lebens – erscheint häufig als Titelseite. Evangeliar von St. Médard bei Soissons. Frühes 9. Jahrhundert.

15 (links): Buchdeckel vom Evangeliar des Bischofs Gauzelin, eines bedeutenden Klerikers. Kreuz und Rahmen aus Gold mit reicher Perlen- und Edelsteinverzierung.

16 Titelblatt der Bibel des Grafen Vivian. Die Mönche von St. Martin in Tours bringen Karl dem Kahlen die Bibel zum Geschenk. Details der Umrahmung verraten die Vorliebe der Schule von Tours für die römische Antike.

Wiederbelebung des Bildungswesens

Die eigentliche Grundlage aber der karolingischen Renaissance war die Wiederbelebung des Bildungswesens – eng verknüpft mit der Neugründung von Klöstern, denn allein das Kloster bot die zum Studium notwendige Ruhe und Sicherheit. Karl der Große förderte auch die Gründung von Schulen und Bibliotheken. Der Palast- oder Hofschule, die unter Karls Regierung entstand, verdankt der Adel der spätkarolingischen Zeit seinen für die Zeit ungewöhnlich hohen Bildungsstand.

Mit der Erneuerung des Bildungswesens ging der Versuch einher, das klassische Latein wiederzubeleben, und gleichzeitig vollzog sich eine Schriftreform. Die damals entstehende Prosaliteratur wurde in der neuen Schrift, der karolingischen Minuskel, niedergeschrieben und in zahlreichen Kopien verbreitet. Hervorragende Zentren wissenschaftlicher Tätigkeit waren die Abtei Corvey in Westfalen, 816 gegründet, und die Abtei St. Martin in Tours, wo Alkuin, ein aus der Schule von York stammender Gelehrter, Karls des Großen Lehrer, Freund und Berater, die letzten zehn Jahre seines Lebens verbrachte (Abb. 16). Als Abt des Martinsklosters hatte Alkuin eine Gelehrtenschule gegründet, die bald zu einem Hauptsitz der Wissenschaft wurde.

Während der sogenannten karolingischen Renaissance entstanden auch die ältesten uns erhaltenen Abschriften der lateinischen Klassiker, und so sind alle bis dahin noch existierenden Werke auf uns gekommen. Schon seit Cassiodor, der das Kloster von Vivarium gründete, wurden in den Klöstern antike Schriften abgeschrieben, vom 8.

Jahrhundert an aber war die Überlieferung durch die Vielzahl der Kopien gewährleistet. In jedem Kloster von Bedeutung und in vielen Domschulen gab es sogenannte *scriptoria*, Schreibstuben, in denen geübte Schreiber tätig waren. Alkuin hat einmal behauptet, es sei verdienstvoller, heilige Bücher abzuschreiben als einen Weinberg zu bestellen, denn das eine diene dem Seelenheil, das andere aber nur dem leiblichen Wohl. Ohne die rege Kopiertätigkeit von 750–850 hätte die Geisteswissenschaft kaum die Katastrophen des nachfolgenden Jahrhunderts überstehen und der Nachwelt ein Erbe hinterlassen können.

Die Reichsteilungen

Ludwig mit dem Beinamen der Fromme überlebte als einziger von Karls Söhnen seinen Vater. Kaiser Ludwig, von strengeren moralischen Grundsätzen als Karl und in der Ausübung seiner religiösen Pflichten weit gewissenhafter, fehlte jedoch die starke Persönlichkeit seines Vaters (Abb.

17 Kaiser Ludwig mit dem Beinamen »der Fromme« überlebte als einziger Sohn Karls des Großen seinen Vater. Er war von strengeren moralischen Grundsätzen als Karl, ihm fehlte aber die starke Persönlichkeit des Vaters. Miniatur aus einer Handschrift der Fuldaer Schule.

17). Nach Karls Beispiel machte er seine Söhne schon früh zu Königen, seinen ältesten Sohn Lothar sogar zum Mitkaiser. Als ihm aber von seiner zweiten Gemahlin Judith, einer Welfin, nochmals ein Sohn, der spätere Karl der Kahle, geboren wurde, stieß er die früher verfügte Reichsteilung zu dessen Gunsten um, woraufhin die drei Söhne aus der ersten Ehe zu den Waffen griffen, ihren Vater zwangen, Judith in ein Kloster zu verbannen, und verlangten, er solle der Krone entsagen. Die letzten elf Jahre von Ludwigs Regierung waren von den Kämpfen mit seinen Söhnen überschattet, und seinem Tod 840 folgten Jahre erbitterter Bruderkriege, deren Höhepunkt die blutige Schlacht von Fontenoy 841 war (Abb. 18). Im Vertrag von Verdun 843 wurde das Reich Karls des Großen unter drei Söhne Ludwigs des Frommen aufgeteilt (Abb. 19, 20, 21). Der vierte Sohn, Pippin I., war inzwischen verstorben.

Der Osten fiel an Ludwig den Deutschen, der Westen, also Aquitanien, an Karl den Kahlen, das dazwischenliegende

18 Auf den Tod Ludwigs des Frommen 840 folgten Jahre erbitterter Bruderkriege, deren Höhepunkt die blutige Schlacht von Fontenoy 841 war. Die Miniatur, einer Handschrift des 9. Jahrhunderts entnommen, stellt zwar offensichtlich die Belagerung Jerusalems dar, vermittelt jedoch einen Begriff von der Kriegsführung der Zeit. Im Vertrag von Verdun im Jahre 843 wurde das Reich unter die drei Söhne Ludwigs des Frommen geteilt.

19 Lothar, der älteste Sohn Ludwigs des Frommen, erhielt den Kaisertitel und wählte den mittleren Teil des Reiches, später unter Ludwig den Deutschen und Karl den Kahlen aufgeteilt. Porträt des Kaisers aus seinem Evangeliar.

20 Ludwig der Deutsche, dem im Vertrag von Verdun das ostfränkische Reich zugefallen war, regierte von 843–876. Bildnis Ludwigs des Deutschen aus dem Psalter des Kaisers aus dem 9. Jahrhundert.

21 Karl II. der Kahle (840–877) bekam das westliche Drittel des Reiches von den Pyrenäen bis zur Schelde zugesprochen. Das Porträt Karls des Kahlen entstammt dem Gebetbuch des Kaisers (um 870).

Gebiet von der friesischen Küste bis zur Grenze des süditalienischen Herzogtums Benevent an den ältesten Bruder Lothar, der zwar den Kaisertitel beibehielt, aber jeglichen Anspruch auf eine Oberhoheit aufgeben mußte. Der Vertrag von Verdun gehört zu den folgenschwersten Ereignissen der europäischen Geschichte, was schon Zeitgenossen erkannten (Abb. 22). Bis dahin gab es im Bewußtsein der Völker weder »Deutschland« noch »Frankreich«: man fühlte sich als Sachse, Franke oder Bayer, als Neustrier, Burgunder oder Provenzale, jedoch keineswegs als Deutscher oder Franzose. Erst durch die langen Regierungszeiten Ludwigs des Deutschen (848–876) und Karls des Kahlen (840–877) bildete sich in den jeweiligen Landesteilen allmählich ein volkliches Zusammengehörigkeitsgefühl aus, das in der Folgezeit nicht mehr verlorengehen sollte. Wogegen Lothars mittleres Reich nicht lange genug Bestand hatte, um seine heterogenen Teile zu einer Einheit zu verschmelzen. Im Jahr 885 wurde das Reich Karls des Großen noch einmal in der Hand eines einzigen Herrschers vereinigt, in der Karls des Dicken, der ein Sohn Ludwigs des Deutschen war. Unglücklicherweise erwies er sich als so unfähig, daß er 887 zur Abdankung gezwungen wurde. Das Reich zerfiel in fünf Teile, von deren Herrschern vier – allerdings nur durch Heirat – in verwandtschaftlichen Beziehungen zu den Karolingern standen. Dieser Beziehung kam also weiterhin Bedeutung zu, aber in der europäischen Geschichte spielte fortan nicht mehr der karolingische Staat als Ganzes eine Rolle, sondern nur noch seine verschiedenen Teile.

Der Aufstieg des Lehnswesens

Das Lehnswesen hat seine Wurzeln in der germanischen wie in der römischen Gesellschaftsordnung. Zur Haushaltung eines jeden Besitzenden gehörte damals eine große Zahl von Abhängigen, die er kleidete, ernährte und schützte, wofür sie ihm Hilfs- und Kriegsdienste leisteten. Diese Männer, Vasallen genannt, wurden später mit Land belehnt, ihre Gegenleistung war der Kriegsdienst. Bei Karls des Großen Tod hatte das Lehnswesen sich im Reich bereits weitgehend durchgesetzt, ohne aber eine beherrschende Rolle zu spielen. Um die Gesellschaftsstruktur zu verändern, bedurfte es eines besonderen Anstoßes. Ihn lieferten die Normanneneinfälle.

Chaos und Anarchie:
die Normannen- oder Wikingereinfälle

Schon während der letzten fünfzehn Jahre des 8. Jahrhunderts waren dänische Wikinger oder Normannen mehrmals in England eingefallen. Karl der Große hatte sich 810 gezwungen gesehen, Vorkehrungen für den Fall zu treffen, daß die Wikinger auch die Nordküste des Frankenreiches nicht verschonen sollten, welche Befürchtung sich unmittelbar nach Karls Tod als richtig erwies. Die Normannen fuhren auf ihren kleinen Schiffen die Flüsse aufwärts und errichteten an geeigneten Plätzen befestigte Lager, von wo aus sie das Land heimsuchten. Die schwerfälligen fränkischen Aufgebote konnten ihrer Taktik nicht wirksam begegnen. Hatte man an einem Ort Streitkräfte versammelt, waren die Normannen bereits abgezogen und begannen von einem neuen Lager aus neue Raubzüge.

Furchtbar heimgesucht wurde Friesland, auch Lothringen blieb nicht verschont, und sogar weit im Landesinnern liegende Städte wie Lüttich und Aachen wurden geplündert. Die verheerendsten Einfälle erlebte jedoch – neben Eng-

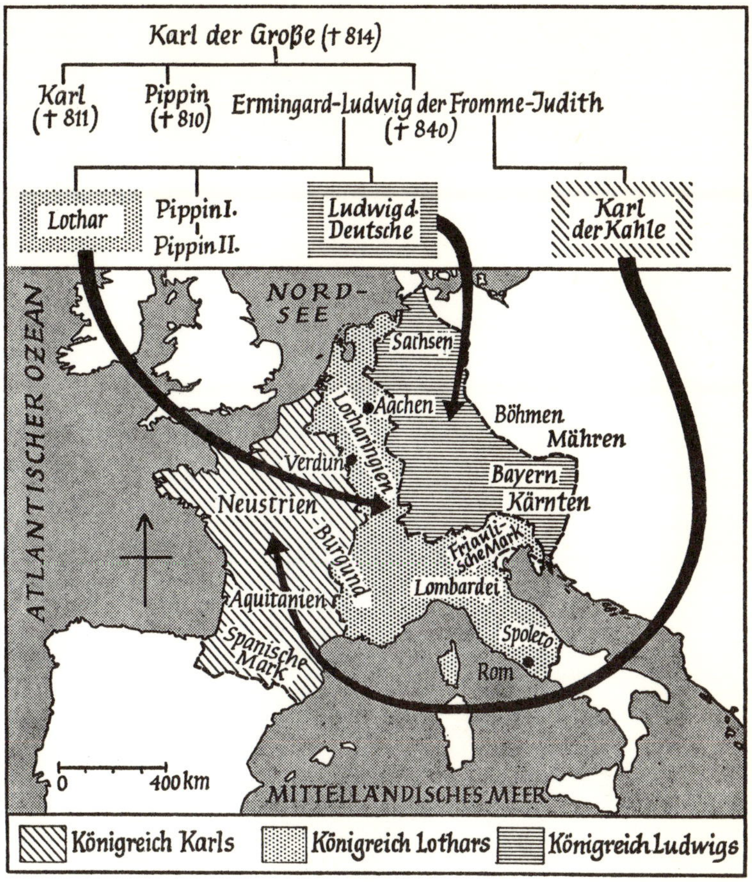

22 Der zwischen den Söhnen Ludwigs des Frommen geschlossene Vertrag von Verdun nahm zum Teil schon die späteren nationalen Grenzen Mitteleuropas vorweg.

land – das Westfränkische Reich. Die großen Flüsse – Schelde, Somme, Seine, Loire und Garonne – öffneten den Weg ins Innere des Landes. Städte, Dörfer und Klöster gingen in Flammen auf, die Bewohner wurden niedergemetzelt oder in die Wälder getrieben. In weiten Gebieten des Reiches brach der Verwaltungsapparat zusammen, die Ordnung löste sich überall auf. Überall wurden Burgen gebaut, die den sichersten Schutz boten, weil die Normannen in der Kunst der Belagerung unerfahren waren. Klöster und Städte schützten sich, indem sie Mauern errichteten.

Da und dort erhielten einzelne Adelige erweiterte Befehlsgewalt. So war z. B. Robert der Tapfere, der Stammvater der Robertiner oder Kapetinger, der späteren Könige Frankreichs, zum Oberhaupt einiger Grafschaften ernannt und mit der Verteidigung von Paris betraut worden. Von nachhaltigster Wirkung auf die Struktur des Frankenreiches aber war die Tatsache, daß aus Furcht vor den Wikingereinfällen immer mehr Freie sich und ihren Landbesitz unter den Schutz eines Mächtigeren stellten: Letztlich sind also die Wikingereinfälle als das auslösende Moment anzusehen, das dem Lehnswesen zu hervorragender und bleibender Bedeutung verhalf. Die Grafen, ehemals Amtswalter des Königs und Repräsentanten der königlichen Macht, hatten aus den chaotischen Zuständen der Zeit den größten Gewinn gezogen. Angesichts des Niedergangs der Zentralverwaltung bereitete es ihnen keine Schwierigkeiten, das von ihnen verwaltete Königsgut der Krone zu entfremden und ihrem Privatbesitz einzuverleiben. In spätkarolingischer Zeit bildeten die Grafenämter sich allmählich in erbliche Lehen um, wodurch es auch möglich wurde, einzelne Grafschaften durch Heirat miteinander zu verbinden. Die Fürstentümer im mittelalterlichen Frankreich sind häufig durch solche Kumulierung mehrerer karolingischer Grafschaften entstanden. Gegen den Machtzuwachs der Grafen konnte der König wenig oder gar nichts unternehmen. Der königliche Landbesitz war zum größten Teil in fremde Hände übergegangen, und die fruchtlosen Bemühungen des Königs, sich eines der Herzogtümer zu bemächtigen, hatten zum Ergebnis, daß zuletzt das Oberhaupt eines Herzogtums selbst nach der Krone griff: 987 wurde Hugo Capet zum König erhoben. Allerdings nahm er unter den übrigen Fürsten kaum mehr als die Stellung eines *primus inter pares* ein.

Neue Hoffnung

In Deutschland dagegen verlief die Entwicklung des Königtums völlig anders. Das Lehnswesen war weniger stark ausgeprägt, die Macht der Grafen daher weit geringer. Die großen Geschlechter, die das politische Geschehen bestimmten, galten als die Vertreter der alten mächtigen Stämme: Bayern, Schwaben, Franken und Sachsen, die aus den Wirren der späteren Karolingerzeit als politische Einheiten hervorgingen. Westlich des Rheins stand dem nichts Vergleichbares gegenüber. Als mit dem Tode Ludwigs des Kindes 911 die Karolinger in Deutschland ausstarben, bestieg ein Fürst den Thron, der nicht, wie in Frankreich, einer unter zwanzig Bewerbern war, sondern nur einer von

vieren – ein Vorteil für die Stellung des Königs. Da Deutschland vor 911 niemals einen Herrscher gehabt hatte, der kein Karolinger war, so war hier die königliche Macht nicht so entscheidend geschwächt wie in Frankreich.
Frankreich und Deutschland besaßen dieselben Territorien wie vordem die fränkischen Teilreiche unter Karl dem Kahlen und Ludwig dem Deutschen. Lothars Mittelreich dagegen blieb nicht in der früheren Gestalt erhalten. 879 wurde das provenzalische Unterkönigtum selbständig, ein Jahrzehnt später erhoben sich Burgund und Italien zu selbständigen Königreichen, blieben aber immer Staatsgebilde von zweitrangiger Eigenbedeutung, die sich auf die Dauer dem mächtigeren Nachbarn, vor allem Deutschland gegenüber, nicht behaupten konnten und schließlich, ohne ihre Sonderstaatlichkeit zu verlieren, Teile des Römischen Reiches Deutscher Nation wurden. Lothringen, der nördliche Teil von Lothars Reich, wurde kein selbständiger Staat. 887 kam es zum deutschen Reich, 911 schloß es sich wieder Frankreich an. Heinrich I. erwarb es 923 und 925 zurück, und von da ab gehörte Lothringen jahrhundertelang zu Deutschland. Jenes Abendland, das aus den Trümmern des Karolingerreiches entstand, hatte wenig Ähnlichkeit mit dem vorausgegangenen. Eine neue politische Einheit, vom Christentum geprägt und kulturell meist ebenso weit entwickelt wie die Länder mit römischer Vergangenheit, war östlich des Rheins entstanden. Der politische und kulturelle Schwerpunkt Europas hatte sich entscheidend verlagert.

23 Der »Schatz des Gauzelin«, zu dem auch der prächtige Bucheinband zum Evangeliar des heiligen Bischofs (Abb. 15) gehört, stammt aus dem 10. Jahrhundert und befindet sich heute in der Kathedrale von Nancy. Der Kelch und ein zugehöriger Hostienteller sind aus vergoldetem Silber angefertigt und mit Perlen und Edelsteinen besetzt.

1 (rechts): Huldigung der vier Hauptprovinzen an Otto III. Miniatur aus dem Evangeliar des Kaisers. Um 998.

14 Nach Karl dem Großen

Das Reich unter den Ottonen

2 Siegelabdruck mit Porträt Konrads I., der von 911 bis 918 regierte.

3 Siegelabdruck mit Porträt Ludwigs des Kindes, der schon 911 achtzehnjährig starb.

4 Das sächsische Herrscherhaus führt sich auf Herzog Liudolf von Sachsen zurück. Detail einer Stammtafel.

Im ostfränkischen Reich endete die Herrschaft der Karolinger 911 beim Tode Ludwigs des Kindes (Abb. 3), der achtzehnjährig starb. Konrad, ein ostfränkischer Graf edler Herkunft (Abb. 2) war nicht mehr mit den Karolingern verwandt. Die fränkischen Adeligen erhoben ihn zum König, und er regierte bis 918. Er mußte, wie schon seine Vorgänger, in vielen Kämpfen seine Herrschaft behaupten. Es gab Krieg um Lothringen, Krieg in Italien, dessen Könige den Kaisertitel beanspruchten. Man kämpfte gegen die Ungarn, gegen unbotmäßige Stammesfürsten und widerspenstige Vasallen. Vor seinem Tode im Jahr 918 erkannte König Konrad, daß eine stärkere Hand als die seine zur Lenkung des Reiches nötig sei und designierte Heinrich von Sachsen zu seinem Nachfolger (Abb. 4). Anders als sein Vorgänger Konrad, der sich im wesentlichen auf die Kirche gestützt hatte, suchte Heinrich seine Macht auf der Zusammenarbeit mit der nichtgeistlichen Führungsschicht des Reiches, insbesondere der Herzöge, aufzubauen. In Bayern und Schwaben wurde seine Oberhoheit erst anerkannt, als er den Herzögen eine beträchtliche Selbständigkeit zugestand. 925 erkannte auch der lotharingische Herzog Giselbert Heinrichs Oberhoheit an. Das im Vertrag von Verdun 843 geschaffene »Mittelreich« Kaiser Lothars I. war von nun an Teil des *regnum Teutonicorum.* Heinrich dehnte den deutschen Einflußbereich nach Böhmen aus, fügte den Slawen jenseits von Saale und Elbe schwere Niederlagen zu und errichtete dort feste Militärlager. Seine größte Tat aber ist die Abwehr der Ungarn, die das Reich in jährlichen Raubzügen heimsuchten. 924 erwirkte er durch Tributzahlungen einen Waffenstillstand, den er zur Ausbildung einer Reiterei und zum Bau von Burgen im östlichen Sachsen benutzte, die den nach Ablauf des Waffenstillstandes erneuten Einfall der Ungarn 933 aufhielten. Ein Jahr später schlug Heinrich ein dänisches Heer zurück, stellte die Mark Schleswig wieder her und festigte den deutschen Einfluß im dänischen Reich. Vor seinem Tode ließ er seinem Sohn die Nachfolge im Reich zusichern.

Otto I. – Der König und seine Untertanen

»Nachdem Heinrich, der Vater seines Landes und größte und beste der Könige, gestorben war (am 2. Juli 936), wählte das ganze Volk der Franken und Sachsen Otto zu seinem König und sandte Benachrichtigungen von seiner Krönung aus, die in Aachen stattfinden sollte« (Abb. 5). So der Geschichtsschreiber Widukind von Corvey. Die komplizierten Zeremonien in der ehemaligen karolingischen Hauptstadt begannen am 7. August 936 damit – nach Widukind, der hierfür unser einziger Gewährsmann ist –, »daß die Herzöge und die Heerführer sowie andere Große aus dem Gefolge Otto auf den Thron hoben, welcher in der an die Kirche Karls des Großen angrenzenden Säulenhalle errichtet worden war. Sie reichten ihm die Hand und versprachen ihm ihre Treue und Hilfe gegen alle seine Feinde.« Otto und seine Ratgeber waren zu unterstreichen bemüht gewesen, daß der Sachsenkönig das Erbe des Frankenkaisers antrat. Das Ziel seiner Herrschaft – und letztlich ihre einzige Rechtfertigung – war allen bekannt: ein Friede, der nicht in der bloßen Abwesenheit von Krieg und Zerstörung bestand, sondern das irdische Gegenstück zur *civitas celestis*, zum Gottesstaat, bildete, in der *justitia*, die »rechte Ordnung«, überall herrschte und nirgendwo entstellt oder gestört wurde.

Uneinigkeit im Innern — Einbruch aus dem Osten

Bald schon sah Otto seine Autorität durch Adelige aus allen Teilen seines Reiches – Bayern ausgenommen – herausgefordert. In dem darauffolgenden Aufstand wurden der Herzog von Franken sowie Herzog Giselbert von Lotharingien, der Mann von Ottos Schwester Gerberga, getötet. Für den toten Frankenherzog bestimmte Otto keinen Nachfolger, so daß die herzogliche Gewalt an den König fiel. Das Herzogtum Lotharingien erhielt Ottos Bruder Heinrich, obwohl er unter den Empörern gewesen war – zweifellos mit dem Hintergedanken, daß er sich der Treue seiner einstigen Mitrebellen versichern und auch seinem Bruder gegenüber loyal bleiben werde. Einige Monate später mußte er jedoch durch einen einheimischen Grafen ersetzt werden.

Durch seine Heirat mit der Angelsächsin Editha war Otto der Schwager des englischen Königs Äthelstan, weswegen seine Unternehmungen sich zum Teil in der »Angelsäch-

5 Die Elfenbeinschnitzerei aus dem 10. Jahrhundert stellt wahrscheinlich Otto I. dar, wie er dem auf einem Siegeskranz thronenden Christus eine Kirche überreicht. Zu beiden Seiten Heilige, vorn rechts Petrus.

sischen Chronik« aufgezeichnet finden. Zwischen 942 und 944 gelang es ihm, schiedsrichterlich in die westfränkischen Thronwirren einzugreifen und zwischen dem fränkischen König Ludwig IV., den Ottos Schwester Gerberga nach dem Tode ihres Mannes, Herzog Giselberts, geheiratet hatte, und dessen Rivalen aus dem Hause der Kapetinger eine vorübergehende Aussöhnung zustande zu bringen. Ein glücklicher Kriegszug in Oberitalien gegen Berengar II. machte ihn 951 zum Herrn der Lombardei. Er nahm den langobardischen Königstitel an, verzichtete aber im nächsten Jahr darauf, als Berengar ihm als Vasall huldigte. Jedoch konnten seine glücklichen auswärtigen Unternehmungen ihn vor Aufständen im eigenen Reich nicht bewahren.

Beunruhigend entwickelte sich die Situation in den beiden südlichen Herzogtümern Bayern und Schwaben. Als 947 der Herzog von Bayern starb, ernannte Otto seinen ungestümen Bruder Heinrich. Zwei Jahre später bestimmte er seinen Sohn Liudolf aus seiner Ehe mit Editha zum Herzog von Schwaben; diese Ernennungen ehren zwar seinen Familiensinn, nicht aber sein Gefühl für die politischen Notwendigkeiten. Die neuernannten Herzöge schlossen sich bald den seit lange schwelenden Aufstandsbestrebungen in den Gebieten südlich ihrer eigenen Herrschaftsbereiche an. Heinrich überfiel Aquileia im Isonzodelta und verschleppte den Patriarchen; Liudolf plante einen Feldzug in die westlichen Gebiete. Als Adelheid, die Tochter des welfischen Burgunderkönigs Rudolf II. und Witwe König Lothars von Italien, vor dem Usurpator Berengar am deutschen Hof Zuflucht suchte – sie wurde später Ottos zweite Gemahlin – hatte der deutsche König mehrere Rechtstitel zum Eingreifen. Daß Otto, nachdem er König Berengar gezwungen hatte, die nordöstlichen Gebiete seines Königreiches abzutreten, diese Gebiete der Oberhoheit Herzog Heinrichs von Bayern unterstellte, läßt abermals politischen Weitblick vermissen. Im Frühling 953 brach unter Führung Herzog Liudolfs von Schwaben der Aufstand los. Liudolf gewann die Unterstützung Herzog Konrads von Lothringen, der mit Liutgard, einer Tochter Ottos, vermählt war, sowie des Erzbischofs Friedrich von Mainz, der immer bereit war, sich gegen Otto zu empören. Hier sah Otto sich einem äußerst gefährlichen Bündnis gegenüber. Vor einer völligen Niederlage in Schwaben rettete ihn nur das Eingreifen des tatkräftigen Bischofs von Augsburg Ulrich, der mit seinen Vasallen dem König zu Hilfe kam. Ein Jahr später spielten die Heeresaufgebote der Bistümer Augsburg und Chur im letzten Abschnitt der Kämpfe gegen die Aufständischen eine entscheidende Rolle.

6 Die heilige Lanze, ein einfaches eisernes Blatt, in dessen Mitte ein von Silberblech umschlossener Nagel vom Kreuz Christi eingesetzt ist, galt als eine der kostbarsten Reliquien der Christenheit. Wahrscheinlich 8. Jahrhundert.

7 Seit der Ottonenzeit spielten die Bischöfe in Staatsleben und Politik eine tragende Rolle. Egbert, dem Erzbischof von Trier – hier auf einer Miniatur aus einem Psalter – verdanken wir unter anderm den Altar von St. Andreas (Abb. 15) und den Kodex, der seinen Namen trägt (Abb. 21).

Einbruch aus dem Osten

Von wirklichem Frieden allerdings konnte nicht die Rede sein, solange das Land den Horden der Ungarn ausgesetzt war. Nach mehreren Angriffen von 938 ab unternahmen sie 954 einen verheerenden Überfall auf Deutschland. Ein Jahr später – um die Zeit, da die Ernte eingebracht werden sollte – zogen sie mit einem größeren Heer als je zuvor durch Bayern und Ostschwaben. Am 10. August wurden sie von Otto in der denkwürdigen Schlacht auf dem Lechfeld vernichtend geschlagen. Seitdem wagten sie keinen Angriff mehr auf das Reich. Otto schrieb seinen Sieg der heiligen Lanze zu (Abb. 6), die Rudolf II. von Burgund ihm abgetreten hatte und die Otto als Herrschafts- und Siegeszeichen in allen Schlachten mit sich führte.

Die Bischöfe

Ottos Zeit betrachtete das Verhalten des Bischofs Ulrich von Augsburg 953 und 954 als vorbildlich. Offensichtlich war es im Interesse des Königs, daß auch in andern Bistümern Bischöfe von ähnlicher Sinnesart saßen. Ottos jüngster Bruder Bruno, übrigens das einzige Mitglied seiner Familie, das immer treu zu ihm stand, war schon als Knabe dem Bischof von Utrecht zur Erziehung übergeben worden, anders als Otto, der vielleicht erst nach 940 lesen und schreiben gelernt hat und sich nie auf Lateinisch ausdrücken konnte. Als der frühreife Fünfzehnjährige an den Hof seines Bruders zurückgekehrt war, trat er 940 erstmals als Schreiber königlicher Urkunden in der Hofkapelle in Erscheinung. Mit seiner Ernennung zum Erzkaplan 951 war die Oberaufsicht über die Hofkanzlei verbunden. Zwei Jahre später war Bruno »gewählter« Bischof von Köln, ohne seine andern Obliegenheiten niederzulegen. Nach der oben erwähnten Niederschlagung des Aufstandes von 953/54 ernannte Otto keinen neuen Herzog von Lothringen, sondern vertraute das Herzogtum seinem Bruder an – eine Verbindung von weltlicher und geistlicher Macht, wie sie für das ottonisch-salische Reichskirchensystem vorbildhaft wurde. *Archidux* nannten die Zeitgenossen Brunos Stellung. Im Mittelpunkt seiner Tätigkeit stand weiterhin der königliche Hof. Unter seiner Leitung wurde es üblich, die Hofkanzlei zur Ausbildungsstätte begabter junger Geistlicher und Mönche zu erheben. Waren sie dann vom Geiste des königlichen Dienstes geprägt, so erhielten sie Ämter an Bischofskirchen und Abteien, wo sie mithelfen konnten, lokale Separationsbestrebungen zu unterbinden (Abb. 7, 8).

8 Auch Gero, Bischof von Köln, gehörte zu den hervorragendsten geistlichen Reichsfürsten der Ottonenzeit. Die Miniatur aus dem Gero-Kodex zeigt den Bischof, wie ihm von einem geistlichen Schreiber ein Buch überreicht wird. Vergl. auch Abb. 24: das Gero-Kreuz in Köln.

Der »totale Krieg« gegen die Ungläubigen

Geistliche dieser Ausbildung waren in einem ebenso hohen Maße mit der Idee der Heidenbekehrung als christlichem Auftrag vertraut, wie auch mit der Idee des Augustinus vom *bellum iustum*, vom gerechten Krieg gegen die Ungläubigen. Religiösen Eifer mit der gewaltsamen Unterwerfung der slawischen Nachbarn zu verbinden, hatte Otto seine Erziehung gelehrt. Bereits 937 sandte er Mönche von St. Maximin aus, damit sie in dem Handelsplatz Magdeburg, der im Grenzgebiet lag, ein dem Soldatenheiligen Mauritius geweihtes Kloster gründeten. Ende 936 hatte Otto Hermann Billung, einen Sachsen von vornehmer Geburt, zum Oberbefehlshaber in den noch nicht gänzlich eroberten Gebieten zwischen Elbe und Peene ernannt. Damit war die alte karolingische »Mark« wiedergeboren, deren Befehlshaber ein beträchtliches Maß an Unabhängigkeit besaß. Als Hermann Billung 937 starb, war der westliche Teil der Mark kolonisiert, und die östlich lebenden Stämme hatte man – immerhin zeitweise – zu Tributzahlungen verpflichtet. 938 betraute Otto den Grafen Gero aus einem vorher unbekannten sächsischen Geschlecht mit der Grenzwacht gegen die Slawen. Gero, ein getreuer Anhänger Ottos und für den Geschichtsschreiber Widukind offenbar das Ideal eines königlichen Gefolgsmannes, wurde der eigentliche Begründer der deutschen Herrschaft jenseits der Elbe. Die Bekämpfung der Slawen betrachtete er als seine Lebensaufgabe; allmählich faßte er zwischen Elbe und Oder festen Fuß, drang 963 noch über die Oder hinaus vor und zwang die Polen zur Anerkennung der deutschen Oberhoheit und zu Tributzahlungen. Sein einziger Sohn fiel 959 in der Schlacht. Zu seinem Andenken stiftete Gero um 960 in Gernrode (»Rodung des Gero«) eine reichsfürstliche Frauenabtei (Abb. 9, 10). Als Äbtissin setzte er die Witwe seines Sohnes ein, eine Nichte Hermann Billungs und Edithas, der ersten Gemahlin Ottos. Gero vermachte seine ganze Habe dem Kloster Gernrode und wurde auch dort begraben. Sein Ruf überlebte seinen Tod. Der »Marcgrave Gêre« des Nibelungenliedes hat wohl von ihm den Namen erhalten. Im Jahr 946 taucht zum erstenmal der Hinweis auf einen »Burgward« in den eroberten Gebieten auf, einen mauergeschützten Teil der Burganlage,

9 Gernrode: Kirchenschiff von St. Cyriakus, von Markgraf Gero für seinen 959 gefallenen Sohn gestiftet.

10 Westwerk von St. Cyriakus mit den hohen Rundtürmen. Die Apsis wurde in späterer Zeit angebaut.

wohin die deutschen Siedler sich bei Gefahr zurückziehen konnten. Die »Burggrafen« wurden vom König bestimmt und hatten anfänglich keine Möglichkeit, ihre Macht unabhängig auszuüben. Im Jahr 947 hatte man in Dänemark Kirchensprengel eingerichtet und dem Erzbischof von Hamburg-Bremen unterstellt, dessen missionierende Priester das Land ohne Schwertstreich bekehrt hatten. Ein Jahr danach glaubte Otto die Zeit gekommen, nunmehr die Nordslawen zu christianisieren. Mit päpstlicher Genehmigung wurden Bistümer in Oldenburg (?), Havelberg und Brandenburg errichtet und die einheimische Bevölkerung zur Zahlung des verhaßten Zehnten verpflichtet. Im nächsten Jahrzehnt spielte die künftige Kirchenorganisation der östlichen Grenzgebiete in Ottos Plänen eine immer größere Rolle.

»Rex in Italia«

Warum die offizielle Wiederbelebung der römischen Kaiserwürde für Otto schließlich dringend notwendig wurde, läßt sich nicht mit wenigen Worten erklären. Jedenfalls bleibt dahingestellt, ob Otto sofort nach dem Sieg auf dem Lechfelde vom Heer zum *imperator* ausgerufen wurde. Letztlich war die Annahme der Kaiserwürde nur die logische Konsequenz der engen personalen Bindungen zwischen Kirche und weltlicher Macht, wie sie die Doppelfunktion von Ottos Bruder Bruno zeigt. Was dahinterstand, war die tiefverwurzelte Vorstellung, daß geistliches und weltliches Amt einander gleichgestellt wären. Vollkommener Ausdruck dieser Einheitsidee war der Kaisertitel, der die Autorität über die Untertanen zugleich steigerte und heiligte. Ottos militärische Erfolge, seine Autorität über andere Völker, die anarchische Situation in Rom, wo der Sohn einer Dirne seinen Sohn zum Papst gemacht hatte, ohne daß sich Widerspruch erhob – alles das spielte dabei zweifellos eine Rolle.

Im Jahre 960 wandte sich dieser Papst, Johannes XII., an Otto um Schutz vor Berengar, den die meisten seiner Untertanen als Tyrannen betrachteten. Dieser Hilferuf bot eine ausgezeichnete Gelegenheit, Pläne und Wünsche in die politische Wirklichkeit zu übertragen. Es wurde eine Kaiserkrönungs*ordo* vorbereitet, eine Kaiserkrone entworfen und – vermutlich auf der Reichenau – angefertigt. Im Frühling des Jahres 961 ließ Otto seinen und Adelheids Sohn – den späteren Otto II. – in Worms zum König wählen und in Aachen krönen. Den jungen König und das Reich ließ Otto in der Obhut der Erzbischöfe von Mainz und Köln zurück und führte ein gewaltiges Heer über den Brenner. Er nahm die Hauptstadt Italiens, Pavia, ein, und vertrieb Berengar, der mit seiner Familie flüchtete. Von nun an betrachtete Otto sich als *»rex in Italia«*.

Der Kaiser

Die Geschichte der deutschen Monarchie war von nun ab mit der Zukunft des Papsttums verbunden. Otto erneuerte feierlich die dem Papst von seinen Vorgängern gemachten Schenkungen und versprach weitere, verlangte aber vom Papst und den Bürgern Roms einen Treueid. Papst Johannes fand seine Lage untragbar und suchte Hilfe bei den ehemaligen Herrschern der italienischen Gebiete, Berengar und Byzanz. Bis dahin scheint Otto sich über die Reaktionen von Byzanz auf die Besetzung Nord- und Mittelitaliens und die Kaiserkrönung keine Gedanken gemacht zu haben. Zum Glück für ihn war der byzantinische Kaiser nicht zu einem Waffengang in Italien gerüstet. Ende 963 setzte ein

Konzil unter Ottos Vorsitz Papst Johannes ab. Dasselbe Schicksal erlitt sein Nachfolger, Benedikt V.
Um die zahllosen Probleme zu lösen, die er selbst geschaffen hatte, verbrachte Otto zehn seiner letzten zwölf Lebensjahre in Italien. Dreimal führte er Krieg im Süden: gegen die Araber und gegen Byzanz. Wie aus den Aufzeichnungen Liutprands hervorgeht, betrachtete Otto das als eine ihm auferlegte Pflicht, für die jedoch seine Umgebung wenig Verständnis aufbrachte. Seine Hoffnungen auf einen Ausgleich mit Byzanz dürften vor den beleidigenden Worten, mit denen sein von Liutprand übermitteltes Ansuchen um eine kaiserliche Braut für seinen zum Mitkaiser gekrönten Sohn von Byzanz beantwortet wurde, zerstoben sein. Schwierig zu lösen war auch das Problem der Regierung der italienischen Gebiete. Zwar richtete Otto für den italienischen Bereich eine eigene »Kanzlei« ein, deren Organisation aber völlig der der kaiserlichen entsprach, so daß man sich fragt, ob Otto eigentlich Verständnis für die speziellen Bedürfnisse und ausgeprägten Traditionen seiner italienischen Territorien besaß und ob überhaupt eine klare politische Konzeption. Nahezu jede seiner scheinbaren Errungenschaften in seinen letzten Lebensjahren wies irgendeinen Schönheitsfehler auf. Die Braut zum Beispiel, Theophano, die der oströmische Kaiser ihm für seinen Sohn sandte, war nur eine entfernte Verwandte des Kaisers und keine kaiserliche Prinzessin (Abb. 11). Anderseits zeigte sich nun erstmals, daß die wissenschaftlichen und literarischen Bestrebungen einiger Klöster und Domschulen auch auf dem Gebiet der schönen Künste und der Architektur Früchte gezeitigt hatten. Wie groß das Ansehen war, das Otto weithin genoß, beweist am besten die prächtige Versammlung, die am Osterfest 973 im Stift Quedlinburg zusammentrat. Ihr wohnten die Herzöge von Böhmen und Polen, Gesandte aus Ungarn, Bulgarien und andern Ländern bei sowie ein ansehnliches Aufgebot von Geistlichen und Adeligen aus Deutschland und Italien.

Otto II. – Zehn Jahre des Streits

Als Otto am 7. Mai 973 starb, konnte sein Sohn ohne irgendwelche Schwierigkeiten die Nachfolge antreten. Zwar glaubten manche, daß man mit Heinrich dem Zänker, Herzog von Bayern (Abb. 12), einem Vetter des Kaisers, eine bessere Wahl getroffen hätte. Im Bunde mit den Herzögen von Böhmen und Polen erhob Heinrich sich Anfang 974 gegen Otto. Zur selben Zeit wurde der Norden durch dänische Angriffe, der Westen durch Aufstände in Lotharingien bedroht. Erst 978 endete die Empörung mit völliger Unterwerfung und Bestrafung der Schuldigen. Herzog Heinrich wurde abgesetzt und gefangengehalten. Noch im selben Jahr wurde Otto von dem französischen König Lothar in Aachen überfallen und konnte nur durch die Flucht der Gefangennahme entgehen. Er holte zum Gegenschlag aus, rückte mit einem Heer in Frankreich ein und drang bis in die Nähe von Paris vor. Im Frieden von 980 gab Frankreich seine Ansprüche auf Lotharingien auf. Böhmen und Polen zu unterwerfen gelang Otto jedoch nicht. Seine besondere Sorge galt Süditalien. Mußte er nicht die Südgrenze des Reiches gegen die Ungläubigen schützen? Außerdem ergab sich hier eine Gelegenheit, dem Kaiser in Byzanz die Macht des Westkaisers zu demonstrieren. Mit einem Riesenheer rückte er 982 bis Tarent vor und schlug im Juli die Sarazenen bei Colonne in Kalabrien. Bei der Verfolgung des Feindes geriet das Heer

11 Auf dem byzantinischen Elfenbeinrelief empfangen Otto II. und Theophano den Segen Christi (10. Jahrhundert).

12 Bildnis Heinrichs »des Zänkers«, Herzogs von Bayern, in einer Regensburger Handschrift um 990.

13 Detail vom Bronzeportal des Hildesheimer Domes. Sündenfall: Gottvater stellt Adam und Eva; Adam weist auf Eva als die Schuldige.

jedoch in einen Hinterhalt, und der Kaiser entging nur mit knapper Not der Gefangenschaft. Trotzdem wurde auf dem Reichstag in Verona 983 ein neuer Feldzug beschlossen. Der dreijährige Sohn Ottos und Theophanos wurde zu seinem Nachfolger gewählt. Inzwischen hatte die Kunde von der Niederlage 982 den Norden erreicht. Im Juni 983 erhoben sich die unterworfenen Stämme des Elbe-Oder-Gebietes und verbrannten und plünderten die Burgen. Es dauerte zwei Jahrhunderte, bis in diesem Gebiet die deutsche Oberhoheit wiederhergestellt war. Am 7. Dezember starb Otto II. in Italien an Malaria. Er liegt in den Vatikanischen Grotten unter der Peterskirche begraben. Die Nachricht kam kurz nach der Krönung Ottos III. am Weihnachtstage 983.

Zwei bedeutende Frauen: Adelheid und Theophano
Sofort nach Ottos II. Tod suchte der abgesetzte Heinrich von Bayern, der »Zänker«, die Königskrone an sich zu bringen. Er bemächtigte sich auch des königlichen Kindes, aber sein Unternehmen scheiterte am Widerstand der Erzbischöfe von Mainz und Reims. Als Heinrich 985 trotz zweimaliger Angriffe auf die Krone sein Herzogtum zurückerhielt, gab er sein Vorhaben gänzlich auf. Für den unmündigen Sohn führte seine Mutter Theophano die Regentschaft in Deutschland, seine Großmutter Adelheid in Italien. Selbst in einem Zeitalter, das zahlreiche ungewöhnliche Frauen hervorgebracht hat, war Adelheid eine außerordentliche Erscheinung. Sie hatte fünf Beherrscher Italiens überlebt, mit zweien – Lothar und Otto I. – war sie vermählt gewesen. Jetzt zeigte sie, daß sie auch selbst regieren konnte – und zwar in Zusammenarbeit mit dem vielgeschmähten italienischen Adel. Es gelang ihr, den italienischen Besitzungen und den angegliederten, nominell zum Kirchenstaat gehörigen Gebieten für vier Jahre eine nahezu stabile Regierung zu verschaffen. Über die Vorgänge in Deutschland zur selben Zeit läßt sich nur soviel mit Sicherheit sagen, daß die finanziellen Mittel der Krone nicht durch großzügige Schenkungen verschleudert wurden. Den Abfall der Marken nahm man nicht kampflos hin. Böhmen wie Polen leisteten Hilfe. Selbst im nördlichen Frankreich machte sich der deutsche Einfluß geltend.
In der Kunst jener Epoche zeigt sich mit aller Deutlichkeit eine Auswirkung byzantinischer Anregung. Immer wieder haben die Historiker sich den Kopf darüber zerbrochen, inwieweit der Einfluß seiner griechischen Mutter für Ottos späteres Leben maßgebend war, wie auch der des kalabrisch-griechischen Weltgeistlichen Johannes Philagathetes, der 980 in die kaiserliche Kanzlei eintrat und später der Lehrer des jungen Otto wurde. Philagathetes' Nachfolger von 988 bis 993 war Bischof Bernward von Hildesheim, ein nüchtern-praktischer Verwalter seines Bistums und wohlunterrichteter Freund und Förderer der Künste (Abb. 13). Die Kunstwerke jener Zeit lassen ein neues Gefühl für die Würde und den Auftrag der Kunst erkennen (Abb. 14, 15, 16, 17). 989 enthob – unter völlig ungeklärten Umständen – Theophano ihre Schwiegermutter Adelheid der Herrschaft über Italien, die sie selbst übernahm. Als Theophano im Juni 991 starb, trat Adelheid wieder in Erscheinung und wurde nördlich und südlich der Alpen als Regentin aner-

14 Tragaltar König Arnulfs, Geschenk an das Kloster St. Emmeran in Regensburg (983). Treibarbeit in Goldblech, mit Edelsteinen in Filigranfassung besetzt.

kannt. Bei ihren Unternehmungen konnte sie auf die Unterstützung der meisten führenden Geistlichen rechnen.

Otto III. – ein Träumer auf dem Thron

Nach mittelalterlichem Recht endete Ottos Unmündigkeit 994, als er gerade vierzehn Jahre alt war (Abb. 18, 1). Nur wenige Regierungsjahre waren ihm beschieden. Er war der Träumer unter den Sachsenkaisern und hatte hochfliegende Pläne: Das alte Römische Reich sollte in seinem Glanz und seiner Größe als christliches Imperium wiedererstehen und Rom der Mittelpunkt einer kaiserlich-päpstlichen Weltherrschaft werden. Indes läßt sein Verhalten auf seinem ersten Zug nach Italien nicht auf einen unpraktischen Phantasten schließen. Daß der Beherrscher Roms den noch nicht gekrönten Otto ersuchte, den nächsten Papst zu nominieren, kann als Achtung vor dem sächsischen Kaiserhaus wie auch als Furcht vor dem deutschen Heer in Rom aufgefaßt werden. Papst wurde Ottos Vetter Bruno, und er, der neue Gregor V., krönte am 21. Mai 996 seinen sechzehnjährigen Vetter zum Kaiser.

Zu den Männern, die während Ottos Aufenthalt in Rom seine Vorstellung vom *imperium* entscheidend beeinflußten, gehörte Gerbert von Aurillac, einer der gelehrtesten Männer seiner Zeit, der schon in Deutschland Ottos Lehrer und Berater gewesen war. Die andere entscheidende Persönlichkeit war Adalbert, der Erzbischof von Prag (Abb. 20), ein Mann von asketischer Lebensführung, der mit Otto nach Deutschland zurückkehrte und dann nach Polen ging, um den dortigen heidnischen Völkern, vor allem den Preußen, das Christentum zu predigen. Dort starb er 997 den Märtyrertod. Otto erhielt die Nachricht, während er in Kämpfe mit den Elbslawen verwickelt war. Da zu gleicher Zeit die Römer einen Gegenpapst ernannt hatten, stellte Otto ein Heer auf, zog 998 zum zweitenmal über die Alpen und belagerte die Rebellen in der Engelsburg. Eine Urkunde, die zu dieser Zeit dem Kloster S. Pietro in Pavia eine Besitzung zurückerstattet, trägt zum erstenmal ein kaiserliches Bleisiegel mit der Inschrift *Renovatio imperii Romanorum*. Vieles spricht dafür, daß Ottos römische *Renovatio* nur Teil eines größeren Planes war, in dem das neue Reich das

15 Das ungewöhnliche Reliquiar in Form eines Fußes, der die Sandale des heiligen Andreas birgt, ist ein Teil eines Tragaltars, der zwischen 980 und 990 in einer von Egbert von Trier gegründeten Werkstatt entstand. Die Längsseiten sind mit Elfenbeinplatten belegt und mit goldenen Löwen in Treibarbeit und den Evangelistensymbolen in Emailarbeit geschmückt. Bischof Egbert von Trier war einer der hervorragendsten Kleriker der Ottonenzeit.

16 Die Reliquienverehrung gehört zu den hervorstechendsten Zügen mittelalterlicher Religiosität. Die überreich mit Kostbarkeiten geschmückte Statuette birgt den Schädel der heiligen Fides, eines zwölfjährigen Mädchens, das der Legende nach 287 in Agen den Märtyrertod erlitt. Um 877 wurde der Schädel in die Abtei Conques überführt. Das Reliquiar entstand um 985.

17 Die goldene Essener Madonna ist die vielleicht älteste freistehende Madonnenstatuette. Sie wurde im späten 10. Jahrhundert von der Äbtissin Mathilde, einer Enkelin Ottos I., in Auftrag gegeben. Die 74 Zentimeter hohe Figur ist aus Holz geschnitzt und mit Goldblech belegt, die Augen sind farbiges Email; Edelsteine schmücken den Heiligenschein des Kindes, Apfel und Buch.

18 Die Miniatur — wie Abbildung 1 dem Evangeliar des Kaisers entnommen — zeigt Otto III., den Träumer unter den Sachsenkaisern. Sie ist Allegorie und reale Szenerie zugleich. Der Stil ist bewußt römisch-klassisch, denn Otto wollte ja das römische Weltreich mit all seiner Prachtentfaltung als christliches Imperium wiedererstehen lassen.

Mittel sein sollte, die Sache der Christenheit da zu fördern, wo alle anderen Mittel versagt hatten, welche Deutung aus einem Brief Gerberts von Aurillac hervorgeht, den Otto im nächsten Jahr als Silvester II. auf den päpstlichen Thron erhob (Abb. 19). Papst Silvester beanspruchte für das *sacerdotium* im neuen *imperium* einen Platz, der sich sehr wesentlich von dem unterschied, den Otto I. diesem und seinem höchsten irdischen Vertreter eingeräumt hatte. Solange Kaiser und Papst in ihren Zielen und dem Weg zu ihrer Erreichung übereinstimmten, war das nicht von Bedeutung. Zunächst bemühten sich Kaiser und Papst darum, die Slawen einem christlichen westlichen Reich einzuverleiben. Keiner von beiden wünschte die alte Politik der Bekehrung mit dem Schwert fortzusetzen. Nach der Heiligsprechung Adalberts besuchte Otto zu Beginn des Jahres 1000 dessen Grab in Gnesen, wobei er die Errichtung eines Erzbistums Gnesen verkündete. Herzog Boleslav von Polen erhielt von ihm eine Nachbildung der heiligen Lanze (Abb. 6). Hoffte Otto, ein römisch-germanisches Kaiserreich zu schaffen? Die Schaffung des Königreichs Ungarn im nächsten Jahr spricht für diese Ansicht.

19 Die achteckige Elfenbeinsitula entstand um 1000 in Trier als Gefäß für das bei Kaiserkrönungen benötigte Weihwasser. Künstlerisch bedeutsam sind die Elfenbeinreliefs von Würdenträgern und Verteidigungsanlagen.

20 Der heilige Adalbert von Prag, der 997 im Samland durch die Preußen den Märtyrertod erlitt, bittet Boleslav I. von Polen um die Freilassung zweier Sklaven. Detail vom Bronzeportal des Gnesener Doms (12. Jahrhundert).

21 Judas hat den Herrn verraten. Miniatur aus dem Egbert-Kodex um 990. Die Komposition, die Art, wie hier Christus und Judas in Beziehung gesetzt sind, findet sich erst wieder bei Giotto.

22 Der heilige Erhard beim Meßopfer. Miniatur aus dem sogenannten Uta-Kodex, dem Evangeliar der Äbtissin Uta von Niedermünster in Regensburg. Die Aufgliederung der Bildfläche in Rechtecke und Kreise verrät die Nähe Italiens und des byzantinischen Kunstkreises.

23 Das kleine silberne Kruzifix entstand um 1007 und weist im Stil auf die Kunst des hohen Mittelalters voraus. Die Gestaltung des Gekreuzigten verkündet den Anbruch eines neuen Realismus.

24 Ein riesiger scharfäugiger Adler, Symbol des Evangelisten, bewacht den heiligen Johannes bei der Niederschrift des Evangeliums. Otto I. schenkte die Handschrift aus Lobbes in Lothringen seinem Schwager Äthelstan, dem englischen König.

25 Das sogenannte Gero-Kreuz entstand zwischen 969 und 976, als Gero Bischof von Köln war. Das lebensgroße Kruzifix, überwältigend in seiner Würde und der unerbittlichen Realistik der Darstellung, ist ein Kunstwerk höchsten Ranges. Kölner Dom.

26 Die von Juwelen und Emailarbeiten umrahmte Kreuzigungsszene stammt vom Deckel des Goldenen Evangeliars von Echternach.

Das Ende eines Ideals

Die geringe Zahl der vorhandenen Zeugnisse könnte dazu verleiten, jeder von Ottos Handlungen in seinen letzten Lebensjahren einen tieferen Sinn zu unterlegen. Im April 1000 besuchte er das Grab Karls des Großen in Aachen. Herbst und Winter verbrachte er in Rom. Schon aber hatten die Unheilswolken sich zusammengezogen: Zuerst erhob sich Tivoli, dann Rom selbst gegen die »Deutschen«. Otto floh nach Ravenna, um hier die Ankunft eines deutschen Heeres abzuwarten, starb aber bald darauf – unvermählt und kinderlos – am 23. Januar 1002 in Paterno bei Viterbo. Ottos Pläne und Ideen starben mit ihm. Als die Missionierung der Ostgebiete wiederaufgenommen wurde, geschah es mit dem Schwert und nicht durch friedliche Bekehrung. Das Heilige Römische Reich Deutscher Nation aber überdauerte die Jahrhunderte und erlosch erst 1806, als Franz II. die Kaiserwürde niederlegte. Und die bleibenden Errungenschaften der Ottonenzeit? Wir dürfen sie wohl weniger auf politischem Gebiet suchen als auf kulturell-geistigem: in der kontinuierlichen Wirksamkeit der deutschen Domschulen und Klöster, die gerne unterschätzt wird; in den Meisterwerken der »ottonischen Kunst«: einer Architektur, in der sich ein neuer, kraftvoller Stil entwickelte – die Romanik; in der Abkehr der bildenden Kunst von den klassischen Vorbildern und der Hinwendung zum Visionären, Erhabenen, Übermenschlichen in Form und Inhalt (Abb. 21, 22, 23, 25, 26); im Anbruch eines neuen, auf die Kunst des hohen Mittelalters hindeutenden Realismus, wie er sich in den von Bischof Bernward in Auftrag gegebenen Kunstwerken bekundet (Abb. 24); und schließlich in der nachdrücklich vertretenen Ansicht, daß Staatsgewalt auf keinen Fall mit Tyrannis gleichzusetzen ist.

1 (rechts): Der Altar von Sant' Ambrogio in Mailand, dessen Mittelfeld wir hier abbilden, gehört zu den Meisterwerken mittelalterlicher Kunst (vermutlich um 835).

15 Das Reich Christi

Das mittelalterliche Europa nimmt Gestalt an

2, 3 Die Krönung Karls des Großen im Jahr 800 wurde unterschiedlich gedeutet. Auf der ältesten bildlichen Darstellung, einem Mosaik im Lateran (links), übergibt Petrus Papst Leo III. die geistliche, Karl die weltliche Macht. Das 14. Jahrhundert aber stellte den Kaiser als Vasall zu Füßen des Papstes dar (französische Miniatur).

Das Reich Christi bedeutete für das frühmittelalterliche Abendland keine allegorische Umschreibung, sondern eine Realität. Und wenn sie sich auch oft in widersprüchlichen Formen äußerte, bildete die Vorstellung vom Reich Christi doch die Grundlage allen politischen Denkens und gab zugleich dem Begriff »Christenheit« einen festumrissenen und unmißverständlichen Sinn. Die soziale Struktur Westeuropas war hierarchisch, jeder Stand dem nächsthöheren verantwortlich. An oberster Stelle jedoch waren die Verhältnisse ungeklärt. Nicht eine, sondern zwei Gestalten nahmen für sich in Anspruch, *Vicarius Christi* – Stellvertreter Christi – zu sein: Kaiser und Papst. Wem tatsächlich der Vorrang gebühre, war das ganze Mittelalter hindurch Thema theoretischer Auseinandersetzungen und Anlaß zu politischen Erörterungen. Zur Darlegung der Suprematie des Papstes bezog man sich auf die Krönung Karls des Großen durch Papst Leo III. *De facto* allerdings lag die Macht noch durchaus in den Händen des Kaisers.

Das irdische Reich und das Reich Gottes

Der geistige Wunsch nach einem wohlgeordneten und übersichtlichen Bild der menschlichen Gesellschaft als einem geschlossenen Organismus – eine Vorstellung, die auf die Griechen zurückgeht –, vermochte zwei Ideen über den Untergang einer Welt hinaus am Leben zu erhalten: die Reichsidee und die Idee der Kirche. Sowohl Reich wie Kirche gingen von der Idee einer einzigen ungeteilten Welt aus. Das Reich, das *Imperium*, war zunächst die Verkörperung der Befehlsgewalt in den Händen der römischen Herrscher. *Imperium* bedeutete sowohl die Gewalt der Obrigkeit wie auch das gesamte Gebiet, das unter römischer Herrschaft stand.

In die Provinzen dieses Imperiums hielt das Christentum seinen Einzug, als eine Religion, die allem Weltlichen und seinen Wertmaßstäben kritisch gegenüberstand, sich dann jedoch mit der damaligen Staats- und Gesellschaftsordnung einrichtete. Im Edikt von Mailand 313 wurde den Christen die volle religiöse Freiheit zugestanden, das Christentum als Staatsreligion anerkannt. Damit war die Fessel gefallen, die die Ausbreitung des Christentums verhindert hatte. Das Bündnis zwischen Christentum und Imperium Romanum vermittelte den Bürgern des Römischen Reiches im 4. und 5. Jahrhundert ein ganz neues Weltbild, dem eine lange Lebensdauer prophezeit werden konnte. Das Imperium konnte als christliche Institution betrachtet werden; und wenn das Christentum das Ziel verfolgte, allen Menschen den Frieden Gottes zu bringen, so verfolgte das Reich seinerseits Ziele, die ebenfalls den Frieden bezweckten. Die Kirche konnte also in ihre Liturgie Gebete aufnehmen, die irdisches und göttliches Reich gleicherweise einschlossen. Auch der heilige Hieronymus betrachtete an der Wende vom 4. zum 5. Jahrhundert das weltliche Reich als Wegbe-

reiter für das Reich Gottes. Praktisch befand sich das weströmische Reich infolge ständiger Invasionen germanischer Völker und das Nachdrängen barbarischer Stämme im Zustand der Auflösung. Erstaunlicherweise aber trug gerade die Existenz von zwei Kaiserreichen – seit der Teilung des Reiches durch Theodosius 395 – dazu bei, die Idee des Imperiums aufrechtzuerhalten. Die germanischen Heerführer, die ihre Herrschaft in den Gebieten des heutigen Italien, Frankreich und Spanien errichtet hatten, erkannten die Macht des oströmischen Kaisers an und unterstellten sich damit der römischen Autorität. Im barbarischen Abendland entstand die Vorstellung, das Wesen des Imperiums manifestiere sich in erster Linie in der Oberherrschaft des Kaisers über andere, ihm an Rang unterlegene Fürsten. Als der Stern der Karolinger aufzusteigen begann, war diese Vorstellung bereits fest verankert. Damals jedoch hatten sich schon einige wesentliche Elemente des Reichsgedankens mit der Römischen Kirche und dem Papsttum verbunden.

»imperium christianum«

Die Krönung Karls des Großen durch Papst Leo III. am Weihnachtstag des Jahres 800 bedeutete die Anerkennung der Tatsache, daß Karl nicht nur über sein eigenes Volk, sondern auch über andere Völker herrschte (Abb. 2, 3). Er war Herrscher der Langobarden und Schutzherr des Kirchenstaates. Seine Eroberungszüge hatten die Grenzen seines Territoriums nach Osten und Südwesten erweitert, so daß sein Reich schließlich fast so groß war wie das weströmische Imperium, wenngleich der Schwerpunkt woanders lag.

Seit den frühen Karolingern wurde der König bei der Krönung durch die Kirche geweiht, d. h. gesalbt. Dadurch sollte zunächst der Dynastiewechsel sakral legitimiert, sollte der Segen Gottes vermittelt und der Herrscher mit übernatürlichen Gaben ausgestattet werden. Mit dieser Weihe des Königs verbanden sich besondere Pflichten der Kirche gegenüber. In diesem Zusammenhang drückt der seit etwa 798 auftauchende Begriff des *imperium* – und zwar als *imperium christianum* –, also des Reiches nach römischem Vorbild, in aller Deutlichkeit aus, daß die Karolinger über Papst und Geistlichkeit die Schutzherrschaft ausübten. Das Imperium, das im Jahre 800 wiedererstand, sollte nicht von langer Dauer sein. Es erschöpfte sich in dynastischen Streitigkeiten.

Karl starb im Jahre 814. Ludwig der Fromme, der noch mehr Gewicht auf die religiöse Komponente seines Herrscheramtes legte als sein Vater, verdankte es allein dem vorzeitigen Tode seiner Brüder, daß er ein ungeteiltes Reich übernehmen konnte. Nach seinem Tode 841 zerfiel das Frankenreich nach und nach, und der Kaisertitel, schließlich Streitobjekt zwischen italienischen Kleinfürsten, wurde zur leeren Formel. Als Otto I. auf dem Boden des einstigen *regnum Francorum* dem Titel erneut Geltung verschaffte, da bedeutete das ein Programm, von dem vieles in die Tat umgesetzt wurde. Der Sachsenkaiser, der Ostfranzien beherrschte, übte auch über Italien die oberste Autorität aus. Durch den Sieg über die Ungarn auf dem Lechfeld 955 hatte er sich um die Sache der Christenheit verdient gemacht wie sein Vorgänger Karl der Große. Das mit seiner Kaiserkrönung 962 in Rom neu begründete *imperium christianum* sollte erst durch Napoleon 1806 endgültig vernichtet werden. Doch hat das Reich der Ottonen trotz seiner langen Lebensdauer nicht als einigende Idee zu wirken vermocht. »Reich« bedeutete die Länder, die die Hegemonie des deutschen Königs anerkannten: seit dem 11. Jahrhundert die Trias Deutschland, Reichsitalien und Burgund. Nicht länger aber war das Reich gleichbedeutend mit Zivilisation oder Christenheit. Es stellte – im Gegenteil – eine Herausforderung für die Einheitsbestrebungen der organisierten Kirche dar.

Die sogenannte »Konstantinische Schenkung«

Bereits vor der Krönung Karls des Großen waren die Päpste sich nicht nur ihrer universalen Mission bewußt geworden, sie hatten auch eine deutliche Vorstellung davon besessen, welche Rolle Rom und welche dem Reich zugewiesen sein sollte.

Während der Zeit ständiger politischer Wirren nach dem Untergang des weströmischen Reiches im von Germanen beherrschten Italien bildete der Bischof von Rom ein weit beständigeres Symbol der alten Ordnung als der Herrscher von Byzanz und später die deutschen Könige. Als der spätrömische Staat, zu dem die Kirche gehörte, sich langsam auflöste, blieb der oberste Bischof auch weiterhin ein Herr der Stadt und konnte also durchaus legitim versuchen, sein Streben nach geistiger wie territorialer Herrschaft zu verwirklichen. Leo der Große (440–461) hatte stets mit Nachdruck im Namen des Apostels Petrus das Ziel verfolgt, die Kirche als Institution auf römischen Fundamenten aufzubauen. Im 5. und 6. Jahrhundert war diese Aufbauarbeit langsam, aber stetig vorangeschritten. So bezeichnete Gregor der Große (590–604) das irdische Reich als Diener des himmlischen: Es mußte den Kaiser geben, wie es den Papst gab, doch waren die Handlungen des Herrschers den Zielen untergeordnet, die das Papsttum nicht nur forderte, sondern deren Hüter es zugleich war. In den hundertfünfzig Jahren nach Gregors Tod wirkten die vom Papsttum erhobenen Ansprüche sich immer umfangreicher aus. Etwa um die Mitte des 8. Jahrhunderts entstand in der Umgebung Papst Stephans II. (752–757) ein Dokument, das den politischen Machtanspruch des Papsttums im westlichen Abendland rechtfertigen sollte: die sogenannte »Konstantinische Schenkung«. In der Pippinischen Schenkung von 754 hatte Pippin Papst Stephan II. zugesichert, ihm die von den Langobarden besetzten römisch-byzantinischen Gebiete in Italien zurückzuerstatten: Dies war die faktische Gründung des Kirchenstaates. Sie wiederum diente als Vorbild für die Schenkung Karls des Großen im Jahr 774, die dem Stuhl Petri noch weit größere Gebiete zusagte. Die »Konstantinische Schenkung« nun, ein bereits im 11. Jahrhundert eindeutig als Fälschung erkanntes Dokument, fußte auf noch älteren Überlieferungen: Aus Dankbarkeit für seine Heilung vom Aussatz durch Papst Silvester I. überträgt Konstantin der Große auf den vom Himmel eingesetzten Stellvertreter Christi und Petri auf Erden sowie seine Nachfolger eine Macht, die weit größer ist als seine, Konstantins, eigene. Der Papst soll den ersten Platz innehaben, soll Oberhaupt aller Kirchen in der Welt sein, ihm wird der kaiserliche Palast auf dem Lateran als Residenz zugewiesen, und er wird mit allen kaiserlichen Insignien ausgestattet (Abb. 4). Die Geistlichkeit von Rom hat ein Recht auf die Abzeichen der Senatorenwürde. Der Kaiser trägt dem Papst das kaiserliche Diadem an, da der Papst es aber ablehnt, setzt der Kaiser ihm das weiße *phrygium* aufs Haupt (Abb. 5) und bekundet seine Demut dadurch, daß er ihm wie ein Knecht den Zaum seines Pferdes hält. Um die päpstliche Würde noch stärker zu betonen, spricht Konstantin dem Papst auch noch die Herrschaft über die Stadt Rom sowie über »alle Provinzen, Paläste und Städte Italiens und der westlichen Gebiete« zu. Das Dokument schließt mit der Entscheidung Kaiser Konstantins, sein Reich und seine Macht in die »östlichen Gebiete« zu verlegen, woselbst er eine Stadt errichten will, die seinen Namen tragen soll. Denn »wo ein herrliches Reich errichtet und die Hauptstadt der Christenheit gegründet worden ist, schickt es sich nicht, daß der irdische Kaiser seine Macht ausübe«. Die Päpste des späten 8. und auch des 9. Jahrhunderts waren nicht in der Lage, die Möglichkeiten voll zu nutzen, welche die Schenkung durch die Überlassung der »westlichen Gebiete« bot, denn sie hatten genügend damit zu tun, ihre Stellung in Rom selbst zu halten. Zwei Jahrhunderte später sollte Otto III. erstmals das Dokument als Fälschung anzweifeln und für den *Kaiser* die Privilegien beanspruchen, die laut der Konstantinischen Schenkung dem Papst zustanden. Im Jahre 1001 erkennt eine kaiserliche Urkunde zwar Rom als *caput mundi*, als Haupt der Welt, an und die römische Kirche als Mutter aller Kirchen, gleichzeitig aber werden die von den Päpsten begangenen Verbrechen aufgezählt, wobei man sie an erster Stelle bezichtigte, sie wollten mit Hilfe der Schenkung das Reich zerstören. Ottos III. eigene »Schenkung« von Ländereien an den Papst, den er selbst zwei Jahre zuvor ernannt hatte, diente in jeder Hinsicht der Bestätigung seiner eigenen Suprematie: Silvester II. – die päpstliche Namengebung stand in Analogie zur Namengebung des Konstantinpapstes – sollte nämlich in ähnlichem Zusammenwirken, aber sozusagen mit umgekehrten Vorzeichen, dem Kaiser als Oberherrn verantwortlich sein.

4 Das Fresko – es entstammt einem Zyklus in der Kirche Santi Quattro Coronati in Rom – illustriert die »Konstantinische Schenkung«, eine

gefälschte Urkunde, nach der Konstantin der Große Papst Sylvester die Herrschaft über die Stadt Rom, Italien und alle abendländischen Provinzen abtrat. Sogar die Kaiserkrone soll Konstantin Papst Sylvester angetragen haben, der sie aber ausschlug. Mit dem Fresko sollte die legendäre Episode populär gemacht werden – eine Art Propaganda.

Die dreifache Papstkrone

Nicht zuletzt auf Grund der noch immer deutlich bewußten Verantwortung der Kaiser in der Tradition des Pippinischen Schutzversprechens der Kirche gegenüber erfuhr das Papsttum im 11. Jahrhundert eine tiefgreifende Reform. Dies wiederum hatte zur Folge, daß die Päpste neuerlich Interesse an den in der Konstantinischen Schenkung niedergelegten Machtansprüchen gewannen, die eine Zeitlang in den Hintergrund getreten waren. Auch nebensächlich erscheinende Vorrechte wie etwa der Anspruch des Papstes auf die kaiserlichen Insignien waren nicht vergessen. Im sogenannten *Dictatus papae* Gregors VII. (um 1075) heißt

es unter anderem: »Der Papst allein darf die kaiserlichen Insignien tragen.« Aus der Sicht der Zeit heraus wird das weiße *phrygium* eindeutig zur Krone. Um die Mitte des 11. Jahrhunderts gestaltete man es zu einem mit Edelsteinen besetzten Diadem um (Abb. 5), das der Papst nicht als Bestandteil seiner liturgischen Gewandung, sondern bei zeremoniellen Anlässen genau wie ein weltlicher König trug. Dies bedeutete den ersten und wohl wichtigsten Schritt zu einer Entwicklung, an deren Ende die dreifache Krone, die Tiara, stand, die im 13. und 14. Jahrhundert ihre endgültige Form und Funktion erhalten sollte.
Die im *Dictatus papae* erhobenen Forderungen – »Alle Fürsten sollten von Rechts wegen seine Füße küssen und nur seine; ihm steht das Recht zu, Kaiser abzusetzen; sein Urteil ist nicht anfechtbar; der Papst darf die Untertanen ungerechter Herrscher von ihrem Treueid entbinden« – solche Forderungen, die eine eindeutige Herausforderung an die Gewalt der Könige bedeuteten, mußten unbedingt zu einem Fehlschlag führen. Diese Auseinandersetzungen, die im Jahre 1302 ihren Höhepunkt erreichten, gehören nicht mehr in das Thema unseres Buches. Wir sind jedoch hinreichend auf das Verhältnis zwischen Kirche und Staat eingegangen, um die Frage beantworten zu können, warum die Kirche bei ihrem Versuch, sich als oberste Weltordnung einzusetzen, scheitern mußte. Auch wenn man die »imperialistischen« Ziele der Reformpäpste einmal außer acht läßt, spricht doch vieles dafür, daß der *Ecclesia* als einigender Idee mehr Realität zukam als dem *Imperium:* Bis in die kleinste Einheit der politischen Welt reichte die Herrschaft der Priester, die weit beständiger war als die aller weltlichen Gewalten. Kirchliche Gemeinden und Bistümer wurden in ihren Gebietsverhältnissen nicht, wie Fürstentümer durch Kriege, Heiraten und Erbteilungen beeinträchtigt. Darüber hinaus entkleidete die Exkommunikation, die den Kirchenbann im Gefolge hatte, einen Menschen auch seiner weltlichen Stellung. Sie gefährdete sein geistiges Wohl auf Erden wie die Rettung seiner Seele im Jenseits. Trotz aller Macht gelang es der Kirche als Institution ebensowenig wie dem Reich, ihren wohlbegründeten Anspruch als größte und konsequenteste Einheit der menschlichen Gesellschaft zu verwirklichen. Nichtsdestoweniger war sie es, die den Begriff »Christenheit« entscheidend formte, jenen Begriff, aus dem schließlich das gültige Weltbild des Mittelalters erwuchs.

5 In ältester Zeit trug der Papst eine flache weiße Mütze, das *phrygium,* das später mit einem juwelenbesetzten Reif umgeben und damit zum Diadem wurde. Auf der Zeichnung Papst Paschalis II. mit dem Chronisten Johannes (12. Jahrh.).

Wie sah der mittelalterliche Mensch die Welt?
Die *terra firma,* die festgegründete Welt, wie sie sich in den Köpfen der mittelalterlichen Gelehrten und Philosophen darstellte, hatte so gut wie keine Beziehung zu den geographischen Tatsachen. Schon im 2. Jahrhundert hatte Ptolemaios die Idee eines alles umgebenden Ozeans verworfen. Römische Straßenkarten waren relativ genau, und die Seeleute haben bestimmt keine Karten benützt, die diesen in den mittelalterlichen Zentren der Wissenschaft hergestellten *mappae mundi* glichen. Doch welches Gewicht besaßen solche Erkenntnisse für Menschen, denen es um ein Schema der göttlichen Weltordnung ging, nicht aber um wissenschaftliche Fakten! Streng hierarchisch gegliedert wie die Macht, die sie lenkte, sah das Mittelalter auch die Ordnung der physischen Welt (Abb. 6). Dieses Weltbild – nennen wir es das »klassisch-volkstümliche« – stimmte mit den wesentlichen in der Bibel berührten geographischen Fakten überein: insbesondere ließen sich die drei Kontinente vortrefflich unter die Nachkommenschaft der drei Söhne Noahs aufteilen. In seinem Kommentar zur Genesis bezeichnet der Kirchenvater Hieronymus Sem als Stammvater der Juden, Japhet als Stammvater der Europäer und Ham als Stammvater Afrikas. Dies dreigeteilte Weltbild übernahmen die Gelehrten der Karolingerzeit, wie die Weltkarten, die *mappae mundi,* zeigen.

Pilgerfahrten nach Jerusalem
Schon gegen Ende des 4. Jahrhunderts hatte die Vorstellung von der Heiligkeit Jerusalems (Abb. 7) und der Möglichkeit, durch einen Besuch dieser Stadt, in der Christus für die ganze Menschheit gestorben war, seiner Sünden ledig zu werden, im Bewußtsein der Christen einen festen Platz erobert. Bald wurde das Kreuz Christi zum Symbol des Jerusalempilgers, und der Kreuzeskult breitete sich bis in weit entfernte Länder aus. In Irland und Northumbria etwa errichteten keltische Christen und Missionare im 6. Jahrhundert Holzkreuze, die im 7. Jahrhundert durch Steinkreuze ersetzt wurden. Ungefährlich war die Pilgerfahrt nach Jerusalem nie gewesen. Sie wurde noch wesentlich schwieriger, aber auch verdienstvoller, nachdem die Heere des Islam 637 das Heilige Land verwüstet hatten. Damals entstand bei den Christen die Vorstellung, um ihr heiliges Ursprungsland kämpfen zu müssen. Denen, die im Kampf gegen Heiden und Ungläubige fielen, verhieß Papst Johannes VII. (872–882) die ewige Seligkeit. Im Bewußtsein ihrer Zusammengehörigkeit fühlten die Christen sich im Osten wie im Westen bedroht. An der Schaffung dieses Zusammengehörigkeitsgefühls hatte der Aufruf Papst Urbans II. auf dem Konzil von Clermont (1095) zum ersten Kreuzzug entscheidenden Anteil. Anlaß war eine neue Welle kriegerischer Auseinandersetzungen mit den türkischen Seldschuken. In diesem Aufruf, der uns nur in

6 Streng hierarchisch gegliedert sah das Mittelalter die physische Welt. In starker Schematisierung zeigt dies die »Karte« aus einem Werk des Isidor von Sevilla.

7 Als Mittelpunkt der Erde galt Jerusalem. Eine sehr ungewöhnliche Karte des Heiligen Landes um 560 zeigt ein Fußbodenmosaik in Madaba in Jordanien.

einigen Aufzeichnungen überliefert ist, bekannte der Papst sich zur weltweiten Mission des Christentums, betonte außerdem die Gemeinschaft aller Christen, woraus sich für ihn die Forderung politischer wie religiöser Einheit ergab. Der Widerhall des Aufrufs übertraf alle Erwartungen. Nicht nur die Ritter machten sich in Scharen auf den Weg, auch die Armen fühlten sich aufgerufen. Waren nicht schon seit langem Armut und Pilgerfahrt eng miteinander verknüpfte Begriffe? Und war das himmlische Jerusalem nicht längst mit dem irdischen verschmolzen? (Abb. 8.)

»Die Grenzen der Christenheit«

Jetzt, gegen Ende des 11. Jahrhunderts, hatte der Begriff »Christenheit«, obwohl es ihn schon länger gab, seine gültige Prägung erhalten. Die überzeugendste Erklärung, warum dies so spät geschah, bieten wohl die weltumspannenden Ziele des Christentums selbst, weil die Rettung, die die christliche Offenbarung verheißt, für alle Menschen galt. Die Grenzen des Christentums waren somit die Grenzen der bewohnten Erde, und es war erstaunlich, daß die Kirche sich mit einer gebietsmäßigen Begrenzung einverstanden erklären sollte. Und doch war es so. Das Wort »Christenheit« mit dem Nebensinn eines geographischen Begriffes erscheint erstmalig schon in der zweiten Hälfte des 9. Jahrhunderts, wenn etwa Papst Johannes VIII. im Zusammenhang mit den Angriffen der Sarazenen von der »Verteidigung der Christenheit« spricht. In den Schriften Papst Gregors VII. (1073–1085) findet sich die Wendung »die Grenzen der Christenheit«, und er nennt die römische Kirche die »Herrin der gesamten Christenheit«. Von da an findet das Wort sich immer häufiger in päpstlichen wie in nichtpäpstlichen Schriften, und besonders oft erscheint es in den Werbeschriften für die Kreuzzüge. Es läßt sich also kaum bezweifeln, daß der Begriff »Christenheit« in seinem territorialen Sinne in der zweiten Hälfte des 11. Jahrhunderts ausgebildet wurde, und daß der Grund dafür der islamische Druck war sowie das Bewußtsein eines tiefen Gegensatzes auf allen Lebensgebieten, der das Lager Christi und das Lager Mohammeds trennte. Wenn die Christen, der ganzen Natur ihres Glaubens nach, für sich eine universale Mission beanspruchten, so verfolgten die Moslem dasselbe Ziel. Und sie schienen in dieser Richtung bereits gewaltige Fortschritte gemacht zu haben, was in dem Aufruf Papst Urbans II. in Clermont deutlich zum Ausdruck kommt:

»Diesen Feinden ist es gelungen (die gesamte Christenheit sollte sich dessen schämen), Syrien, Armenien und endlich ganz Kleinasien zu erobern ... Das Grab unseres Herrn ist in ihre Hände gefallen, dieses einzigartige Unterpfand unseres Glaubens, und unsere Pilger müssen sich die Erlaubnis, Jerusalem betreten zu dürfen, mit Geld erkaufen ...

Darf man es dulden, daß sie einen größeren Teil der bewohnten Erde beherrschen als wir? Sie haben Asien, ein Drittel der Welt, zu ihrem Heimatland gemacht ... Mit Gewalt herrschen sie seit mehr als zweihundert Jahren über Afrika, nur Europa bleibt übrig, der dritte Kontinent. Wie klein ist also der Teil der Welt, der von Christen bewohnt wird!"

Eingehendere Beschäftigung mit der Ansprache Papst Urbans läßt erkennen, daß in dieser seiner Vorstellung vom Christentum im Keim bereits die Europaidee vorhanden ist. Das Bewußtsein der Universalität bleibt erhalten. Zunächst soll noch »das Reich der Christen die ganze Welt

umfassen«. Und wenn auch im Spätmittelalter »Europa« als gegensätzlicher Begriff auftrat, so hielt sich doch der Gedanke einer umfassenden christlichen Gemeinschaft noch jahrhundertelang als befeuerndes Ideal aller christlich gesinnten Abendländer – wenn bei manchen Politikern auch nur als bloße Formel.

Wie gezeigt wurde, wird der Sinngehalt des Wortes »Christenheit« von den verschiedensten Elementen geformt. Eingegangen in ihn war die Vorstellung der griechisch-römischen Antike von der Brüderlichkeit aller Menschen und besonders auch die Vorstellung von der Einheit einer zivilisierten Welt. Der Begriff »westliches Abendland« – hier als Gegensatz zur östlich-islamischen Welt verstanden – fiel mit »Christentum« und »Christenheit« zusammen. Auf ihre Weise trugen die Begriffe *imperium* und *ecclesia* zur Ausformung einer Idee bei, die ihnen letztlich überlegen war.

Noch das erste Jahrtausend der christlichen Zeitrechnung hatte erlebt, wie eschatologische Vorstellungen, die das Schicksal des Individuums in einen Bezug zu den letzten Dingen setzten, die Menschen im Abendland durchdrangen. Das Bild des Pilgers in seiner materiellen Armut und seinem geistig-seelischen Reichtum hatte nicht nur die Gebildeten und die Führungsschicht stark ergriffen, sondern auch das einfache Volk. Auch der Chiliasmus, der Glaube an ein mit der Wiederkehr Christi verbundenes tausendjähriges Reich, wurde damals vorbereitet. Jerusalem war der Mittelpunkt der Erde, das Symbol irdischer Glückseligkeit und gleichzeitig der heiligste Ort im Heiligen Land. Mit der Pilgerfahrt nach Jerusalem verband sich für die Menschen jener Zeit die Vorstellung von Kampf, Mühen und Gefahren – einer »Zeit der Mühsal« also –, die »der Zeit des Friedens und der Fülle« vorangehen mußte. Vor diesem Hintergrund rollten die Kreuzzüge ab, deren Ziel es war, in Jerusalem das Kreuz wieder aufzurichten. Vor diesem Hintergrund vollzog sich aber auch die endgültige Übernahme des Begriffes »Christenheit« in den Sprachschatz des Abendlandes.

Noch jahrhundertelang verbanden sich mit der Idee des irdischen und des himmlischen Jerusalem Bestrebungen, denen es gelang, wenigstens für einige Zeit den Begriff »Christenheit« zur lebendigen Realität werden zu lassen. Die Christenheit und ihr Mittelpunkt Jerusalem gehörten somit zu den geistigen Schöpfungen des frühen Mittelalters, die sich – im Gegensatz zu vielen anderen – als besonders lebenskräftig erwiesen.

8 Die Rückeroberung Jerusalems für die Christenheit war ein Traum, um dessen Verwirklichung alle Pilger beteten. So wurde die Proklamation des ersten Kreuzzuges in Clermont durch Papst Urban II. (1095) vom Abendland enthusiastisch beantwortet. Die Miniatur aus dem 13. Jahrhundert schildert Belagerung und Einnahme von Jerusalem und verrät, welche Bedeutung die mittelalterliche Welt diesem Ereignis beimaß.

Bildnachweis

Für die Illustratoren und Photographen werden folgende Abkürzungen verwendet:
IMK Ian Mackenzie Kerr; JDW Jon D. Wilshner; JJOW John J. O. Webb; JW John Woodcock
Die Vignetten des Inhaltsverzeichnisses stammen von IMK, die Karten von JW

1 Einleitung, Von der Antike zum Mittelalter

1 Karte aller behandelten Gebiete. JW
2 Domschatz, Siegburg. JDW
3 Staatliche Museen, Berlin. JDW
4 Musée Historique des Tissus, Lyon. Photo Giraudon

2 Jenseits der Grenzen des Römischen Reiches

1 Cabinet des Médailles, Paris. Photo Eileen Tweedy
2 Staatliche Museen, Berlin. Photo Draeger
3 Cabinet des Médailles, Paris. Photo Draeger
4 BC. JDW
5 Photo R. Ghirshman
6 Photo A. Costa
7 Susa. Photo R. Ghirshman
8 Miss Diana Ashcroft
9 Cabinet des Médailles, Paris
10 Rekonstruktionszeichnung William Suddaby
11/12 Archäologisches Museum, Teheran. Photos Draeger, nach einer von Mme. T. Ghirshman hergest. Kopie
13 Photo Miss Diana Ashcroft
14 Photo Miss Diana Ashcroft
15 Freer Gallery of Art, Washington DC
16 Tak i Bustan. Photo Giraudon
17 Philadelphia Museum of Art
18 Tak i Bustan. Photo Miss Diana Ashcroft
19 Photo Roloff Beny

3 Das Reich des Propheten

1 University Library, Edinburgh
2 Radierung von Hunglinger, 1803. Britisches Museum London. Photo R. B. Fleming & Co. Ltd.
3 JW
4 Britisches Museum, London. JDW
5 Photo J. A. Dayton
6 Photo J. A. Dayton
7 Photo Gerard Bakker
8 Photo J. E. Dayton
9/10 Photo Roger Wood
11 Photo Roger Wood
12 Photo J. A. Dayton
13 JDW nach Diez und Gluck
14 Staatliche Museen, Berlin
15 Photo J. A. Dayton
16 Photo Ahmad Kurumli
17 JW
18 Britisches Museum, London, Photo JJOW
19 Freer Gallery of Art, Washington DC
20 Victoria and Albert Museum, London. Photo JJOW
21 Photo Staatliche Museen, Berlin
22 Photo Roloff Beny
23 Photo Archiv Thames and Hudson, London
24 Trustess of the British Museum, London
25 Photo Mas
26 Photo Mas
27 Photo Miss Diana Ashcroft
28 Musée du Louvre, Paris. Photo Giraudon

4 Zwischen West und Ost

1 Acht'amar. Photo John Donat
2 Photo John Donat
3 John Rylands Library, Manchester
4 Matenadaran, Erivan. Photo Editions Cercle d'Art, Paris
5 Photo Ara Güler
6 Photo Ara Güler
7 Photo Josephine Powell
8/9 Matenadaran, Erivan. Photos Editions Cercle d'Art, Paris
10 Photo vom Verfasser
11 Staatliches Kunstmuseum der Georgischen SSR, Tiflis. Photo Editions Cercle d'Art, Paris
12 Matenadaran, Erivan. Photo Editions Cercle d'Art, Paris

5 Erbe des römischen Weltreichs

1 sog. Barberinisches Elfenbein-Diptychon. Musée du Louvre, Paris. Photo Giraudon
2/3 Bibliothèque Nationale, Paris
4 JW
5 Rekonstruktion William Suddaby
6 Photo Roger Wood
7 Photo Josephine Powell
8 Photo Cyrill Mango
9 Österreichische Nationalbibliothek, Wien. Photo Lichtbildwerkstätte »Alpenland«
10 Museo Cristiano, Brescia
11 Photo Max Hirmer
12 Photo Josephine Powell
13 Photo Scala
14/15 Photos Josephine Powell
16 Biblioteca Laurenziana, Florenz. Photo Max Hirmer
17 Museo dell'Arcivescovado, Rossano. Photo Max Hirmer
18 Britisches Museum, London. Photo Max Hirmer
19 Basilica Vaticana. Photo Mansell-Alinari
20 Britisches Museum, London. Photo JJOW
21/22/23 Photos mit frdl. Genehmigung von Mr. P. D. Whitting, GM
24 Biblioteca Apostolica Vaticana, Rom
25 Biblioteca Nacional, Madrid. Photo Mas
26 Leninbibliothek, Moskau. Photo Collection de l'Ecole Pratique des Hautes Etudes, Paris

6 Zitadelle des Christentums

1 Biblioteca Marciana, Venedig. Photo Max Hirmer
2 JW
3 Biblioteca Apostolica Vaticana, Rom
4 Trésor de la Cathédrale, Troyes. Photo Max Hirmer
5 Photo Max Hirmer
6 Bibliothèque Nationale, Paris. Photo Trustees of the British Museum, London
7 Photo Skira (Hans Hinz)
8 Musée du Louvre, Paris. Photo Max Hirmer
9 Photo Roger Wood
10 Photo Griechische Nationalbank
11 Photo Josephine Powell
12 Musée Historique des Tissus, Lyon. Photo Giraudon
13 Metropolitan Museum of Art, New York. Stifter J. Pierpont Morgan
14 Victoria and Albert Museum, London. Photo Max Hirmer
15 Domschatz Limburg an der Lahn. Photo Max Hirmer
16 Rekonstruktionszeichnung Alan Sorrell
17 Trustees of the British Museum, London
18/19/20 Bibliothèque Nationale, Paris

7 Schmelztiegel der Völker

1 Öffentliche Staatsbibliothek, Leningrad
2 Biblioteca Apostolica Vaticana, Rom
3 Biblioteca Apostolica Vaticana, Rom
4 Aus J. Wilpert, Die römischen Mosaiken und Malereien
5 Photo Tošo Dabac
6 Biblioteca Apostolica Vaticana, Rom
7/8 Photos Tošo Dabac
9 JW
10 Moravské Museum, Brno. Photo J. Skavařil
11 Biblioteca Nacional, Madrid
12 Eremitage Leningrad
13/14 Archiv Thames and Hudson, London
15 Photo mit frdl. Genehmigung von Tamara Talbot Rice
16 The Walters Art Gallery, Baltimore. Photo James R. Dunlop Inc.
17 Lenin-Bibliothek, Moskau
18 Photo Pánstwowe Muzeum Archeologiczne, Warschau
19 Pánstwowe Museum Archeologiczne, Warschau
20 Biblioteca Apostolica Vaticana, Rom

8 Italien unter den Germanen

1 Kirchenschatz Monza, Photo Scala
2 JW
3 Museo delle Terme, Rom. Photo Deutsches Archäologisches Institut, Rom
4 Photo Max Hirmer
5 Photo Marzari
6 Photo Marzari
7 Museo Civico, Turin. Photo Giustino Rampazzi
8 Germanisches Nationalmuseum, Nürnberg. Photo mit frdl. Genehmigung des Georg Westermann Verlags
9 Britisches Museum, London. Photo JJOW
10 Kunsthistorisches Museum, Wien
11 Photo Max Hirmer
12 Victoria and Albert Museum, London. Crown Copyright reserved
13 Britisches Museum, London. Photo JJOW
14 Museo delle Terme, Rom. Photo Deutsches Archäologisches Institut, Rom
15 Kunsthistorisches Museum, Wien
16 Museo Nazionale (Bargello), Florenz
17 Kirchenschatz, Monza
18 Museo delle Terme, Rom. Photo Gabinetto Fotografico Nazionale
19 Photo Archiv Thames and Hudson, London

9 Am Ende der Welt

1 Trustees of the British Museum, London
2 Photo Yan
3 Photo Mas
4 Photo Deutsches Archäologisches Institut, Madrid
5 Photo Mas
6 Academia de la Historia, Madrid. Photo Giraudon
7 Trustees of the British Museum, London
8 Biblioteca de El Escorial
9/10 Biblioteca de El Escorial. Photos Max Hirmer
11 Museo Arqueologico Nacional, Madrid. Photo Mas
12/13 Museo Arqueologico Nacional, Madrid Photos Max Hirmer
14 Bibliothèque Nationale, Paris
15 Kathedrale Gerona. Photo Mas
16 Biblioteca Nacional, Madrid. Photo Mas
17 Biblioteca Nacional, Madrid. Photo Mas
18 Photo Mas
19/20/21/22 Photos Mas
23 Photo Mas
24 Museo Arqueologico Nacional, Madrid. Photo Mas

10 Auf dem Wege zum Frankenreich

1 Rheinisches Landesmuseum, Bonn
2 Britisches Museum, London. Photo JJOW
3 Photo Archives Photographiques
4/5 Britisches Museum, London. Photo JJOW
6 Rekonstruktionszeichnung IMK
7 Britisches Museum, London. Photo JJOW
8/9 Britisches Museum, London. Photos JJOW
10 Britisches Museum, London. Photo JJOW
11 Couvent des Dames de Sainte-Croix, Poitiers. Photo Cie. des Arts Photomécaniques, Paris
12 Staatliche Museen, Berlin
13 Historisches Museum, Bern
14 Museum Eßlingen/N. Staatliches Amt für Denkmalpflege, Stuttgart
15 Britisches Museum, London. Photo JJOW
16 Britisches Museum, London. Photo JJOW
17 Musée Archéologique, Dijon
18 Musée de Bourges. Photo Giraudon
19 Abteikirche Werden. Photo Marburg
20 Lapidaire d'Art Chrétien, Arles. Photo Archives Photographiques, Musées d'Arles
21 Staatliche Museen, Berlin
22 Musée de Metz
23/24 Rheinisches Landesmuseum, Bonn
25 Landesmuseum für Vor- und Frühgeschichte, Münster
26 Bayerisches Nationalmuseum, München. Photo Max Hirmer
27 Hessisches Landesmuseum, Darmstadt

11 Männer vom Norden

1 Universitetets Oldsaksamling, Oslo
2 Statens Historiska Museum, Stockholm. Photo ATA
3 Nationalmuseet, Kopenhagen
4 Nationalmuseet, Kopenhagen
5 Gotlands Fornsal, Wisby. Photo Georg Gådefors
6/7 Schleswig-Holsteinisches Landesmuseum für Vor- und Frühgeschichte, Schleswig
8/9/10/11 Statens Historiska Museum, Stockholm. Photos ATA
12 Schleswig-Holsteinisches Landesmuseum für Vor- und Frühgeschichte, Schleswig
13 Nationalmuseet, Kopenhagen
14 Gotlands Fornsal, Wisby. Photo Statens Historiska Museum, Stockholm
15 Photo Archiv Thames and Hudson, London
16 Statens Historiska Museum, Stockholm. Photo ATA
17 Statens Historiska Museum, Stockholm. Photo ATA
18 Photo mit frdl. Genehmigung von Gyldendal, Kopenhagen
19 Universitetets Oldsaksamling, Oslo
20 Nationalmuseet, Kopenhagen
21 Photo mit frdl. Genehmigung von Dr. Martin Blindgeim
22 Statens Historiska Museum, Stockholm. Photo ATA
23 Photo mit frdl. Genehmigung des Manx Museums.
24/25 Statens Historiska Museum, Stockholm. Photos ATA
26 Photo Nationalmuseet, Kopenhagen
27/28/29 Universitetets Oldsaksamling, Oslo
30/31 Universitetets Oldsaksamling, Oslo
32 Nationalmuseet, Kopenhagen

12 Umkämpfte Inseln

1 Britisches Museum, London. Photo Eileen Tweedy
2 JW
3 Trustees of the British Museum, London
4 Photo Aerofilms, Ltd.
5 Aus Adamnans »Leben des hl. Columban«. Stiftsbibliothek St. Gallen
6 Photo Commissioners of Public Works in Ireland
7 Photo Charles Thomas
8 City of Liverpool Museums
9 Photo Impartial Reporter, Enniskillen
10 National Museum of Ireland, Dublin
11 Pfarrhof Bischofshofen. Photo Bayerisches Nationalmuseum, München
12 Trinity College Library, Dublin
13 Photo Eileen Tweedy
14 Bodleian Library, Oxford, Photo Oxford University Press
15 Biblioteca Laurenziana, Florenz. Photo Georg Westermann Verlag
16 Bodleian Library, Oxford. Photo Oxford University Press
17 JW
18 Ashmolean Museum, Oxford
19 Corpus Christi College, Cambridge. Photo Stearns, Cambridge
20 Britisches Museum, London. Photo Archiv Thames and Hudson, London
21 National Museum of Ireland, Dublin
22/23 Trustees of the British Museum, London
24/25/26 Trustees of the British Museum, London
27/28 Musée de la Tapisserie, Bayeux

13 Der Große König

1 Domschatz Aachen. Photo R. W. Schlegelmilch
2 Staatliche Museen, Berlin
3 Musée du Louvre, Paris. Photo Archives Photographiques
4 Domstiftsbibliothek Merseburg
5 Biblioteca Capitolare, Modena
6 Domschatz Aachen. Photo R. W. Schlegelmilch
7 Photo Dr. W. Salchow
8 Photo B. Cichy
9 Photo Giraudon
10 Photo Skira (Hans Hinz)
11 Trustees of the British Museum, London
12 Bibliothèque de la Villa, Epernay. Photo Bibliothèque Nationale, Paris
13 Trustees of the British Museum, London
14 Bibliothèque Nationale, Paris
15 Trésor de la Cathédrale, Nancy. Photo Giraudon
16 Bibliothèque Nationale, Paris
17 Österreichische Nationalbibliothek, Wien
18 Stiftsbibliothek St. Gallen. Photo Gebr. Zumbühl
19 Bibliothèque Nationale, Paris
20 Deutsche Staatsbibliothek, Berlin
21 Schatzkammer der Residenz, München
22 JW
23 Trésor de la Cathédrale, Nancy. Photo Giraudon

14 Das Reich unter den Ottonen

1 Staatsbibliothek München. Photo Max Hirmer
2/3 Nach P. E. Schramm, Die deutschen Kaiser und Könige in Bildern ihrer Zeit
4 Detail einer Stammtafel der sächsischen, salischen und Hohenstaufenkönige, 1945 zerstört
5 The Metropolitan Museum of Art, New York, Stiftung von George Blumenthal 1941
6 Kunsthistorisches Museum, Wien
7 Museo Archaologico Nationale, Cividale
8 Hessische Landes- und Hochschulbibliothek, Darmstadt
9/10 Photos Marburg
11 Musée de Cluny, Paris. Photo Giraudon
12 Staatliche Bibliothek Bamberg
13 Photo Marburg
14 Schatzkammer der Residenz, München
15 Domschatz, Trier. Photo R.W. Schlegelmilch
16 Trésor de l'Eglise de Conques. Photo Giraudon
17 Domschatz, Essen
18 Staatsbibliothek, München. Photo Max Hirmer
19 Domschatz Aachen. Photo R. W. Schlegelmilch
20 Photo mit frdl. Genehmigung von T. Biniewski, Archäol. Museum, Warschau
21 Stadtbibliothek, Trier. Photo R. W. Schlegelmilch
22 Bayerische Staatsbibliothek, München. Photo Max Hirmer
23 Domschatz Hildesheim. Photo Marburg
24 Kölner Dom
25 Trustees of the British Museum, London
26 Germanisches Nationalmuseum, Nürnberg

15 Das Reich Christi

1 Photo Max Hirmer
2 Biblioteca Apostolica Vaticana, Rom
3 Musée Goya, Castres. Photo Giraudon
4 Photo Mansell-Anderson
5 Biblioteca Apostolica Vaticana, Rom
6 Trustees of the British Museum, London
7 Photo J. A. Dayton
8 Bibliothèque Nationale, Paris

Register

Die Zahlen nach dem jeweiligen Stichwort beziehen sich auf kurze Erwähnungen im Text, die Zahlen nach den Sternchen auf Abbildungen.